Silke Bender

# Ökonomische Analyse der öffentlich-rechtlichen Störerhaftung

Die ökonomische Analyse des Rechts untersucht Rechtsnormen auf ihre gesellschaftlichen Folgewirkungen und bedient sich dabei des methodischen Instrumentariums der Wirtschaftswissenschaften, insbesondere der Mikroökonomie, der Neuen Institutionen- und Konstitutionenökonomie. Sie ist ein interdisziplinäres Forschungsgebiet, in dem sowohl Rechtswissenschaftler als auch Wirtschaftswissenschaftler tätig sind und das zu wesentlichen neuen Erkenntnissen über Funktion und Wirkungen von Rechtsnormen geführt hat.

Die Schriftenreihe enthält Monographien zu verschiedenen Rechtsgebieten und Rechtsentwicklungen. Sie behandelt Fragestellungen aus den Bereichen Wirtschaftsrecht, Vertragsrecht, Haftungsrecht, Sachenrecht und verwaltungsrechtliche Regulierung.

Silke Bender

# Ökonomische Analyse der öffentlich-rechtlichen Störerhaftung

## Eine Untersuchung der Altlastenproblematik und des Bundes-Bodenschutzgesetzes

Mit einem Geleitwort von Prof. Dr. Rainer Walz

Deutscher Universitäts-Verlag

Bibliografische Information Der Deutschen Bibliothek
Die Deutsche Bibliothek verzeichnet diese Publikation in der Deutschen Nationalbibliografie; detaillierte bibliografische Daten sind im Internet über <http://dnb.ddb.de> abrufbar.

Dissertation Universität Hamburg, 2002

1. Auflage Juli 2003



Lektorat: Brigitte Siegel / Sabine Schöller

Der Deutsche Universitäts-Verlag ist ein Unternehmen der Fachverlagsgruppe BertelsmannSpringer.
www.duv.de



Umschlaggestaltung: Regine Zimmer, Dipl.-Designerin, Frankfurt/Main

Gedruckt auf säurefreiem und chlorfrei gebleichtem Papier

ISBN-13:978-3-8244-7886-6 e-ISBN-13:978-3-322-81558-3
DOI: 10.1007/978-3-322-81558-3

# Geleitwort

Wenn der Eindruck des Nicht-Öffentlichrechtlers richtig ist, ist die polizeirechtliche Störerhaftung in Ihrem Grundstrukturen seit langem gefestigt. Eine feststehende Verwaltungs- und Rechtsprechungspraxis hat sich auf dieser soliden Basis gebildet. Einzelne neuere Stimmen in der Literatur und jüngst eine Entscheidung des Bundesverfassungsgerichts aus dem Jahr 2000 haben nun aber große Steine ins stille Wasser geworfen und eine tiefgreifende Neubesinnung eingeleitet.

Diese Neubesinnung unternimmt Silke Bender, indem Sie die öffentlichrechtliche Störerhaftung ins Verhältnis zur zivilrechtlichen Gefährdungshaftung setzt. Das haben einzelne öffentlichrechtliche Autoren bereits vor ihr getan. Bender geht aber noch einen Schritt weiter: Sie nutzt die von ihr unterstellte und gut belegte Parallele aus, um die ökonomischen Forschungen, die zur Gefährdungshaftung reichlich vorliegen, für die öffentlichrechtliche Störerhaftung und dort insbesondere für die Kostentragung fruchtbar zu machen, wo es sie bisher nicht gibt.

Die öffentlichrechtliche Störerhaftung wird dargestellt anhand des Umweltrechts unter besonderer Berücksichtigung des Bundes-Bodenschutzgesetzes. Der Untersuchung wurde der Musterentwurf eines einheitlichen Polizeigesetzes des Bundes und der Länder (MEPolG) zugrunde gelegt, um die Referenzen zu erleichtern. Betrachtet wird auch die neue Regelung des Bundes-Bodenschutzgesetzes.

Die Arbeit macht die ökonomische Theorie des Haftungsrechts für die öffentlichrechtliche Störerhaftung fruchtbar. Ökonomische Analyse heißt, dass die durch ein Haftungsregime gesetzte Anreizstruktur für menschliches Verhalten in den Vordergrund rückt und damit die Situation im Auge hat, dass der Bürger bei der Wahl seines Verhaltens die zu erwartende Entscheidung der Behörde in sein Entscheidungskalkül einbezieht. Die Konzepte der verschuldensunabhängigen Verhaltens- und Zustandshaftung werden eingeführt und insbesondere an Beispielen der Haftung von sogenannten Altlasten demonstriert. Wegen der aufgrund der Höhe der involvierten Beträge besonders einschneidenden Haftung für Altlasten, ist hier eine Diskussion aufgekommen, ob nicht zugunsten des Eigentümers bestimmte Haftungsgrenzen eingeführt werden müssen. Solche Fälle waren Anlass für eine neue Entscheidung des Bundesverfassungsgerichts, die den Grundstückseigentümer nunmehr vor einer unzumutbaren Belastung schützt und die Kriterien dafür aufgestellt hat, wann eine Haftung als unzumutbar anzusehen ist.

In einem zweiten Schritt wird die Frage nach der Effizienz der öffentlichrechtlichen Störerhaftung angesprochen. Dazu stellt sich die Vorfrage, welche Ziele man überhaupt mit einem bestimmten Haftungsregime erreichen kann und will. Der Kontext erweist sich für die öffentlichrechtliche Störerhaftung schon im juristischen Bereich als ökonomienah: Es geht um die Effektivität der Gefahrenabwehr. Ökonomisch stellt sich sodann die genauere Frage, welches Konzept hinter der Effektivitätsvorstellung steht.

Auf die im ersten Teil aufgeworfene Zentralfrage nach der Ausgestaltung der Zustandshaftung erfolgt im zweiten Teil eine Antwort unter Nutzung der ökonomischen Methode. Es werden zunächst die Grundbegriffe der Umweltökonomik expliziert und auf juristische Vorstellungsinhalte bezogen; es werden dann die Ergebnisse der ökonomischen Analyse der Gefährdungshaftung auf die Störerhaftung übertragen. Weiterhin wird ein ökonomischer Ansatz zu den Haftungsanteilen mehrerer Störer vorgestellt und schließlich werden mögliche Einwände gegen die Übertragung der Gefährdungshaftung auf die Störerhaftung widerlegt.

Bender hat eine gelungene interdisziplinäre Studie zur polizeirechtlichen Haftung vorgelegt. Die schwierigen methodischen Probleme eines solchen Projekts sind gut gelöst, juristische und ökonomische Teile sind eng aufeinander bezogen, ohne dass die Methodendifferenz unter den Tisch gekehrt würde. Die Grundidee, die ökonomische Analyse der Gefährdungshaftung auf die polizeiliche Störerhaftung anzuwenden, ist nicht nur originell, sondern hat auch reichen wissenschaftlichen Ertrag gebracht.

Prof. Dr. W. Rainer Walz, LL.M

# Vorwort

Leserin und Leser halten das Ergebnis interdisziplinärer Forschung am Graduiertenkolleg „Recht und Ökonomik“ der Universität Hamburg in den Händen – als Dissertation angenommen vom Fachbereich Rechtswissenschaft der Universität Hamburg im Wintersemester 2002/03.

Für die Aufnahme in das Graduiertenkolleg, mit der ein Stipendium der Deutschen Forschungsgemeinschaft verbunden war, möchte ich mich vor allem bei dem Sprecher des Kollegs – *Herrn Prof. Dr. Hans-Bernd Schäfer* – bedanken, der es mit großer Initiative leitet. Die Förderung ermöglichte mir auch einen sechsmonatigen Forschungsaufenthalt in den USA an der George Mason University School of Law.

*Herrn Prof. Dr. W. Rainer Walz, LL.M.*, Bucerius Law School, danke ich für die gute wissenschaftliche Betreuung der Arbeit sowie *Herrn Prof. Dr. Hans-Joachim Koch*, Forschungsstelle Umweltrecht, für die rasche Erstellung des Zweitgutachtens.

Der „erweiterte“ Kreischziegen-Kreis des „Wi-Wi-Bunkers“ der Universität Hamburg stand nicht nur zu allen Zeiten diesem Werk fördernd zur Seite, sondern sorgte auch für eine unvergessliche Zeit auf St. Pauli.

Bis zur Promotion vergehen einige Ausbildungsstufen – ganz herzlich danke ich daher meinen Eltern für ihre schöne Unterstützung.

Besonders bedanken möchte ich mich bei *Dr. Markus Fritsch*, der immer an mich glaubt/e.

Silke Bender

# Inhaltsverzeichnis

# 1 Einleitung

## 1.1 Einordnung

Diese Abhandlung will die öffentlich-rechtliche Störerhaftung mithilfe des Instrumentariums der ökonomischen Theorie des Haftungsrechts analysieren.

Die öffentlich-rechtliche Störerhaftung begründet die Haftung einer Person für ihr Verhalten oder den Zustand ihr zugehöriger Sachen gegenüber der öffentlichen Hand wegen einer Gefahr bzw. Störung für die öffentliche Sicherheit oder Ordnung. Neben ihrer Funktion als Eingriffsermächtigung bezweckt sie, die finanziellen Lasten der Gefahrenabwehr zwischen dem Einzelnen und der Gesamtheit der Steuerzahler zu verteilen.

Der Untersuchung der öffentlich-rechtlichen Störerhaftung liegt der Musterentwurf eines einheitlichen Polizeigesetzes des Bundes und der Länder (MEPolG)[1] zugrunde. Dieser Entwurf geht auf das von der Ständigen Konferenz der Innenminister und Innensenatoren des Bundes und der Länder entwickelte „Programm für die innere Sicherheit in der Bundesrepublik Deutschland" von Juni 1972 zurück, das u. a. die Vereinheitlichung der Polizeigesetze vorsah; der Entwurf wurde auf der Innenministerkonferenz am 25. November 1977 endgültig verabschiedet[2]. Der Musterentwurf entspricht zwar nicht wörtlich den Polizei- und Ordnungs- bzw. Sicherheitsgesetzen der Bundesländer, doch ist die Ausgestaltung der polizeirechtlichen Störerhaftung (Polizeipflichtigkeit) bis auf marginale Unterschiede - die für diese Arbeit jedoch ohne Bedeutung sind - einheitlich. Die Bedeutung der Polizeipflicht endet jedoch nicht auf der Ebene der allgemeinen Gefahrenabwehr. Die Haftung des Polizeipflichtigen – des Störers – liegt auch den Regelungen des besonderen Gefahrenabwehrrechts (z. B. des Wasserrechts, des Immissionsschutzrechts) zugrunde. Mithin ist die öffentlich-rechtliche Störerhaftung das Grundprinzip der Verantwortlichkeit von Personen gegenüber dem Staat für Gefahren bzw. Störungen für die öffentliche Sicherheit oder Ordnung. Die herausragende Bedeutung der öffentlich-rechtlichen Störerhaftung zeigt sich insbesondere auch im Rahmen des

---

1 Abgedruckt bei Heise/Riegel 1978; auch Schenke 1999, S. 357 – 378.

2 Drews/Wacke/Vogel/Martens 1986, S. 18 f. m. w. N. zu ausführlichen Darstellungen und Würdigungen des MEPolG.

sog. Umweltrechts (vgl. § 4 BBodSchG). In diesem Zusammenhang ist auf die Entwürfe für ein Umweltgesetzbuch hinzuweisen, die ebenfalls auf die Rechtsfigur des Störers abheben und diese als Verursacherprinzip bezeichnen (§ 5 E-UBG-AT[3], § 6 UGB-KomE[4]). Die Verwendung des MEPolG dient lediglich einer einfachen und einheitlichen Zitierweise[5].

Die öffentlich-rechtliche Störerhaftung ist in den §§ 4, 5 MEPolG normiert. Es wird die Haftung aus Handlungs- und aus Zustandsverantwortlichkeit unterschieden.

Handlungsstörer ist eine natürliche oder juristische Person, die durch ihr Verhalten eine Gefahr für die öffentliche Sicherheit oder Ordnung verursacht, § 4 Abs. 1 MEPolG. Eine Zusatzverantwortlichkeit trifft darüber hinaus auch den Aufsichtspflichtigen über Kinder bzw. den Betreuer für den ihm übertragenen Aufgabenkreis sowie den Geschäftsherrn des Verrichtungsgehilfen; diese haften gem. § 4 Abs. 2, 3 MEPolG („auch") neben den Kindern bzw. den Betreuten und den Gehilfen aus Verhaltensverantwortlichkeit.

*MEPolG: § 4 Verantwortlichkeit für das Verhalten von Personen*

(1) Verursacht eine Person eine Gefahr, so sind die Maßnahmen gegen sie zu richten.

---

3 § 5 E-UBG-AT = Professorenentwurf eines Allgemeinen Teils eines Umweltgesetzbuchs von 1990: Kloepfer/Rehbinder/Schmidt-Aßmann/Kunig 1990, S. 40 (§ 5: Verursacherprinzip).

4 § 6 UBG-KomE = Entwurf der Unabhängigen Sachverständigenkommission zum Umweltgesetzbuch beim Bundesministerium für Umwelt, Naturschutz und Reaktorsicherheit: Bundesministerium für Umwelt, Naturschutz und Reaktorsicherheit 1998, S. 111 (§ 6: Verursacherprinzip, im Wortlaut abgedruckt unter 1.2.1).

5 In den Polizeigesetz des Bundes ist die Handlungs- und Zustandsverantwortlichkeit geregelt in: §§ 17, 18 Bundesgrenzschutzgesetz - BGSG.
In den Landespolizeigesetzen finden sich die Regelungen für:
- Bayern: Artt. 7, 8 Polizeiaufgabengesetz – BayPAG
- Brandenburg: §§ 5, 6 Brandenburgisches Polizeigesetz – BbgPolG
- Berlin: §§ 13, 14 Allgemeines Sicherheits- und Ordnungsgesetz - ASOGBln
- Baden-Württemberg: §§ 6, 7 Polizeigesetz Baden-Württemberg – PolGBW
- Bremen: §§ 5, 6 Bremisches Polizeigesetz – BremPolG
- Hamburg: §§ 8, 9 Hamburgisches Gesetz zum Schutz der öffentlichen Sicherheit und Ordnung – HbgSOG
- Hessen: §§ 6, 7 Hessisches Gesetz für die öffentliche Sicherheit und Ordnung – HSOG
- Mecklenburg-Vorpommern: §§ 69, 70 Gesetz über die öffentliche Sicherheit und Ordnung in Mecklenburg-Vorpommern – SOG M-V
- Niedersachsen: §§ 6, 7 Niedersächsisches Gefahrenabwehrgesetz – NGefAG
- Nordrhein-Westfalen: §§ 4, 5 Polizeigesetz des Landes Nordrhein-Westfalen – PolGNW
- Rheinland-Pfalz: §§ 4, 5 Polizei- und Ordnungsbehördengesetz – POG Rheinland-Pfalz
- Saarland: §§ 4, 5 Saarländisches Polizeigesetz – SpolG
- Sachsen: §§ 4, 5 Sächsisches Polizeigesetz – SächsPolG
- Sachsen-Anhalt: §§ 7, 8 Gesetz über die öffentliche Sicherheit und Ordnung des Landes Sachsen-Anhalt – SOG LSA
- Schleswig-Holstein: §§ 218, 219 Landesverwaltungsgesetz – LVwG SH
- Thüringen: §§ 10, 11 Ordnungsbehördengesetz – ThürOBG und §§ 7, 8 Polizeiaufgabengesetz – ThürPAG

Die Fundstellen im BGBl. und den GVBl. des jeweiligen Bundeslandes sind abgedruckt in: Lisken/Denninger 2001, S. XXXI f.

(2) Ist die Person noch nicht 14 Jahre alt, entmündigt oder unter vorläufige Vormundschaft gestellt, können Maßnahmen auch gegen die Person gerichtet werden, die zur Aufsicht über sie verpflichtet ist.

(3) Verursacht eine Person, die zu einer Verrichtung bestellt ist, die Gefahr in Ausführung der Verrichtung, so können Maßnahmen auch gegen die Person gerichtet werden, die die andere zu der Verrichtung bestellt hat.

Die Zustandsverantwortlichkeit stellt auf die von einer Sache ausgehende Gefahr ab. Störer sind gem. § 5 MEPolG der Inhaber der tatsächlichen Gewalt und der Eigentümer der Sache.

*MEPolG: § 5 Verantwortlichkeit für den Zustand von Sachen*

(1) Geht von einer Sache eine Gefahr aus, so sind die Maßnahmen gegen den Inhaber der tatsächlichen Gewalt zu richten.

(2) Maßnahmen können auch gegen den Eigentümer oder einen anderen Berechtigten gerichtet werden. Das gilt nicht, wenn der Inhaber der tatsächlichen Gewalt diese ohne den Willen des Eigentümers oder Berechtigten ausübt.

(3) Geht die Gefahr von einer herrenlosen Sache aus, so können die Maßnahmen gegen denjenigen gerichtet werden, der das Eigentum an der Sache aufgegeben hat.

Die Haftung des Handlungs- bzw. Zustandsstörers ist objektiv und verschuldensunabhängig. So fängt die öffentlich-rechtliche Verantwortlichkeit seit jeher auch solche Gefahren und Störungen auf, die aus latenten und unterschätzten, spezialgesetzlich schwer ergreifbaren Entwicklungsrisiken erwachsen; damit einher geht die rechtsbegriffliche Weite der gefahrenabwehrrechtlichen Generalklausel (§§ 1, 3 MEPolG)[6].

*MEPolG: § 1 Aufgaben der Polizei*

(1) Die Polizei hat die Aufgabe, Gefahren für die öffentliche Sicherheit oder Ordnung abzuwehren. [...]

[...]

*MEPolG: § 3 Ermessen, Wahl der Mittel.*

(1) Die Polizei trifft ihre Maßnahmen nach pflichtgemäßem Ermessen.

[...]

---

[6] Breuer 1994, S. 893.

All dies führt zu einer Haftung des Verhaltens- wie des Zustandsstörers vor allem für sog. Altlasten. Altlasten sind nach der gesetzlichen Begriffsbestimmung des § 2 Abs. 5 BBodSchG Altablagerungen[7] und Altstandorte[8], durch die schädliche Bodenveränderungen oder sonstige Gefahren für den Einzelnen oder die Allgemeinheit hervorgerufen werden[9]. Wie eingangs erwähnt, hat die Störerhaftung auch die finanzielle Lastenverteilung der Gefahrenabwehr zwischen dem Einzelnen und der Gesamtheit der Steuerzahler zum Inhalt. Die Bedeutung der Kostentragung wird insbesondere am Beispiel der Altlasten virulent. Das Umweltbundesamt bezifferte die Zahl der erfassten Altlasten-Verdachtsflächen im Jahre 1998 auf über 300.000[10]; der Sachverständigenrat für Umweltfragen geht zwei Jahre später sogar von 325.000 zivilen und 10.000 militärischen Flächen aus[11]. Obwohl nach heutigem Wissensstand „nur" ca. 10 – 15 % der altlastverdächtigen Flächen konkret sanierungsbedürftig sind[12], wurden 1994 die Kosten der Sanierung für den Verlauf der nächsten 10 Jahre schon auf 60 bis 300 Mrd. DM[13] geschätzt. Aus der Zusammenstellung von Kostenschätzungen für die Altlastensanierung in den alten Bundesländern des Sachverständigenrats für Umweltfragen aus dem Jahre 1995 ergibt sich gleichfalls ein breites Spektrum von „nur" 17 Mrd. DM des Instituts für Wirtschaftsforschung, über 29, 1 Mrd. DM der Kaiser Unternehmensberatung bis hin zu 100 Mrd. DM des TÜV Rheinland (alle 1989); hingegen gehen sowohl das Deutsche Institut für Wirtschaftsforschung und Reidenbach (DIFU) im Jahre 1990 von über 50 Mrd. DM aus, während diese Größenordnung Wicke und die Wirtschaftsministerkonferenz im Jahre 1991 nur als untere Grenze benennen und sich ihre Schätzung auf bis zu 200 bzw. 390 Mrd. DM beläuft[14]. Je nach Wahl des Sanierungsverfahrens ergibt sich mithin – unter der Annahme von 23.600

---

7 Altablagerungen sind gem. ihrer Legaldefinition in § 2 Abs. 5 Ziff. 1 BBodSchG stillgelegte Abfallbeseitigungsanlagen sowie sonstige Grundstücke, auf denen Abfälle behandelt, gelagert oder abgelagert worden sind.

8 Altstandorte sind Grundstücke stillgelegter Anlagen und sonstige Grundstücke auf denen mit umweltgefährdenden Stoffen umgegangen worden ist, ausgenommen Anlagen, deren Stillegung einer Genehmigung nach dem Atomgesetz bedarf, Legaldefinition des § 2 Abs. 5 Ziff. 2 BBodSchG.

9 Vgl. zum Altlastenrecht vor Inkrafttreten des BBodSchG: N. Herrmann 1989 und Brandt 1993; zur Entwicklung des Altlastenrechts von 1990 bis 2000: Kügel 1996 und 2000.

10 Eine Zusammenstellung des Umweltbundesamtes (UBA) vom Dezember 1998 auf der Grundlage der Angaben aus den Bundesländern nennt für die gesamte Bundesrepublik 106.314 Altablagerungen und 197.779 Altstandorte, so dass sich die Anzahl erfasster altlastverdächtiger Flächen insgesamt auf 304.093 beläuft: http://www.umweltdaten.de/altlast/web1/deutsch/1_6.htm.

11 SRU 2000, Tz. 79.

12 So die Auskunft des Umweltbundesamtes vom 29. Januar 2001.

13 Die Schätzungen der Sanierungskosten sind – was wohl auch nicht verwunderlich ist – sehr uneinheitlich; so geht *Breuer* von einer Größenordnung von 60 bzw. 80 bis 200 Mrd. DM aus [Breuer 1994, S. 890 (Fn. 11) m. w. N.]; während *Bender/Sparwasser/Engel* – übrigens unter Berufung auf *Breuer* - 300 Mrd. DM nennen [Bender/Sparwasser/Engel 2000, S. 293 (Rn. 7/23)].

14 Sondergutachten „Altlasten II" des Rates von Sachverständigen für Umweltfragen, BT-Drucksache 13/380 (v. 2. 2. 1995), S. 84 (Tz. 165, Tabelle 1.16).

zu sanierenden Altlasten – ein Kostenrahmen von 184 – 925 Mrd. DM[15]. Die Schätzungen des Finanzierungsbedarfs für die Altlastensanierung in den neuen Bundesländern geben ebenfalls ein uneinheitliches Bild ab. So beziffert das Institut für ökologische Wirtschaftsforschung (IÖW), Berlin den Finanzierungsbedarf im Jahre 1990 auf 45, 2 Mrd. DM, das Institut für Wirtschaftsforschung (Ifo-Institut), München nennt 26 Mrd. DM im Jahre 1992, während das Institut für Wirtschaftsforschung in Halle von 50, 1 Mrd. DM ausgeht (1993); die Wirtschaftsministerkonferenz bezifferte die Kosten im Jahre 1991 auf 36 bis 270 Mrd. DM[16]. Der Rat von Sachverständigen für Umweltfragen gab als Schätzung für die Gesamtkosten der Sanierung von zivilen Altlasten in den neuen Bundesländern im September1993 48 Mrd. DM an[17].

Vor allem im Zusammenhang mit der Altlasten-Problematik wurde und wird die Haftung des Eigentümers – des Zustandsverantwortlichen – häufig problematisiert. Als weiteres Paradebeispiel[18] dient auch der „verunglückte Tankwagen“: Durch einen verunfallten Tankwagen läuft Öl auf einem Grundstück aus. Eine Pflicht zur Reinigung oder Beseitigung des kontaminierten Erdreichs begründet sich auf das Vorliegen einer Gefahr bzw. eines Schadens für das Schutzgut der öffentlichen Sicherheit (i. S. der polizeirechtlichen Generalklausel) – die Reinheit des (Grund-)Wassers unterfällt diesem Schutzgut[19]. Störer sind der LKW-Fahrer und sein Geschäftsherr aus Handlungshaftung (§ 4 Abs. 1, 3 MEPolG) und der Grundstückseigentümer als Zustandsverantwortlicher aus § 5 MEPolG, da die Beschaffenheit seiner Sache (des Erdreichs) eine Gefahr für die öffentliche Sicherheit – die Wasserversorgung – darstellt.

In diesen Fällen, in denen der Eigentümer sich in einer „Opfer-Position“ befindet, weil sein Eigentum durch Einwirkungen Dritter, Zufall oder höhere Gewalt zerstört, beschädigt oder sonst in Mitleidenschaft gezogen worden ist - wie auch bei den Altlasten, die der Grundstückseigentümer weder verursacht, gebilligt noch erkannt hatte -, in diesen beiden Fällen

[15] Sondergutachten „Altlasten II“ des Rates von Sachverständigen für Umweltfragen, BT-Drucksache 13/380 (v. 2. 2. 1995), S. 84 f. (Tz. 167, Tabelle 1.18).

[16] Sondergutachten „Altlasten II“ des Rates von Sachverständigen für Umweltfragen, BT-Drucksache 13/380 (v. 2. 2. 1995), S. 158 (Tz. 330, Tabelle 2.9).

[17] Sondergutachten „Altlasten II“ des Rates von Sachverständigen für Umweltfragen, BT-Drucksache 13/380 (v. 2. 2. 1995), S. 158 (Tz. 330).

[18] Bei dem verunfallten Tanklastwagen handelt es sich nicht nur um ein theoretisches (Schul-) Beispiel, vgl. OVG Rheinland-Pfalz, Urteil v. 16. 11. 1967, VerwRspr. 19, 849; OVG Nordrhein-Westfalen, Urteil v. 3. 10. 1963, OVGE 19, 101 = DVBl. 1964, 683; BVerwG, Urteil v. 16. 11. 1973, NJW 1974, 815 = DVBl. 1974, 297. Ähnlich gelagert: VGH Baden-Württemberg, Urteil v. 28. 6. 1989, NVwZ 1990, 179, hier beschädigte der Baggerführer einer Firma eine Ölleitung zwischen Wohnhaus und unterirdischem Heizöltank, was dazu führte, dass ca. 2000 Liter Heizöl in den Untergrund flossen.

[19] Vgl. Peine 1999, S. 361 m. w. N. auf Rechtsprung und Literatur.

forderte das juristische Schrifttum[20] schon frühzeitig eine Begrenzung der Eigentümerhaftung. So hat sich vor allem *Friauf*[21] mit den verfassungsrechtlichen Grenzen der Zustandshaftung beschäftigt und sie aus der Sozialbindungsklausel des Art. 14 Abs. 2 GG wie folgt bestimmt: Die Inanspruchnahme des Eigentümers sei gerechtfertigt, wenn die „abzuwendende Gefahr in irgendeiner Beziehung zu der ihm zustehenden Sachherrschaft steht. Als Korrelat dieser Sachherrschaft und der aus ihr gezogenen Vorteile muß er [der Eigentümer] die im Zusammenhang mit einer Sache entstehenden Nachteile einschließlich der Lasten und Kosten einer Gefahrenbeseitigung tragen." Dies gelte jedoch nicht mehr, wenn die Gefahrenlage durch Ereignisse verursacht werde, „die spezifisch der Allgemeinheit zugerechnet werden müssen" und ihr kein spezifischer Sachnutzen des Eigentümers gegenüberstünde. Diesem Ansatz wurde entgegengehalten, dass diese – vom angestrebten Ergebnis her verständlichen – Tendenzen im Wortlaut der geltenden Gesetze keine Stütze fänden[22].

So wird in der Literatur einhellig behauptet, dass die Rechtsprechung dem Eigentümer eines Altlastengrundstücks - quer durch alle Instanzen und Gerichtsbarkeiten, also vom *Bundesgerichtshof* (*BGH*) bis zum *Bundesverwaltungsgericht* (*BVerwG*) - eine Haftung bis zur Vermögenslosigkeit aufbürdete[23]. Dieses Verständnis der Rechtsprechung wird auch als überwiegende Meinung in der juristischen Literatur bezeichnet[24]. Die hier überprüften Urteile lassen *m. E.* diesen Schluss nicht unbedingt zu[25]. Darüber hinaus vertreten sogar die Befürworter einer prinzipiell unbegrenzten Haftung des Zustandsstörers die Ansicht, dass zumindest auf der Rechtsfolgenseite, im Rahmen der Ermessensausübung, der Grundsatz der Verhältnismäßigkeit zu berücksichtigen ist, mit der Konsequenz, dass die Heranziehung des Zustandsstörers unbillig sein kann[26]. Eine unbillige Haftung des Zustandsstörers liegt aber nach

---

20 Vgl. Friauf 1972; bezüglich der Altlasten grundlegendes Papier 1985a, S. 48 ff und 1985b, S. 878.

21 Friauf 1972, S. 301.

22 Drews/Wacke/Vogel/Martens 1986, S. 320.

23 Stellvertretend: Versteyl 2000.

24 Vgl. Sparwasser/Geißler 1995, S. 1317; sowohl früher *Götz* [Götz 1993, S. 112 (Rn. 212) – a. A. Götz 1995, S. 85 f. (Rn. 221), der nun die verfassungsrechtlichen Grenzen der Zustandsverantwortlichkeit betont] als auch *Bender/Sparwasser/Engel* [Bender/Sparwasser/Engel 2000, S. 336 (Rn. 7/203)] unter Berufung auf VGH Baden-Württemberg, Urteil v. 11. 10. 1985, NVwZ 1986, 325 [326]; VGH Bayern, Urteil v. 13. 5. 1986, NVwZ 1986, 942 [944 f.] = DVBl. 1986, 1283; BVerwG, Beschluss v. 14. 12. 1990, NVwZ 1991, 475.

25 So sind *m. E.* die üblicherweise zitierten Urteile zur unbegrenzten Haftung des Zustandsstörers zu interpretieren: VGH Baden-Württemberg, Urteil v. 11. 10. 1985: Die – in welcher Höhe ? – herangezogene Zustandsstörerin „hat ihr Grundstück von einer chemischen Reinigung erworben, einem Betrieb, der erfahrungsgemäß mit grundwassergefährdeten Stoffen umgeht. [...] Dann aber erscheint es nicht unbillig, die im Gesetz vorgesehene Haftung für den Zustand ihres Eigentums eingreifen zu lassen". VGH Bayern, Urteil v. 13. 5. 1986: Obwohl das Gericht an der Haftung des Zustandsstörers festhält, anerkennt es eine Begrenzung der Haftung wegen des Übermaßverbots; BVerwG, Beschluss v. 14. 12. 1990: Zustandsstörerin kannte vor dem Erwerb des Grundstücks dessen frühere Nutzung und tatsächlichen Zustand.

26 Drews/Wacke/Vogel/Martens 1986, S. 321.

der Rechtsprechung zumindest dann nicht vor, wenn er Kenntnis von der Kontamination hatte oder hätte haben können[27].

Daher erscheint die Entscheidung des *Bundesverfassungsgerichts* (*BVerfG*) eigentlich nur folgerichtig. Das *BVerfG* führte in seiner Entscheidung von Februar 2000[28] zur Verfassungsmäßigkeit der Zustandsverantwortlichkeit aus, dass diese grundsätzlich in zulässiger Weise Inhalt und Schranken des Eigentums (Art. 14 Abs. 1 S. 2 GG) bestimme. Jedoch sei die Belastung des Eigentümers mit den gesamten Kosten einer Altlasten-Sanierungsmaßnahme nicht gerechtfertigt, wenn sie ihm nicht zumutbar sei. Die Schwelle der Zumutbarkeit solle insbesondere dann erreicht sein, wenn die Sanierungskosten den Verkehrswert des Grundstücks überschreiten. Basiere die von dem Grundstück ausgehende Gefahr allerdings auf Naturereignissen, sind die Ursachen der Allgemeinheit zurechenbar oder rühren sie von nicht nutzungsberechtigten Dritten her, so dürfe die Sanierungsverantwortlichkeit nicht unbegrenzt dem alle Sicherungspflichten einhaltenden Eigentümer zur Last fallen. Andererseits könne eine den Verkehrswert des Grundstücks übersteigende Kostenbelastung dann zumutbar sein, wenn der Eigentümer das Risiko der entstanden Gefahr bewusst oder vorwerfbar in Kauf genommen habe.

Diese rudimentäre Zusammenfassung soll nur das – auch in der Rechtswissenschaft bestehende - Bedürfnis einer Überprüfung der Störerhaftung und insbesondere Möglichkeiten ihrer Restriktion unterstreichen.

So erkannte auch der Gesetzgeber frühzeitig die hemmende Wirkung der öffentlich-rechtlichen Altlasten-Störerhaftung im Hinblick auf Investitionen in der ehemaligen DDR. Diesbezüglich ist darauf hinzuweisen, dass in der DDR zunächst das Preußische Polizeiverwaltungsgesetz vom 1. 6. 1931[29] fortgalt, und sodann dessen allgemeine Grundsätze (polizeiliche Generalklausel und Verantwortlichkeit) in dem Volkspolizeigesetz von 1968[30] Fortführung fanden[31]. Daher ist die Inanspruchnahme eines Verhaltens- oder Zustandsstörers in den neuen Ländern nach den gleichen Rechtsgrundsätzen wie in den alten Ländern möglich, ohne dass hierin ein Verstoß gegen das Verbot echter Rückwirkung liegt[32]. Folglich besteht auch in den neuen Ländern eine Altlasten-Verantwortlichkeit des Störers. Im Hinblick auf diese in-

---

[27] Vgl. BVerwG, Beschluss v. 14. 12. 1990, NVwZ 1991, 475.
[28] Beschluss v. 16. 2. 2000, BVerfGE 102, 1 = NJW 2000, 2571 = DVBl. 2000, 1275 = BB 2000, 1369.
[29] Preußische Gesetzessammlung, S. 77 [zitiert nach Rehbinder 1991, S. 422 (Fn. 18)].
[30] GBl. 1968 I S. 232 [zitiert nach Rehbinder 1991, S. 422 (Fn. 23)].
[31] Rehbinder 1991, S. 422.
[32] Rehbinder 1991, S. 422 f.

vestitionshemmende Wirkung schuf der Gesetzgeber deshalb die sog. „Altlasten-Freistellungsklauseln". Die Freistellungsklauseln wurden erstmals durch Art. 1 § 4 Abs. 3 und Art. 4 § 3 des Umweltrahmengesetzes der bisherigen DDR vom 29. 6. 1990[33] eingeführt. Der Einigungsvertrag[34] erhielt diese Klauseln in leicht modifizierter Form aufrecht. Durch Art. 12 Hemmnisbeseitigungsgesetz[35] waren dann seit dem 29. 3. 1991 Eigentümer und Besitzer von Anlagen und Grundstücken, die gewerblichen Zwecken dienen oder im Rahmen wirtschaftlicher Unternehmungen Verwendung finden, freistellungsberechtigt. Die Freistellung befreite von der Verantwortlichkeit für Schäden, die vor dem 1. 7. 1990 verursacht wurden[36]. Die Freistellung wurde nur auf Antrag erteilt; Anträge konnten binnen Jahresfrist[37] gestellt werden[38]. Die Entscheidung über die Freistellung war eine Ermessensentscheidung, deren vorrangiger Aspekt die Wirtschaftsförderung und die damit einhergehende Schaffung und / oder Erhaltung von Arbeitsplätzen war[39]. Die neuen Länder machten jedoch nur zurückhaltend von dieser Freistellungsmöglichkeit des Störers Gebrauch, da sie – im Falle der Gewährung – nunmehr selbst für die erforderlichen Maßnahmen aufkommen mussten[40]. Sie forderten daher den Bund zur Mitfinanzierung auf[41], der sich aufgrund verfassungsrechtlicher Bedenken nur auf den Abschluss einer auf den Treuhandbereich (nunmehr Bundesanstalt für vereinigungsbedingte Sonderaufgaben) begrenzten „Regelung der Finanzierung der ökologischen Altlasten" durch ein Verwaltungsabkommen einließ[42]. Dennoch ist das Instrument der Altlastenfreistellung nicht wirklich zum Tragen gekommen, weil sich die Verwaltungskapazitäten der Länder auf den vom Bund refinanzierten Bereich bzw. auf die Ablehnung von (unzulässigen oder unbegründeten) Anträgen konzentrierten – auch wenn dies kein Schritt in Richtung auf den Abbau von Investitionshemmnissen bedeutete[43].

Dieser Beitrag hat die ökonomische Analyse der öffentlich-rechtlichen Störerhaftung zum Inhalt. Die Bedeutung der Störerhaftung und der durch sie gesetzten Anreizstruktur zeigt

---

33 GBl. I S. 649.

34 Art. 8, 9 Anlage II Kapitel XII Abschn. III Nr. 1 Buchst. b des Einigungsvertrages v. 31. 8. 1990 (BGBl. II S. 889) i. V. mit Art. 1 des Zustimmungsgesetzes v. 23. 9. 1990 (BGBl. II S. 885).

35 Gesetz zur Beseitigung von Hemmnissen bei der Privatisierung von Unternehmen und zur Förderung von Investitionen v. 22. 3. 1991 (BGBl. I S. 766).

36 Müggenborg 1992, S. 850.

37 Falls diese Frist versäumt wurde, ist unter bestimmten Voraussetzungen eine nachträgliche Antragstellung auf Altlastenfreistellung nach Landesrecht möglich (vgl. § 8 SächsABG).

38 Müggenborg 1992, S. 851.

39 Müggenborg 1992, S. 851.

40 Eisenbarth 1995, S. 4 (Rn. 2); vgl. hierzu auch Spannowsky 1994, S. 566.

41 Eisenbarth 1995, S. 4 (Rn. 2).

42 Eisenbarth 1995, S. 4 f. (Rn. 3), mit erläuternden Ausführungen zu der Aufgabenverantwortung (ausschließliche Zuständigkeit der Länder), der nach dem Konnexitätsprinzip der Finanzverfassung die Ausgabenlast folgt.

43 Eisenbarth 1995, S. 8 (Rn. 11).

sich für die Praxis eindrucksvoll an der sog. Altlasten-Problematik; daneben ist ihre Relevanz für die neuere Umweltgesetzgebung (z. B. § 4 BBodSchG) sowie deren Vorschläge (§ E-UGB-AT, § 6 UGB-KomE) kaum zu überschätzen.

## 1.2 Fragestellung

Diese Abhandlung will den Versuch unternehmen, die Erörterung der Störerhaftung um einen ökonomischen Aspekt zu bereichern. Dies soll auf der Grundlage der ausführlichen Behandlung des Haftungsrechts in der Literatur zur ökonomischen Analyse des Rechts geschehen[44]. Die Fragestellung dieser Arbeit lautet: Ist die öffentlich-rechtliche Störerhaftung eine effiziente Haftung? Wie müsste eine öffentlich-rechtliche Störerhaftung ausgestaltet sein, um aus Sicht der ökonomischen Theorie des Rechts als effizient zu gelten? Der Formulierung der Frage nach der Effizienz der öffentlich-rechtlichen Störerhaftung liegt der folgende Argumentationsgang zugrunde: Ausgangspunkt ist die Feststellung, dass es sich bei der öffentlich-rechtlichen Störerhaftung um ein „typisches" Haftungsregime handelt (1.2.1). Daran schließt sich die Frage an, warum – aus ökonomischer Perspektive – Haftungsrecht überhaupt erforderlich ist (1.2.2). Dieser Abschnitt formuliert also die Ziele und Funktionen des Haftungsrechts aus ökonomischer Sicht; es wird gezeigt, dass die Steuerungs- bzw. Präventionsfunktion des Haftungsrechts das entscheidende Moment ist. Weiter muss daher erörtert werden, welche Ziele mit der öffentlich-rechtlichen Störerhaftung verfolgt werden (1.2.3). Wird als Prämisse für die öffentlich-rechtliche Störerhaftung ihre Steuerungsfunktion anerkannt, so kann dieses Haftungsregime seine Funktion nur erfüllen, wenn die Gefahr bzw. Störung für die öffentliche Sicherheit oder Ordnung für den Störer erkennbar und beherrschbar ist (1.2.4). Diese Gesichtspunkte werden die Überleitung bilden zur Vorgehensweise dieser Analyse (1.3). Doch zuvor bietet dieser Abschnitt noch einen Abriss über das ökonomische Effizienz-Ziel des Haftungsrechts (1.2.5), um anzudeuten, dass zu dem juristischen Verständnis der maßgebenden Effektivität der Gefahrenabwehr zumindest ein Begründungsgleichklang (1.2.6) besteht, aus dem möglicherweise eine Ermessensanweisung für die Gefahrenabwehrbehörde gefolgert werden kann.

---

[44] vgl. Shavell 1987; Landes/Posner 1987 und Posner 1992 für die amerikanische Literatur; für den deutschsprachigen Raum vgl. Adams 1985, Endres 1991 und Schäfer/Ott 2000.

### 1.2.1 Haftungsregime: Verursacherprinzip vs. Gemeinlastprinzip

Die öffentlich-rechtliche Störerhaftung bzw. die öffentlich-rechtliche Verantwortlichkeit, diese Begriffe werden synonym gebraucht, beantwortet die Frage, ob eine Person für eine Gefahr bzw. Störung für die öffentliche Sicherheit oder Ordnung einzustehen[45] hat – oder nicht. Sind die Tatbestandsmerkmale der Verhaltens- oder Zustandsverantwortlichkeit erfüllt, so ist die Person für die Gefahr bzw. Störung der öffentlichen Sicherheit oder Ordnung haftbar, sie ist verantwortlich. Die störende Person muss für ihr Verhalten bzw. den Zustand ihr zugehöriger Sachen *einstehen*. Dieses Einstehenmüssen wird daher häufig auch als Verursacherprinzip – im Gegensatz zum Gemeinlastprinzip – bezeichnet[46]. Die öffentlich-rechtliche Verantwortlichkeit beantwortet die Frage, ob der Störer oder die Gesamtheit der Steuerzahler die Last der Gefahrenabwehr zu tragen hat[47]. Dies zeigt sich sehr schön an dem Kommissionsentwurf zum Umweltgesetzbuch (§ 6: Verursacherprinzip)[48]:

(1) Wer erhebliche nachteilige Einwirkungen, Gefahren oder Risiken für die Umwelt oder den Menschen verursacht, ist dafür verantwortlich.

(2) Werden erhebliche nachteilige Einwirkungen oder Gefahren für die Umwelt oder den Menschen durch den Zustand von Sachen verursacht, so sind auch Eigentümer und Besitzer dafür verantwortlich.

(3) Ist ein Verantwortlicher nach Absatz 1 oder 2 nicht vorhanden, nicht feststellbar, nicht rechtzeitig feststellbar oder nach den Vorschriften dieses Gesetzbuchs nicht oder nur beschränkt verantwortlich, so ist die Allgemeinheit verantwortlich; die Möglichkeit des Rückgriffs bleibt unberührt.

Dieser Entwurf zum Umweltgesetzbuch normiert in den beiden ersten Absätzen die Haftung des Störers. Der erste Absatz regelt die Haftung des Handlungsstörers, der zweite Absatz die Verantwortlichkeit des Zustandsstörers. Dieses Einstehenmüssen wird mit dem sog. Verursacherprinzip umschrieben. Sonach normiert der letzte Absatz eine Haftung der Allgemeinheit, wenn das Verursacherprinzip nicht greift. Diese Haftung wird als Gemeinlastprinzip bezeichnet.

Das zivilrechtliche Deliktsrecht „verteilt" einen Schaden zwischen dem Schädiger und dem Geschädigten. Erfüllt der Schädiger die Tatbestandsvoraussetzungen einer Schadenser-

---

45 Vgl. die Definitionen sowohl der Verantwortlichkeit als auch der Haftung als das „Einstehenmüssen" [Deutsches Rechtslexikon, „Verantwortlichkeit", S. 878; „Haftung", S. 357 f.]).

46 Kahl 1998, S. 83 (Rn. 4/32); vgl. auch VGH München, Beschluss v. 13. 5. 1986, NVwZ 1986, 942 = DVBl. 1986, 1283.

47 Erichsen 1977, S. 204 f.; Selmer 1987, S. 486 f.; Schink 1991, S. 369.

48 Bundesministerium für Umwelt, Naturschutz und Reaktorsicherheit 1998, S. 111.

satznorm (z. B. § 823 BGB), so muss er dem Geschädigten Ersatz leisten. Liegen die Voraussetzungen eines Schadensersatzanspruchs nicht vor, verursachte bspw. der Schädiger den Schaden nicht schuldhaft im Falle des § 823 BGB, so verbleibt der Schaden beim Geschädigten, der dann einfach Pech hat oder - schöner ausgedrückt -, den ein höheres Lebensrisiko trifft. Daher ergibt sich für eine ökonomische Analyse der zivilrechtlichen Haftung kein Problem; kommt sie zu dem Ergebnis, dass es aus ökonomischen Gründen erwünscht ist, einen Schädiger haften zu lassen, so soll er Ersatz leisten, ansonsten verbleibt der Schaden beim Geschädigten.

Diese Untersuchung wird die öffentlich-rechtliche Störerhaftung aus ökonomischer Sicht analysieren. Daher muss sie die Haftung des Störers in Frage stellen. Ist es aber bspw. aus ökonomischen Gesichtspunkten nicht sinnvoll, dass ein Störer für bspw. eine Naturkatastrophe haftet, so hat dies zur Konsequenz, dass die Allgemeinheit der Steuerzahler den Schaden zu tragen hat. Kommt aber das Gemeinlastprinzip zum Zuge, so bedeutet dies einen erhöhten Bedarf an Steuern. Eine Nicht-Haftung des öffentlich-rechtlichen Störers bedeutet mithin eine Haftung sämtlicher Steuerzahler.

### 1.2.2 Funktion des Haftungsrechts aus ökonomischer Perspektive

Zuvörderst ist zu konstatieren, dass die ökonomische Theorie des Haftungsrechts auf die Steuerungsfunktion des Haftungsrechts abstellt. Es stellt sich die Frage: Warum ist für die Rechtsökonomik allein die Steuerungsfunktion des Haftungsrechts von Interesse? Die ökonomische Theorie des Haftungsrechts untersucht mit dem Instrumentarium der Mikroökonomik die Wirkungen und Funktionen des Schadensrechts. Gegenstand der mikroökonomischen Theorie ist die Untersuchung des Marktmechanismus. Dabei zeigt sich anhand dieser Theorie, dass durch den Marktmechanismus knappe Güter zu ihrer optimalen Verwendung kommen. Eine optimale – also eine effiziente – Allokation der knappen Ressourcen wird in einem perfekten Markt verwirklicht. Effizienz wird im Sinne der *Pareto*-Effizienz definiert; ein Zustand ist *Pareto*-effizient, wenn es keinen anderen Zustand gibt, den mindestens ein Individuum vorzieht, und den alle anderen zumindest nicht ablehnen. Übertragen auf die Markt-Allokation kann formuliert werden, dass sich die Position irgendeines Marktteilnehmers nur noch dadurch verbessern lässt, dass gleichzeitig diejenige eines anderen verschlechtert wird. Folglich ist festzuhalten, dass die bestmögliche Verwendung der Ressourcen das Ziel ist. Der perfekte Marktmechanismus verwirklicht dieses Ziel. Ebenso wird dieses Ziel durch eine Verhandlungslösung (*Coase*) verwirklicht. Das *Coase*-Theorem wird an folgendem Beispiel kurz illustriert: Ein Getreidebauer und ein Viehzüchter sind auf benachbarten Grundstücken tätig; ohne die Errichtung eines Zauns erhöht eine Vermehrung des Viehbestandes den Gesamtschaden der Getreideernte. Dabei zeigt sich, dass es unter Effizienzgesichtspunkten gleichgültig ist, ob das Handlungsrecht (hier z. B. das Abwehrrecht: Wer hat ein Recht auf die Errichtung eines Zauns?) dem Viehzüchter oder dem Getreidebauern zugesprochen wird. Liegen die Voraussetzungen des *Coase*-Theorems vor, so wird die Verhandlungslösung zwischen den beiden Parteien zu einem effizienten Ergebnis führen. In diesem Fall würde das Land so genutzt, dass es die optimalen Erträge erbringt, durch Viehzucht, Getreideanbau oder eine Mischwirtschaft[49]. Eine Verhandlungslösung zwischen den beteiligten Parteien führt mithin, unabhängig von ihrer Ausstattung, zu einer effizienten Nutzung der Ressourcen. Sowohl ein reiner Marktmechanismus als auch das *Coase*-Theorem setzen allerdings u. a. voraus, dass die sog. Transaktionskosten null sind, also bspw. die Verhandlung nichts kostet. Bei den Lebens-Sachverhalten, die durch das Haftungsrecht geregelt werden, sind die Transaktionskosten allerdings prohibitiv hoch. So ist es bspw. dem Halter eines Pkws nicht möglich, mit jedem weiteren Verkehrsteilnehmer einen Vertrag über einen potenziellen Unfall zu schließen, bevor er sein Auto startet. Verursacht der Autofahrer nun einen Unfall und fügt einer Person hierdurch einen Schaden zu, bedeutet dies – zunächst -, dass der Verursacher eine Ressource des Geschädigten in Anspruch genommen hat, ohne diese in seiner Kosten-Nutzen-Überlegung über seine Autofahrt zu berücksichtigen. Wird der Verursacher nun mithilfe des Haftungsrechts zum Ersatz dieses Schadens herangezogen – und hat auch Kenntnis von dieser Haftung bei Fahrtantritt -, so wird er den an den Geschädigten zu leistenden Schadensersatz in seine Überlegungen, wie viel ihm die Autofahrt wert ist, mit einbeziehen. Das Autounfall-Haftungsrecht übernimmt die Funktion der Internalisierung der bei der Autofahrt entstehenden externen Effekte. Hätten der Schadensverursacher und der Geschädigte vor der Autofahrt Kenntnis vom potenziellen Schaden und würden sie miteinander verhandeln, so würde diese Verhandlungslösung zu einem effizienten Ergebnis kommen: Bringt die Autofahrt mehr Nutzen als die Ressource des Geschädigten, so wird sie unternommen, gegebenenfalls - wenn das

---

[49] Bspw. hat der Getreidebauer (G) einen jährlichen Schaden von 1.000 € durch das Vieh des Viehzüchters (V); die Errichtung eines Zauns verursacht jährliche Kosten von 2.000 €. Nach dem *Coase*-Theorem ist es gleichgültig, ob G von V die Errichtung eines Zauns verlangen kann oder nicht. Hat G dieses Recht nicht inne, so wird der Zaun natürlich nicht gebaut. Kann G von V die Errichtung verlangen, so wird der Zaun trotzdem nicht errichtet, weil sich V von dieser Verpflichtung zu einem Preis zwischen 1.000 € und 2.000 € freikaufen wird. Gestaltet sich der Sachverhalt jedoch so, dass der jährliche Schaden 2.000 € beträgt, der Zaun aber nur Kosten i. H. v. 1.000 € verursacht, so wird der Zaun gebaut, unabhängig davon, ob G dies von V verlangen kann oder nicht [Schäfer/Ott 2000, S. 92].

Gesetz einen Schadensersatz vorsieht – wird der Schädiger dem Opfer seinen Schaden ersetzen. Ist hingegen der Nutzen, dem die Autofahrt dem Schädiger spendet, geringer als der Schaden des Opfers, so wird der Fahrer sie nicht durchführen. Aufgrund der praktischen Unmöglichkeit einer Verhandlungslösung bei diesen Lebens-Sachverhalten soll – aus ökonomischer Sicht – das Haftungsrecht die Akteure zu einer optimalen Ressourcen-Nutzung steuern.

Zusammenfassend ist festzuhalten, dass – wie die Mikroökonomik zeigt – ein perfekter Marktmechanismus die knappen Ressourcen effizient zuweist. Der perfekte Markt setzt aber u. a. voraus, dass die Transaktionskosten null sind. Bei bestimmten Lebens-Sachverhalten sind die Transaktionskosten jedoch prohibitiv hoch, daher versagt der Markt. Das Haftungsrecht soll dieses Marktversagen kompensieren. Es will die Akteure zu einem Verhalten veranlassen, durch das die knappen Ressourcen effizient genutzt werden. Daher hebt die ökonomische Theorie auf die Präventions- bzw. Steuerungsfunktion des Haftungsrechts ab.

### 1.2.3 Innere Rechtfertigung der Störerhaftung

Die Frage nach der inneren Rechtfertigung der öffentlich-rechtlichen Störerhaftung – also warum eine Person für eine Gefahr bzw. Störung für die öffentliche Sicherheit oder Ordnung einstehen soll - ist die Frage nach ihrem rechtspolitischem Ziel.

Die Rechtsdogmatik sieht die Ziele des privaten Haftungsrechts vor allem darin, dem Geschädigten einen Ausgleich für den erlittenen Schaden zu verschaffen, während der Präventionsfunktion nur eine Nebenrolle zuerkannt wird[50]. Die ökonomische Theorie des privaten Haftungsrechts stellt jedoch (wie gerade unter 1.2.2 ausgeführt) auf die Präventions- bzw. Steuerungsfunktion des Schadensrechts ab[51]. Sie definiert die Anreiz- und Abschreckungsfunktion des zivilrechtlichen Deliktsrechts als Steuerung des individuellen Verhaltens mit dem Ziel, schadensträchtige Aktivitäten zu reduzieren oder schadensvermeidendes Verhalten zu fördern; im Mittelpunkt steht die Orientierung des Zivilrechts am Effizienzziel[52]. Hingegen

[50] Larenz 1987, S. 424 (§ 27 I); Lange 1990, S. 9 ff.; Deutsch 1996, S. 14 f. (Rn. 17 f.); a. A. Schmidt-Salzer 1969 (zum gewerblichen Rechtsschutz); Stürner 1998 und 1999 sowie Wagner 2000a (zum Persönlichkeitsrecht) – jeweils als Auswahl. Nach *Blaschczok* ist die Präventionsfunktion des zivilrechtlichen Deliktsrecht unumstritten, fraglich sei nur, welchen Rang den präventiven Effekten zukommt [Baschczok 1999, S. 156 f.]; vgl. zu den Zielen des Haftungsrechts auch Kötz 1990.

[51] Siehe zur Diskussion über die „Berechtigung" der ökonomischen Analyse des Rechts: Fezer 1986; erwidernd Ott/Schäfer 1988; nochmals erwidernd Fezer 1988; auch Taupitz 1986. Mittlerweile darf die ökonomische Analyse des Rechts wohl als anerkannt bezeichnet werden, so weist sogar *Köhler* in seiner Einführung zum BGB (der Beck-Texte im dtv, 51. Aufl. 2002, S. XXXII) auf dieses neue Auslegungskriterium hin.

[52] Ott/Schäfer 1999, S. 131.

soll die von der Rechtswissenschaft vorrangig befürwortete Ausgleichsfunktion ein Schadensersatzrecht nicht rechtfertigen können. Wird auf die Ausgleichsfunktion abgestellt in dem Sinne, dass ein eingetretener Schaden vom Schädiger auszugleichen ist, so wird damit eine Rechtsfolge beschrieben, aber nicht eine Aussage zu einem rechtspolitischen Ziel gemacht[53].

Im Gegensatz zur zivilrechtlichen Literatur finden sich im Gefahrenabwehrrecht nur wenige Hinweise auf die Ziele der öffentlich-rechtlichen Störerhaftung. *Gantner* geht sowohl der Theorie von der Zurückverweisung des Störers in die Schranken seines Rechts[54], als auch der Polizeipflicht als allgemeiner Staatsbürgerpflicht[55] nach, die jedoch nicht zu überzeugen vermögen. *Binder* stellt zur inneren Rechtfertigung der Zustandshaftung die Theorie von der Sachherrschaft[56] und die Theorie vom Nutzen-Lasten-Verhältnis[57] dar. Das *BVerfG* führt zur inneren Rechtfertigung der Störerhaftung aus: „Ziel der [sicherheitsrechtlichen] Vorschriften [über die Zustandsverantwortlichkeit des Eigentümers] ist es, unbeschadet der Haftung des Verursachers eine effektive Gefahrenabwehr auch durch den Eigentümer als Herr der Sache sicherzustellen. Der Eigentümer hat regelmäßig die rechtliche und tatsächliche Möglichkeit, auf die Sache und damit auch auf die Gefahrenquelle einzuwirken. Die Zustandsverantwortlichkeit findet in der durch die Sachherrschaft vermittelten Einwirkungsmöglichkeit auf die gefahrenverursachende Sache ihren legimitierenden Grund. Der Eigentümer kann überdies aus der Sache Nutzen ziehen. Auch dies rechtfertigt es, ihn zur Beseitigung von Gefahren, die von der Sache für die Allgemeinheit ausgehen, zu verpflichten [...]. Die Möglichkeit zur wirtschaftlichen Nutzung und Verwertung des Sacheigentums korrespondiert mit der öffentlich-rechtlichen Pflicht, die sich aus der Sache ergebenden Lasten und die mit der Nutzungsmöglichkeit verbundenen Risiken zu tragen."[58] Wenn die Sachherrschaft des Eigentümers den Grund für seine Haftung bildet, weil er auf seine Sache einzuwirken in der Lage ist, so kann daraus *m. E.* gefolgert werden, dass das Ziel der Haftung des Sachherrschaftsinhabers jedenfalls auch darin gesehen werden kann, dass er die von seiner Sache ausgehenden Schäden steuern kann. Mithin kann aus dieser Argumentation gefolgert werden, dass der öffentlich-rechtlichen Störerhaftung eine Präventions- bzw. Steuerungsfunktion zukommt. Es geht um die Verhinderung von Gefahren bzw. Störungen für die öffentliche Sicherheit oder Ordnung, die von einer Sache oder einer Person ausgehen.

---

53 Blaschczok 1993, S. 343; so auch Ott/Schäfer 1999, S. 36.
54 Vgl. Gantner 1983, S. 43 ff.
55 Vgl. Gantner 1983, S. 47 ff.
56 Vgl. Binder 1991, S. 22 ff.
57 Vgl. Binder 1991, S. 24 ff.
58 BVerfG, Beschluss v. 16. 2. 2000, BVerfGE 102, 1 [17]= NJW 2000, 2571 = DVBl. 2000, 1275 = BB 2000, 1369.

Die Steuerungsfunktion der Störerhaftung ist das zentrale Moment für die ökonomische Argumentation. Nur Gefahren bzw. Störungen für die öffentliche Sicherheit oder Ordnung (Störungs-Schäden), die von dem Störer steuerbar sind, also verhindert werden können, sind - aus Sicht der ökonomischen Theorie des Rechts – haftungsrechtlich zu erfassen. Der potenzielle Störer kann sich nur für steuerbare Störungs-Schäden überlegen, ob es für ihn optimaler ist, den Schaden durch genügende Sorgfaltsvorkehrungen zu verhindern oder den Schaden gegebenenfalls in Kauf zu nehmen und entsprechenden Ersatz dafür zu leisten. Damit wird er gezwungen, die von seinem Verhalten (Handlungshaftung) oder seiner Sache (Zustandshaftung) verursachten Störungs-Schäden (Kosten) in seine private Kosten-Nutzen-Überlegung mit einzubeziehen. Denn sein Verhalten bzw. seine Sache bringt ihm einen gewissen Nutzen, sonst würde er es nicht ausüben bzw. sie sein eigen nennen. Wird diese rechtsökonomische Prämisse anerkannt, so fragt die ökonomische Theorie des Haftungsrechts weiter, durch welche Haftungsnorm erreicht werden kann, dass das gesellschaftliche Optimum mit dem privaten Optimum übereinstimmt. Ist das für den Störer effiziente Verhalten (denn dieses wird er ausüben) mit dem volkswirtschaftlichen (sozialen) Optimum identisch, so kann das Ziel einer effizienten Allokation erreicht werden.

### 1.2.4 Arbeitsthese: Erkennbarkeit und Beherrschbarkeit

Aus rechtsökonomischer Sicht ist das Ziel des Haftungsrechts seine Steuerungsfunktion. Aus diesem Ziel wird die Arbeitsthese der Abhandlung gefolgert: Nur eine *beherrschbare* und *erkennbare* Gefahr bzw. Störung für die öffentliche Sicherheit oder Ordnung kann verhindert werden. Das Problem der Störerhaftung für nicht beherrschbare oder erkennbare Schäden war die erste Idee, die diese Arbeit ausgelöst hat. So ist im Paradebeispiel des verunfallten Tanklastwagens, die Ölkontamination des Grundstücks für den Grundstückseigentümer nicht zu verhindern, der Schaden ist für ihn weder zu beherrschen noch zu erkennen. Dies gilt prinzipiell für sämtliche Schäden, die durch Naturkatastrophen ausgelöst werden, der Allgemeinheit zurechenbar sind oder von nicht nutzungsberechtigten Dritten herrühren. Vor allem für diese Schäden fordert das *BVerfG* nun eine deutliche Reduktion der Zustandsverantwortlichkeit[59]. Auch die umweltrechtliche Literatur erkannte, dass gleichgültig, „ob zur Begründung stärker allokationstheoretische oder stärker umweltpolitische Gesichtspunkte ins Feld geführt werden [...], jedenfalls wird eine *Steuerung des Verhaltens* der Beteiligten angestrebt. Eine solche

---

59 BVerfG, Beschluss v. 16. 2. 2000, BVerfGE 102, 1 [21]= NJW 2000, 2571 = DVBl. 2000, 1275 = BB 2000, 1369.

Verhaltenssteuerung setzt jedoch voraus, dass die für eine Umweltbelastung drohenden Kosten bekannt oder zumindest *erkennbar* sind. Das Verhalten insbesondere der Wirtschaftssubjekte mit den eventuellen Kosten unbekannter Risiken zu bedrohen, ist weder allokationstheoretisch noch umweltpolitisch eine sinnvolle Verhaltenssteuerung“[60].

### 1.2.5 Effienz-Ziel des Haftungsrechts

Das Haftungsrecht soll – aus ökonomischer Perspektive - die Akteure zu einem effizienten Verhalten anreizen. Daher stellt sich die Frage, wie Effizienz im Rahmen des Deliktsrechts zu definieren ist. Das Schadensrechtssystem ist aus Sicht der ökonomischen Theorie optimal, wenn die Summe aus Schadensvermeidungskosten und primären, sekundären und tertiären Kosten minimiert ist[61].

Dies bedeutet, dass die Kosten für Schäden (primäre Kosten) nicht um jeden Preis zu vermeiden sind, sondern nur insoweit, als die Kosten bzw. der Nutzenentgang, der zur Schadensreduzierung notwendig ist, geringer bleibt als die vernichteten Nutzwerte. Unter sekundären Kosten wird die Differenz zwischen dem Nutzen bei versichertem Einkommen und dem Erwartungsnutzen bei unversichertem (wenn auch höherem) Einkommen verstanden. Aufwendungen, die bei eingetretenem Schaden zur Abwicklung und Verteilung des Schadens entstehen, bilden die sog. tertiären Kosten.

Durch das Setzen von richtigen Handlungsanreizen will die Ökonomik Verhalten (z. B. Aktivitäts- und Sorgfaltsniveaus) so steuern, dass eine optimale Minimierung der Schadensvermeidungskosten und der primären, sekundären und tertiären Kosten die Folge ist. Hierbei ist zu berücksichtigen, dass die Minimierung der jeweiligen Kosten in einem Spannungsverhältnis zueinander steht. So führt bspw. eine totale Reduzierung der tertiären Kosten (z. B. jeder Verkehrsunfall-Geschädigte trägt seine Unfallschäden selbst) zu einer zu geringen Schadensvermeidung beim Verkehrsunfall-Verursacher.

---

[60] Koch 1985, S. 24 *(Hervorhebungen von Koch)*.

[61] Vgl. Calabresi 1970, Schäfer/Ott 2000, S. 129 und S. 117 ff.

### 1.2.6 Zielübereinstimmung bzw. Begründungsgleichklang zwischen (Umwelt-) Ökonomik und juristischem Gefahrenabwehrrecht

Die ökonomische Theorie des Schadensrechts geht demnach davon aus, dass eine Summe von verschiedenen Kosten zu optimieren (d. h. zu minimieren) ist. Dies bedeutet letztlich, dass die Ressourcen des Schädigers und des Geschädigten effizient verteilt (eingesetzt) werden müssen. Hierin liegt eine Verbindung zur Umweltökonomie. Die Umweltökonomik beschäftigt sich mit der Frage nach der bestmöglichen Verwendung der knappen Umwelt-Ressourcen. Es geht nun in beiden Bereichen darum, die Marktteilnehmer so zu steuern, dass sie die ihnen zur Verfügung stehenden Ressourcen bestmöglich – also effizient – verwenden. So basiert die Umweltökonomik auf dem Entscheidungskriterium, dass von mehreren ökologisch gleich wirksamen Maßnahmen diejenige ausgewählt wird, die mit den geringsten volkswirtschaftlichen Kosten verbunden ist[62]. Dieses Ziel der Wirtschaftlichkeit verfolgt – aus ökonomischer Perspektive - auch das Haftungsrecht. Da bei den dem Haftungsrecht zugrunde liegenden Lebenssachverhalten der (perfekte) Markt versagt, eine Verhandlungslösung daher nicht zu einem *Pareto*-effizienten Ergebnis kommen kann, muss das (Haftungs-)Recht dieses Marktversagen ausgleichen. Hierbei ist die optimale Allokation der Ressourcen von Schädiger und Geschädigtem die Ausgangslage. Eine effiziente Allokation liegt vor, wenn die Kosten für beide - also die sozialen (volkswirtschaftlichen) Kosten - minimiert werden. Die ökonomische Theorie des Rechts hat analysiert, bei welchen Haftungsregeln dies der Fall ist. Kommt diese Untersuchung nun zu einer optimalen Haftungsregel, die ein sozial effizientes Verhalten der öffentlich-rechtlichen Störer hervorruft, so ist es „effektiv", „wirtschaftlich" oder „effizient" diese Haftungsregel einzusetzen. Dies korrespondiert völlig mit dem von der Juristerei vertretenen Begriff der Effizienz. Das Ziel der Effizienz ist bei der Störerhaftung durch die Rechtswissenschaft definiert, es lautet: Effektivität der Gefahrenabwehr. Kann durch eine bestimmte Inanspruchnahme der Störer eine effiziente Gefahrenabwehr verwirklicht werden, so sollten die Störer auch entsprechend diesen Grundsätzen herangezogen werden.

*M. E.* kann daher die Verwaltungsbehörde im Rahmen ihrer Zweckmäßigkeitsüberlegungen die Erkenntnisse der ökonomischen Analyse zur Störerhaftung umsetzen; vielleicht darf sogar behauptet werden, dass sie dies muss, da die Behörde ihr Ermessen entsprechend dem gesetzlichen Zweck auszuüben hat. Hier liegt der gesetzliche Zweck in der Effektivität der Gefahrenabwehr. Kann diese Effizienz der Gefahrenabwehr durch eine bestimmte Störerhaftung verwirklicht werden, so sollten diese Kriterien der ökonomischen Analyse maßgeblich sein.

---

[62] Endres 1985, S. 51.

### 1.2.7 Zusammenfassung

Diese Arbeit basiert auf dem Gedanken, dass die öffentlich-rechtliche Störerhaftung zum Ziel hat, die knappen Ressourcen der Akteure optimal zu verteilen, d. h. das Verhalten der potenziellen Störer soll so gesteuert werden, dass sie zu einer optimalen Schadensprävention angehalten werden. (Störungs-) Schäden, also Gefahren bzw. Störungen für die öffentliche Sicherheit oder Ordnung, die nicht verhindert werden können, sind durch dieses öffentlich-rechtliche Haftungsregime so aufzuteilen, dass nur möglichst geringe soziale Kosten entstehen.

## 1.3 Vorgehensweise

Um die Frage beantworten zu können, ob die öffentlich-rechtliche Störerhaftung eine effiziente Haftungsnorm ist, bedient sich die Untersuchung der Affinität der Störerhaftung mit der zivilrechtlichen Gefährdungshaftung. Die Gefährdungshaftung hat durch die Literatur zur ökonomischen Analyse des Haftungsrechts eine ausführliche Untersuchung erfahren. Diese Erkenntnisse sollen durch diese Arbeit für die öffentlich-rechtliche Störerhaftung fruchtbar gemacht werden. Die Parallele der öffentlich-rechtlichen Störerhaftung zur zivilrechtlichen Gefährdungshaftung ist auch der juristischen Literatur[63] und Rechtsprechung[64] nicht verborgen geblieben. Die zivilrechtliche Gefährdungshaftung hebt entscheidend auf die Beherrschbarkeit und die Erkennbarkeit des Schadens ab. Dies zeigt sich eindrucksvoll an der mit der Statuierung einer Gefährdungshaftung verbundenen Haftung des Halters oder Betreibers bzw. Inhabers (§ 833 S. 2 BGB, § 7 Abs. 1 StVG, §§ 1, 2 HPflG, § 1 UmweltHG, § 22 Abs. 2 S. 1 WHG, § 25 AtG, § 32 GenTG, § 33 LuftVG) und dem Haftungsausschluss für „höhere Gewalt" (§ 7 Abs. 2 StVG[65], §§ 1 Abs. 2 S. 1, 2 Abs. 3 Ziff. 3 HPflG, § 4 UmweltHG, § 22 Abs. 2 S. 2 WHG; auch keine Haftung des Störers gem. § 1004 BGB aus Naturereignissen[66]). Der

---

[63] Gantner 1983, darauf aufbauend Koch 1985, S. 15 ff.; Kränz 1990, S. 139 f., der darüber hinaus auf § 228 BGB und seine Bedeutung für das Strafrecht hinweist, dessen Autoren die Gemeinsamkeiten zur öffentlich-rechtlichen Zustandsverantwortlichkeit erkannt haben; vgl. auch Binder 1991.

[64] BGH, Urteil v. 11. 6. 1981, DÖV 1981, 843 [844] = NJW 1981, 2457 = JuS 1982, 220; OVG Bremen, Urteil v. 17. 12. 1985, DAR 1986, 159 [160] hinsichtlich der Zustandshaftung.

[65] Durch das Zweite Schadensersatzrechtsänderungsgesetz (Zweites Gesetz zur Änderung schadensersatzrechtlicher Vorschriften) [BR-Drucksache 358/02 (v. 10. 5. 2002)] wurde der Haftungsausschluss des „unabwendbaren Ereignisses" in § 7 Abs. 2 StVG a. F. durch den der „höheren Gewalt" (§ 7 Abs. 2 StVG n. F.) ersetzt; hiermit soll für die straßenverkehrsrechtliche Gefährdungshaftung der Anschluss an die Dogmatik der übrigen Gefährdungshaftungstatbestände hergestellt und dem Fahrzeughalter in sachgerechter Weise das Risiko zugewiesen werden [Wagner 2002, S. 2060 f.].

[66] Vgl. Palandt-Bassenge 2002, S. 1239 (§ 1004 Rn. 6) m. w. N.

Begriff des Halters wird definiert als Gebrauch der Sache auf eigene Rechung mit der Innehabung der Verfügungsgewalt, die ein solcher Gebrauch voraussetzt[67]. So ist bspw. die Bank im Falle einer Sicherungsübereignung Eigentümerin des Autos, doch erfüllt sie nicht den Halterbegriff. Hingegen könnte sie als Zustandsstörerin für einen bspw. polizeiwidrig abgestellten Pkw herangezogen werden. Für den entscheidenden Gesichtspunkt der Einwirkungsmöglichkeit sollte daher nicht auf den Eigentumsbegriff abgestellt werden (und auch nicht auf die „bloße" tatsächliche Sachherrschaft), sondern auf den Halter; die Untersuchung wird daher auch eine Zustandshaftung des Halters entwickeln. Durch die Beschränkung der Haftung des Zustandsstörers auf den Halter einer gefahr- bzw. störungsverursachenden Sache, wird es möglich, nur diejenige Person aus Zustandsverantwortlichkeit haften zu lassen, die „ihre" Sache zu „steuern" in der Lage ist. Ferner schließt das Moment der Erkenn- und Beherrschbarkeit eines Störungs-Schadens auch die Haftung für höhere Gewalt aus. So ist im Falle des Tanklastwagenunfalls der Eigentümer zwar auch Halter des kontaminierten Grundstücks, seine Haftung wäre aber wegen der Einstufung des Unfalls als – aus seiner Perspektive - „höhere Gewalt" ausgeschlossen. Darüber hinaus muss über einen Haftungsausschluss für Entwicklungsrisiken (vgl. § 1 Abs. 2 Nr. 5 ProdHaftG) nachgedacht werden, da diese Risiken nicht erkennbar sind, falls nicht eine gesetzlich bezweckte Anreizfunktion ausnahmsweise etwas anderes gebietet (vgl. § 32 GenTG, § 1 UmweltHG). Die Vergleichbarkeit der öffentlichrechtlichen Störerhaftung mit der zivilrechtlichen Gefährdungshaftung bietet daher – über den Transfers der ökonomischen Untersuchungen hinaus – spannende Hinweise, wie viele Probleme zu lösen wären. Dabei kann für die Juristen praktikabel auf bestehende Institute (z. B. Halter, Betriebsgefahr: für den Ausgleichsanspruch nach § 24 Abs. 2 BBodSchG) zurückgegriffen werden. Aus ökonomischer Sicht sind allein die mit der Gefährdungshaftung verbundenen Haftungshöchstgrenzen (§ 12 StVG, § 10 ProdHaftG, §§ 9 f. HPflG, § 15 UmweltHG, §§ 37, 46 LuftVG, § 33 GentG, § 31 AtG) problematisch, da sie eine Subventionierung gefährlicher Tätigkeiten darstellen. Doch kommt es nun zu einer derartigen faktischen Haftungsbeschränkung für den Zustandsstörer durch die Entscheidung des *BVerfG* zur Zustandsverantwortlichkeit.

---

67 Vgl. zum Begriff des Kraftfahrzeughalters: BGH, Urteil v. 29. 5. 1954, BGHZ 13, 351 [LT 1].

## 1.4 Untersuchungsgang

Der Gang der Untersuchung gestaltet sich wie folgt:

Im ersten Teil wird die juristische Fragestellung aufbereitet. Hierzu wird die geltende öffentlich-rechtliche Störerhaftung im 2. Kapitel dargestellt, um zu erörtern, wer wann für welche Gefahr bzw. Störung für die öffentliche Sicherheit oder Ordnung verantwortlich ist und letztlich die Kosten ihrer Beseitigung trägt. Das Ergebnis ist notwendiger Ausgangspunkt für die Beurteilung, ob die Störerhaftung als effizient bezeichnet werden kann. In diesem Rahmen wird auch die öffentlich-rechtliche Verantwortlichkeit nach dem Bundes-Bodenschutzgesetz untersucht; das Bundes-Bodenschutzgesetz enthält nämlich erstmals einen bundesrechtlichen Anspruch für einen störerinternen Regress (3. Kapitel). Der Bundesverfassungsgerichts-Beschluss zur Begrenzung der Haftung des (Grundstücks-)Eigentümers unterstreicht das Bedürfnis für eine Überprüfung der öffentlich-rechtlichen Verantwortlichkeit. Diese Entscheidung hat das 4. Kapitel zum Gegenstand. Das abschließende 5. Kapitel des ersten Teils zieht die Parallele zwischen der öffentlich-rechtlichen Störerhaftung zur zivilrechtlichen Gefährdungshaftung aus rechtlicher Sicht. Damit wird die Überleitung zur ökonomischen Analyse des Haftungsrechts geschaffen.

Der zweite Teil will die erarbeiteten juristischen Fragestellungen aus ökonomischer Sicht beantworten. Zu diesem Zweck wird das 6. Kapitel die Grundlagen der ökonomischen Theorie des Haftungsrechts vorstellen. Es wird erörtert, warum Haftungsrecht trotz des *Coase*-Theorems unabdingbar ist; hiermit eng verknüpft ist die Diskussion um das sog. „Verursacherprinzip", das als Brückenprinzip im interdisziplinären Dialog zwischen Rechts- und Wirtschaftswissenschaften verstanden wird, jedoch nicht unumstritten ist. Die maßgebliche Grundlage der Steuerungsfunktion des Haftungsrechts ist notwendiger Ausgangspunkt für das 7. Kapitel. Dieses untersucht, durch welche Haftungsnorm ein Anreiz für die öffentlich-rechtlichen Störer gesetzt werden kann, so dass das gesellschaftliche Optimum mit ihrem privaten Optimum übereinstimmt. Die Problematik der Haftung mehrerer Schädiger wird im 8. Kapitel gesondert behandelt; die Bestimmung eines Haftungsanteils bei mehreren Schädigern ist vor allem für den durch das Bundes-Bodenschutzgesetz verwirklichten Haftungsausgleich der Störer untereinander interessant. Das 9. Kapitel untersucht den ex ante Ansatz des Polizeirechts (Haftung bereits bei hinreichender Wahrscheinlichkeit eines (Störungs-) Schadenseintritts) gegenüber dem sonst ausschließlich geltenden ex post – Ansatz des Deliktsrechts (Eintritt des Schadens wird abgewartet) und bietet eine ökonomisch begründete Lösung.

Der abschließende dritte Teil dieser Abhandlung fasst zunächst die Ergebnisse der durch diese Untersuchung vorgenommenen ökonomischen Analyse zusammen (Kapitel 10), um einen rechtspolitischen Vorschlag im 11. Kapitel zu entwickeln. Im Schlusskapitel (12) wird die Arbeit einen Ausblick wagen, inwieweit die öffentlich-rechtliche Störerhaftung eine Grundlage als Haftungsinstrumentarium zur Erweiterung des Umweltschutzes bietet.

# 1. Teil: Juristische Fragestellung

## 2 Darstellung der Störerhaftung

Die Darstellung der öffentlich-rechtlichen Störerhaftung hat zum Zweck, die – für eine ökonomische Analyse relevanten – Voraussetzungen und Folgen dieser Haftung herauszuarbeiten.

Es werden zunächst die tatbestandlichen Voraussetzungen der Handlungs- und Zustandshaftung erörtert (2.1). Hervorgehoben wird das Tatbestandsmerkmal „Verursachung", da die rechtliche Sichtweise des Verursacherprinzips hierauf beruht. Diese Ausführungen sollen auch den Weg ebnen, für eine im 2. Teil der Untersuchung stattfindende Auseinandersetzung mit diesem Prinzip, das zum einen als Brückenprinzip im interdisziplinären Dialog zwischen Rechts- und Wirtschaftswissenschaften gilt, zum anderen jedoch auch heftig kritisiert wird. Die differenzierte Darstellung (6.3) hofft, um ein besseres Verständnis der jeweils anderen Disziplin werben zu können. Des Weiteren werden die gesetzlichen Voraussetzungen „Gefahr" und „Störung" der polizeilichen Eingriffsermächtigung (§§ 1, 3 MEPolG) erörtert. Zwar sind diese Begriff keine Tatbestandsmerkmale zur Bestimmung des Störers, aber ohne das Vorliegen einer Gefahr bzw. Störung für die öffentliche Sicherheit oder Ordnung bedürfte es gar keiner solchen Bestimmung. Der Begriff der Gefahr wird im ökonomischen Teil als ex ante Ansatz des Gefahrenabwehrrechts bezeichnet (9. Kapitel), da das Gefahrenabwehrrecht der Behörde ermöglicht, bereits dann einzuschreiten, wenn zu diesem Zeitpunkt eine Gefahr für die öffentliche Sicherheit oder Ordnung besteht, während das zivilrechtliche Deliktsrecht einen eingetretenen Schaden voraussetzt, ihm folglich ein Ex post – Ansatz zugrunde liegt.

Sonach wird auf der Rechtsfolgenseite untersucht, welcher bzw. welche Störer in unterschiedlichen Fallkonstellationen letztlich die Kosten der Gefahrbeseitigung tragen (2.2). In diesem Zusammenhang wird auch die in der Rechtsdogmatik häufig geäußerte Forderung nach einer Trennung zwischen Beseitigung der Gefahr und Kostentragung behandelt. Die Kostentragung ist ein zentrales Moment der juristischen Darstellung der öffentlich-rechtlichen Störerhaftung. Wird einer Person die Haftung für ein gefahr- bzw. störungsverursachendes

Verhalten auferlegt, oder muss sie für eine gefahr- bzw. störungsverursachende Sache einstehen, so löst dies bei ihr Anreize zur Verhaltenssteuerung aus. Die ökonomische Analyse des Haftungsrechts widmet sich der Fragestellung, für welche Schäden eine Person einstehen soll, damit die durch die Rechtsnorm herbeigeführte Haftung bei ihr zu einer sozial optimalen Steuerung des Verhaltens führt. Um analysieren zu könne, ob die öffentlich-rechtliche Störerhaftung in ihrer geltenden Fassung effizient ist, muss daher herausgearbeitet werden, welche Störer für welche Gefahren bzw. Störungen der öffentlichen Sicherheit oder Ordnung einzustehen haben.

Mit der Beantwortung der Frage nach der faktischen Kostentragung für eine Gefahr bzw. Störung für die öffentliche Sicherheit oder Ordnung ist das beim Erlass einer Gefahr- bzw. Störungsbeseitigungsverfügung auszuübende Ermessen unabdingbar verknüpft (2.3). Denn in diesem Zusammenhang stellt die rechtswissenschaftliche Literatur auf die „Effektivität der Gefahrenabwehr“ ab; dabei sollen die (sachliche, räumliche, zeitliche) Nähe zur Gefahr und ihrer Beseitigung sowie die finanzielle Leistungsfähigkeit der Beteiligten die – so der juristische Sprachgebrauch - maßgebenden „Effizienzkriterien“ sein. Im ökonomischen Teil der Arbeit findet sodann eine Auseinandersetzung mit dem Begriff der Effizienz in der Ökonomie - insbesondere der ökonomischen Theorie des Haftungsrechts – statt.

## 2.1 Voraussetzungen der Störerhaftung

Polizeipflichtig ist, wer sein Verhalten oder den Zustand einer Sache nicht so gestaltet, dass daraus keine Störungen oder Gefahren für die öffentliche Sicherheit oder Ordnung entstehen. Dies sind der Handlungsstörer (Verhaltensverantwortlicher) oder der Zustandsstörer (Zustandsverantwortlicher).

### 2.1.1 Verhaltensverantwortlichkeit

Die Verhaltensverantwortlichkeit ist in § 4 MEPolG[68] normiert. Verhaltenshaftung[69] bedeutet Verantwortlichkeit für die Verursachung von Gefahren für die öffentliche Sicherheit oder

68 Der Gesetzeswortlaut des § 4 MEPolG findet sich unter 1.1.

69 Zur Erläuterung der Verhaltenshaftung: Drews/Wacke/Vogel/Martens 1986, S. 307 – 317 (§ 20).

Ordnung bzw. von Störungen dieser Schutzgüter durch menschliches Verhalten, also durch Tun oder Unterlassen. Zumeist wird die Haftung durch ein Tun ausgelöst; ein bewusstes Handeln mit besonderem Handlungswillen ist jedoch nicht erforderlich. Ein für eine Gefahr oder Störung ursächliches Unterlassen begründet die Verhaltenshaftung, wenn eine besondere Rechtspflicht zu polizeimäßigem Handeln[70] besteht. Die Verhaltenshaftung trifft zunächst die natürliche oder juristische Person, die durch ihr eigenes Verhalten eine Gefahr bzw. Störung verursacht, § 4 Abs. 1 MEPolG. Daneben begründet § 4 Abs. 2, 3 MEPolG eine Polizeipflicht für fremdes Verhalten, die zur Verantwortlichkeit des Verursachers hinzutritt und deshalb als „Zusatzhaftung" bezeichnet wird. Diese Zusatzverantwortlichkeit trifft den Aufsichtspflichtigen über Kinder bzw. den Betreuer für den ihm übertragenen Aufgabenkreis sowie den Geschäftsherrn des Verrichtungsgehilfen. Diese Personen haften („auch") neben den Kindern bzw. Betreuten und Gehilfen aus Verhaltensverantwortlichkeit.

### 2.1.2 Zustandsverantwortlichkeit

Die Zustandsverantwortlichkeit gem. § 5 MEPolG[71] stellt auf die von einer Sache ausgehende Gefahr ab. Sie[72] ist Ausdruck der rechtlichen und der tatsächlichen Sachherrschaft. Der Eigentümer einer Sache bzw. diejenige Person, die die tatsächliche Sachherrschaft über eine Sache ausübt, haftet für den polizeiwidrigen Zustand dieser Sache. Dieser Zustand kann auf der Beschaffenheit der Sache selbst beruhen (z. B. kontaminiertes Grundstück), aber es kann auch ihre Lage im Raum gemeint sein (z. B. der verkehrswidrig abgestellte Pkw), wobei es sich nicht um dauerhafte Sacheigenschaften zu handeln braucht.

### 2.1.3 Tatbestandsmerkmal der Verursachung

Die tatbestandliche Voraussetzung „Verursachung" wird hier zunächst aus juristischer Sicht behandelt.

Im zweiten Teil der Abhandlung wird sowohl die ökonomische Sichtweise des Verursacherprinzips als auch die Kritik der ökonomischen Theorie des Rechts an diesem Prinzip aufgezeigt.

---

[70] Drews/Wacke/Vogel/Martens 1986, S. 307 (Fn. 1) m. w. N.
[71] Der Gesetzeswortlaut des § 5 MEPolG findet sich unter 1.1.
[72] Zur Erläuterung der Zustandshaftung: Drews/Wacke/Vogel/Martens 1986, S. 318 – 330 (§ 21).

Sowohl die Verhaltenshaftung also auch die Zustandshaftung setzen eine Verursachung der Gefahr voraus[73].

Bei der Verhaltensverantwortlichkeit erfordert bereits der Wortlaut des § 4 Abs. 1 MEPolG, dass eine Person die Gefahr *verursacht* haben muss[74].

Das Tatbestandsmerkmal der Verursachung wird hingegen für die Zustandshaftung teilweise mit der Begründung abgelehnt, dass der polizeiwidrige Zustand der betreffenden Sache die Gefahr nicht verursache, sondern er sie selbst bilde[75]. Nach *Friauf* sei die Gefahr dem Zustand immanent[76]. *Friauf*[77] zitiert zur Begründung seiner Ansicht folgenden Urteilsauszug: „Der Eigentümer ist nicht Zustandshaftender, wenn sein Eigentum [also die Sache, die in seinem Eigentum steht] ohne sein Zutun als *Mittel* zur Gefährdung verwendet wird, aber nicht per se eine *Quelle* von Gefahren bildet.“ *M. E.* wird übersehen, dass dieses Zitat keine Begründung liefert, warum der polizeiwidrige Zustand die Gefahr *nicht verursacht.* Ob die Sache die Gefahr nun, durch ihren Zustand oder ihre Lage im Raum, bildet oder verursacht: Worin liegt der Unterschied? Jedenfalls bildet auch ein Pkw per se keine Quelle von Gefahren in diesem Sinne, sondern erst dadurch, dass ihn eine Person verkehrswidrig abstellt. Doch nach herrschender Ansicht[78] (auch *Friauf*[79]) ist der Eigentümer dieses Pkws Zustandsstörer. Es ist unerheblich, ob der polizeiwidrige Zustand durch die Sache selbst, das Verhalten des Berechtigten oder Dritter entstanden ist[80]. In dem hier zitierten Fall stand zur Entscheidung, ob der Betreiberin eines Verkehrsflughafens als Zustandsstörerin von der Behörde Maßnahmen zum Schutz vor terroristischen Angriffen auferlegt werden durften – die bejahende Entscheidung des *VGH Baden-Württemberg*[81] wurde vom *BVerwG*[82] mit der Begründung aufgehoben, dass der Flughafen nur eine entfernte (mittelbare) Ursache für die Gewaltgefahr bilde. Das *BVerwG* verneinte das erforderliche Zurechnungskriterium – nämlich die *unmittelbare* Verursachung (hierzu gleich 2.1.3.1 und 2.1.3.2) - der Sache (des Flughafens) für die öffentliche Sicherheit oder Ordnung; es schloss damit gerade nicht aus, dass der Flughafen *per se* eine Gefahr sein kann. Die Rechtsprechung führt mithin aus, dass die Sache

---

73 Zur Bestimmung der „Störereigenschaft“ durch das Merkmal der Verursachung: Hennes 1973.

74 Statt aller: Drews/Wacke/Vogel/Martens 1986, S. 308.

75 Friauf 1999, S. 152 f. (Rn. 83).

76 Friauf 1971, S. 716.

77 Friauf 1999, S. 153, Fn. 264 *(Hervorhebungen von Friauf)* mit Bezugnahme auf VGH Baden-Württemberg, Urteil v. 15. 6. 1982, DVBl. 1983, 41 [42] = JZ 1983, 102.

78 Gornig/Jahn 1999, S. 246 (m. w. N.); a. A. ist nur *Samper*, der die Auffassung vertritt, die Zustandshaftung betreffe lediglich den Fall, dass eine Gefahr *nicht* durch eine Person verursacht sei; es sei denkgesetzlich unmöglich, dass Handlungsstörung *und* Zustandsstörung in ein und demselben Fall zusammen vorliegen können, sie schlössen sich gegenseitig aus [Samper 1983, S. 335 *(alle Hervorhebungen von Samper)*].

79 Friauf 1999, S. 152 (Rn. 83 und Fn. 263).

80 Gusy 1994, S. 174 (Rn. 281).

81 VGH Baden-Württemberg, Urteil v. 15. 6. 1982, DVBl. 1983, 41 = JZ 1983, 102.

82 BVerwG, Urteil v. 4. 10. 1985, NJW 1986, 1626 = DVBl. 1986, 360 = JZ 1986, 896 = JuS 1986, 659.

(ihr Zustand oder ihre Lage im Raum) die (unmittelbare) Ursache der Gefahr sein muss[83]. Dies entspricht auch dem Wortlaut des § 5 Abs. 1 MEPolG („*Geht* von einer Sache eine Gefahr *aus*...")[84]. Die Zustandshaftung beruht daher gleichfalls auf dem Prinzip der Verursachung[85].

#### 2.1.3.1 Zurechnungstheorie

Es ist nun weiter zu untersuchen, wie die maßgebenden Kriterien zur Bestimmung der Verursachung festgelegt werden, da sich „das Problem der Kausalität im Rechtssinn auf die Bestimmung der Erfolgsbedingungen bezieht"[86].

Als Ausgangspunkt zur Verursachungs-Bestimmung dient im Gefahrenabwehrrecht – wie auch im Zivil- und Strafrecht – die conditio sine qua non – Formel, wonach jedes Verhalten (Tun oder Unterlassen) kausal ist, das nicht hinweggedacht werden kann, ohne dass der eingetretene Erfolg in seiner konkreten Gestalt entfiele, wobei alle Bedingungen gleichwertig (äquivalent) sind[87]. Die conditio sine qua non – Formel (Äquivalenztheorie) ist der wertungsfreie Ausgangspunkt zur rechtlichen Bestimmung der Kausalität. Jedoch muss die Äquivalenztheorie auch im Polizeirecht Einschränkungen erfahren, um zu sachgerechten Ergebnissen zu gelangen[88]. Diese Einschränkungen werden mithilfe von unterschiedlichen Theorien umschrieben, die die – anerkannt – zu breiten kausalen Erfolgsbedingungen (die durch die Äquivalenztheorie ermittelt wurden) wertend zurechnen sollen.

Im Zivilrecht[89] wird die Zurechnung durch die Adäquanztheorie (adäquat-kausal ist jeder Umstand, der aufgrund einer objektiv nachträglichen Prognose vom Standpunkt des optimalen Beobachters und nach den dem Handelnden bekannten Umständen generell geeignet ist, einen solchen Erfolg allein oder im Zusammenwirken mit anderen herbeizuführen) oder die Lehre vom Schutzzweck der Norm (nicht der Grad der Wahrscheinlichkeit soll maßgebend sein, sondern ob die vom Schädiger verletzte Norm gerade die Verhinderung des eingetretenen Verletzungserfolgs bzw. des weiteren Schadens erfasst) beschränkt. Im Strafrecht[90]

---

[83] BVerwG, Urteil v. 4. 10. 1985, NJW 1986, 1626 [1627] = DVBl. 1986, 360 = JZ 1986, 896 = JuS 1986, 659.
[84] Schoch 1994a, S. 937.
[85] So auch VGH München, Beschluss v. 13. 5. 1986, NVwZ 1986, 942 [944] = DVBl. 1986, 1283 [1285]; Schoch 1994a, S. 937; Schenke 1999, S. 265 (Rn. 171); Götz 1995, S. 77 (Rn. 195).
[86] Drews/Wacke/Vogel/Martens 1986, S. 310 *(ohne Hervorhebungen)*.
[87] Drews/Wacke/Vogel/Martens 1986, S. 311.
[88] Drews/Wacke/Vogel/Martens 1986, S. 311.
[89] Vgl. Teichmann 1999, S. 197 f. (Vor § 249 Rn. 27 ff.)
[90] Vgl. Fischer 2001, S. 83 ff. (§ 13 Rn. 16 ff.)

erfolgt die Zurechnungsrestriktion durch den Vorsatz des Täters bzw. die Lehre von der objektiven Zurechnung.

Nach *Drews/Wacke/Vogel/Martens* handelt es sich bei der Einschränkung der Zurechnung im Gefahrenabwehrrecht um „die Aufgabe, aus der Fülle der notwendigen Erfolgsbedingungen diejenigen auszuwählen, die es gerechtfertigt erscheinen lassen, eine Person für eine Störung oder Gefahr verantwortlich zu machen. Insoweit müssen einerseits das öffentliche Interesse an einer schnellen und wirksamen Gefahrenabwehr und andererseits das individuelle Freiheitsinteresse der Rechtsgenossen, in deren Rechtskreis eingegriffen wird, angemessen berücksichtigt werden. Das bedingt eine wertende Betrachtungsweise, bei der nicht mit logischer Stringenz argumentiert werden kann. Es geht letztlich darum, möglichst plausible und damit konsensfähige Zurechnungsgesichtspunkte zu entwickeln. In diesem Sinn sind die vielfältigen Bemühungen in Rechtslehre und Rechtsprechung zu verstehen, die unter der etwas irreführenden Etikettierung als „Verursachungstheorien" mit dem Ziel einer regelhaften Zuordnung von Verhalten und Erfolg angestellt worden sind."[91]

Nach herrschender Ansicht[92] – seit hierzu ergangenen Entscheidungen des *Preußischen Oberverwaltungsgerichts* - ermöglicht die Theorie der unmittelbaren Verursachung jedenfalls in der Regel eine sachgerechte Erfolgszurechnung[93]. Hiernach wird nur dasjenige Verhalten als polizeirechtlich erhebliche Ursache angesehen, das selbst unmittelbar die konkrete Gefahr oder Störung setzt und damit die Gefahrengrenze überschreitet[94]. An dem Zurechnungskriterium der Unmittelbarkeit scheiterte im obigen (2.1.3) Flughafen-Fall die Zustandshaftung der Betreiberin des Verkehrsflughafens, da dieser nur eine entfernte, aber keine unmittelbare Ursache für eine terroristische Gefahr darstellt. Durch das Erfordernis der Unmittelbarkeit sollen entferntere, lediglich mittelbare Bedingungen des eingetretenen oder drohenden Erfolges als polizeirechtlich irrelevant ausgeschieden werden, die durch den Begriff des Veranlassers beschrieben werden[95]. Das Kriterium der Unmittelbarkeit markiert damit die Überschreitung der Gefahrengrenze, indem es restriktiv auf die letzte Ursache einer Gefahr abstellt[96]. Als weiteres Beispiel soll der Fall[97] einer politischen Veranstaltung dienen, gegen die eine Gruppe protestiert. Die Gruppe der Gegendemonstranten ist hier der „Störer" – unter

---

[91] Drews/Wacke/Vogel/Martens 1986, S. 311 *(ohne Hervorhebungen)*.

[92] Vereinzelte Kritik aus der Literatur mit dem Ansatz der „Theorie der rechtswidrigen Verursachung" oder der „Lehre von der Sozialadäquanz", die sich aber nicht durchzusetzen vermochte; siehe Darstellung bei Schoch 1994a, S. 933 m. w. N. – auch gleich 2.1.3.2.

[93] Drews/Wacke/Vogel/Martens 1986, S. 313 m. w. N zu Entscheidungen des PrOVG.

[94] Drews/Wacke/Vogel/Martens 1986, S. 313.

[95] Drews/Wacke/Vogel/Martens 1986, S. 313 f.

[96] Götz 1995, S. 78 (Rn. 198).

[97] Vgl. VGH Baden-Württemberg, Urteil v. 28. 8. 1986, NVwZ 1987, 237 = DVBl. 1987, 151; VGH Baden-Württemberg, Urteil v. 26. 10. 1989, DVBl. 1990, 1044.

der Prämisse, dass die weiteren Voraussetzungen für ein gefahrenabwehrrechtliches Einschreiten vorliegen - auch wenn der Veranstalter diese Störung durch sein Handeln mittelbar verursacht, d. h. veranlasst hat[98].

Freilich können auch mehrere gleichzeitig – daher die Problematik der Auswahl unter mehreren Störern – unmittelbare Verursacher sein; wobei jeder Beteiligte für sich allein Störer sein kann (z. B. durch Einleitung umweltgefährdender Stoffe in den Wasserhaushalt), es ist aber auch denkbar, dass die Gefahr oder Störung erst durch das Verhalten aller Beteiligten herbeigeführt wird (z. B. durch eine Ansammlung von Personen auf der Straße, die zur Verkehrsbehinderung führt)[99].

### 2.1.3.2 Kritik an der Unmittelbarkeitslehre

Die herrschende Theorie der unmittelbaren Zurechnung wurde allerdings durch *Gantner*[100] entlarvt. *Gantner* untersuchte die polizeirechtliche Verursachung und Zurechnung. Hierbei wies er nach, dass die amtlichen Begründungen der heutigen Polizeigesetze bezüglich der Verursachung auf das preußische Polizeirecht, vor allem auf die Regelungen des preußischen Polizeiverwaltungsgesetzes (prPVG) aus dem Jahre 1931, verweisen[101]. Die amtliche Begründung zum prPVG führt jedoch ihrerseits nur aus, dass die gesetzliche Regelung eine Kodifikation des geltenden Rechts ist. Im Weiteren stellt *Gantner* nun dar, dass der dem prPVG vorangehenden Rechtsprechung des *Preußischen Oberverwaltungsgerichts* (*prOVG*) eine Festlegung auf das Unmittelbarkeitserfordernis nicht entnommen werden könne[102]. Da das Zurechnungskriterium der Unmittelbarkeit jedoch nicht der Rechtsprechung des *prOVG* vor Erlass der prPVG zugrunde lag, kann in der Kodifikation des Polizeirechts durch das prPVG auch keine Kodifikation der Unmittelbarkeitslehre liegen[103].

Hingegen orientieren sich die Entscheidungen des *prOVG* an Begriffen wie „erlaubt", „nicht zu beanstanden", „berechtigt", „gesetzwidrig" oder „ungesetzlich"[104]. Hiervon ausgehend entwickelte *Gantner* eine Differenzierung zwischen Zurechnung von Unrecht und Risiken. Die „Zurechnung von Unrecht bedeutet für die Verhaltenshaftung, daß ein rechtswidriges Verhalten, das sich als Gefahr darstellt oder sonst eine Gefahr verursacht, polizeirechtli-

---

98 Götz 1995, S. 79 (Rn. 200).
99 Drews/Wacke/Vogel/Martens 1986, S. 313.
100 Gantner 1983.
101 Gantner 1983, S. 29.
102 So aber Drews/Wacke/Vogel/Martens 986, S. 313.
103 Gantner 1983, S. 34 ff.
104 Gantner 1983, S. 38.

che Verantwortlichkeit begründet."[105] Ferner soll „jedes Verhalten, das eine Gefahr in der Weise verursacht, daß sich diese als die Verwirklichung eines gerade durch dieses Verhalten begründeten Risikos der Gefahrverursachung darstellt" nach dem Zurechnungsprinzip der Zurechnung von Risiken zu einer Verantwortung führen[106]. Gleichfalls ausgehend von der Kritik an der Unmittelbarkeitslehre entwickelte *Pietzcker*[107] das Konzept der Störerbestimmung kraft Pflichtwidrigkeit oder Risikosphäre[108].

Diese Gedanken wurden von *Koch*[109] aufgegriffen, der ihre Praktikabilität anhand der Deponieprobleme der Hansestadt Hamburg illustrierte. Demnach können die polizeirechtlichen Verhaltenspflichten entsprechend den Kriterien bestimmt werden, die für die zivilrechtlichen Verkehrs-(sicherungs-)pflichten herangezogen werden[110]. Dafür können sinnvolle Anknüpfungspunkte in der gesamten übrigen Rechtsordnung liegen; insbesondere dürfen die Verkehrssicherungspflichten folgendermaßen zusammengefasst werden: „Wer eine für Dritte gefährliche Lage geschaffen hat oder tatsächlich beherrscht, muß alles Zumutbare tun, um die Realisierung der Gefahr zu verhindern." So ist *Koch* darin zuzustimmen, dass die diesem Grundsatz dienenden einzelnen Pflichten erkennbar auch den Zweck haben, „die *öffentliche* Sicherheit und Ordnung zu schützen, denn es geht gerade darum, Gefahren abzuwehren, die *jedermann* treffen können"[111]. Diese Parallele der Polizeipflicht zu den zivilrechtlichen Verkehrssicherungspflichten bedeute, dass eine Haftung notwendigerweise die *Erkennbarkeit* der Pflichtsituation voraussetzt[112]. Im Übrigen sei daran zu erinnern, dass die besondere Verkehrssicherungspflicht des Produzenten aufgrund der Beweislastumkehr zu einer faktischen Gefährdungshaftung geworden sei[113]. Ferner sollen mit der Verhaltensverantwortlichkeit wegen Risikozuweisung diejenigen Fälle erfasst werden, „in denen ein bestimmtes Tun der Bürger rechtlich zulässig, jedoch das mit diesem Tun verbundene Risiko dem Bürger zugewiesen ist. Es geht mit anderen Worten um die Verantwortlichkeit für rechtmäßiges Handeln im Falle der Realisierung eines Handlungsrisikos"[114]. Eine derartige polizeirechtlich relevante Risikozuweisung sei in § 22 Abs. 2 WHG normiert, der erkennbar und unstreitig eine Risikozuwei-

---

[105] Gantner 1983, S. 53.
[106] Gantner 1983, S. 56.
[107] Pietzcker 1984.
[108] Vgl. auch: Schink 1991, S. 369 ff. m. w. N.
[109] Koch 1985 – enthält u. a. die aktualisierte Fassung des Gutachtens über „Kostentragung bei der Sanierung kontaminierter Standorte am Beispiel der Hamburger Deponien ‚Georgswerder' und ‚Müggenburger Straße' (Anhang zur Bürgerschaftsdrucksache 11/3774 der Freien und Hansestadt Hamburg).
[110] Koch 1985, S. 15 f.
[111] Koch 1985, S. 16 *(Hervorhebungen von Koch).*
[112] Koch 1985, S. 18 *(Hervorhebung von Koch).*
[113] Koch 1985, S. 18.
[114] Koch 1985, S. 20.

sung für den Anlageninhaber enthalte und eine zivilrechtliche Gefährdungshaftung statuiere[115].

Diese Kritik an der Theorie der unmittelbaren Verursachung ist nicht nur überzeugend, sie spricht auch die Parallele der polizeirechtlichen Verantwortlichkeit zur zivilrechtlichen Gefährdungshaftung an, die eine wesentliche Grundlage dieser Untersuchung bilden wird (Kapitel 5). Dennoch wird diese Arbeit auf die Unmittelbarkeitslehre abstellen, da sie eine ökonomische Analyse der öffentlich-rechtlichen Störerhaftung, wie sie faktisch gehandhabt wird, zum Ziel hat. Es kommt daher maßgeblich darauf an, wie die herrschende Rechtspraxis die Zurechnung (und auch die Kostenlast; hierzu: 2.2) bestimmt – selbst wenn die besseren Argumente für eine andere Handhabung sprechen.

#### 2.1.3.3 Exkurs: Verursacherprinzip

Ausgehend von der polizeirechtlichen Zurechnungstheorie hat sich das juristische Verständnis des „Verursacherprinzips"[116] entwickelt. Wie eben gezeigt wurde, hebt das Gefahrenabwehrrecht schon textlich auf die Verursachung ab. Explizit vom Verursacherprinzip spricht *Majer*[117], die ausführt, dass die Störerhaftung auf dem *allgemeinen* Haftungsprinzip des Polizeirechts – dem *Verursacherprinzip* – basiere. Nach dem öffentlich-rechtlichen Ursprung erfolgt die Bestimmung der (unmittelbaren) Zurechnung daher *wertend.*

Das umweltrechtliche Verständnis des Verursacherprinzips leitet sich zwar von dem Gefahrenabwehrrecht ab, aber Wurzeln des Verursacherprinzips finden sich auch in der Wirtschaftswissenschaft. So hat die Wirtschaftswissenschaft diesen Begriff ursprünglich kreiert[118].

Der ökonomischen Sichtweise des Verursacherprinzips wird im zweiten Teil nachgegangen. Da durch diese Arbeit mithin sowohl der juristische als auch der ökonomische Ursprung dieses Prinzips offen gelegt wird, soll hiermit ein Beitrag zu einem besseren Verständnis für das vor allem für das Umweltrecht bedeutende Prinzip geleistet werden (6.3).

---

115 Koch 1985, S. 20; vgl. auch zur Kritik und Verteidigung dieser Ansicht: Schlink 1991, S. 372 ff.
116 Vgl. zum Verursacherprinzip Schneider 1989 und Frenz 1997.
117 Majer 1982, S. 182 *(Hervorhebung von Majer).*
118 Kloepfer 1998, S. 179 (Rn. 32 f.).

### 2.1.4 Haftungsrestriktion aufgrund Legalisierungswirkung

Der Abschnitt 2.1 hat bislang die maßgebenden Tatbestandsmerkmale zur Bestimmung eines Handlungs- und Zustandsstörers untersucht. Eine Person, die die Voraussetzungen des § 4 MEPolG bzw. § 5 MEPolG erfüllt, ist für eine Gefahr bzw. Störung der öffentlichen Sicherheit oder Ordnung verantwortlich. Freilich könnte ihr Verhalten oder der Zustand ihrer Sachen jedoch behördlicherseits genehmigt worden sein. Fraglich ist daher, ob eine Person, die die Voraussetzungen der Störerhaftung (§§ 4, 5 MEPolG) erfüllt, für die verursachte Gefahr oder Störung haftbar bleibt, wenn ihre Störereigenschaft aus genehmigtem Verhalten resultiert. Hiermit ist die Problematik der Legalisierungswirkung von Genehmigungen[119] angesprochen.

Der Begriff der Legalisierungswirkung wurde, soweit ersichtlich, erstmals vom *BVerwG* in seinem Urteil vom 2. 12. 1977[120] verwandt[121]. Das *BVerwG* führt in diesem Urteil zur Legalisierungswirkung einer Genehmigung aus, dass diese die Heranziehung der ordnungsbehördlichen Generalklausel [als geeignete gesetzliche Grundlage] nicht förmlich ausschließe, sondern die Generalklausel prinzipiell einschlägig bleibe, „daß sich jedoch die Tatsache der Genehmigungserteilung gegen die Anwendbarkeit dieser Generalklausel auswirkt, daß also – anders ausgedrückt – die Legalisierungswirkung einer Genehmigung ausschließt, die in der Generalklausel bezeichneten Voraussetzungen für die Zulässigkeit eines Einschreitens für gegeben zu halten“[122]. Der Grund für die Wirkung einmal erteilter Genehmigungen sei darin zu sehen, „daß die Erteilung von Genehmigungen augenscheinlich einen wesentlichen Teil ihres Sinnes einbüßte, wenn gleichwohl gegen den genehmigten Zustand unter Berufung auf die ordnungsbehördliche Generalklausel, d. h. unter Berufung auf das Vorliegen einer Störung der öffentlichen Sicherheit oder Ordnung, eingeschritten werden dürfte“[123]. Hingegen betont die Rechtswissenschaft zur Begründung der Legalisierungswirkung von Genehmigungen die Bindungswirkung des Verwaltungsakts.[124] Die Reichweite der Legalisierungswirkung einer Genehmigung[125] wird unterschiedlich beantwortet. Es besteht weitgehende Einigkeit, dass sich hinsichtlich wirksam erteilter Anlagen- oder Betriebsgenehmigungen eine Legalisierungswirkung allenfalls aus Gegenstand, Inhalt und Umfang der konkreten Ge-

---

[119] Vgl. ausführlich: Hilger 1996.
[120] BVerwGE 55, 118 = NJW 1978, 1818 = DVBl. 1978, 710.
[121] Fluck 1988, S. 408; Hilger 1996, S. 1.
[122] BVerwG, Urteil v. 2. 12. 1977, BVerwGE 55, 118 [121] = NJW 1978, 1818 = DVBl. 1978, 710.
[123] BVerwG, Urteil v. 2. 12. 1977, BVerwGE 55, 118 [120 f.] = NJW 1978, 1818 = DVBl. 1978, 710.
[124] Fluck 1981, S. 410 ff. m. w. N.
[125] Ausführlich: Hilger 1996, S. 51 ff.

nehmigung herleiten lasse[126]. Sind z. B. Gesichtspunkte des Gewässerschutzes nicht Bestandteil des Genehmigungsverfahrens, weil der Zweck der Anlage nicht in der Ablagerung von wassergefährdenden Stoffen bestand, kann einer Baugenehmigung und sicherheitsrechtlichen Erlaubnis keine Legalisierungswirkung zukommen[127]. Fraglich ist jedoch, ob auch Abfallablagerungen und Bodenkontaminationen als notwendige und vorhersehbare Folge des Gebrauchmachens einer Genehmigung mit einzubeziehen sind[128]. Hingegen löst eine schlichte Anzeige eine Legalisierungswirkung nicht aus[129]. *Kloepfer* lehnt auch eine unbegrenzte Legalisierungswirkung für sog. Entwicklungsschäden, also Risikolagen, die aufgrund des technisch-naturwissenschaftlichen Erkenntnisstandes zum Zeitpunkt der Genehmigung nicht erkennbar waren, ab[130]. Nun ist allerdings der Störer gem. § 4 Abs. 5 S. 2 BBodSchG von der Schadstoffbeseitigung befreit, wenn er in schutzwürdiger Weise darauf vertraut hat, dass Bodenbeeinträchtigungen nicht entstehen werden und sein Vertrauen unter Berücksichtigung der Umstände des Einzelfalls schutzwürdig ist (3.4).

### 2.1.5 Begriff der „Gefahr" und der „Störung"

Zur Haftung einer polizeipflichtigen Person bedarf es des Vorliegens einer Gefahr oder Störung für die öffentliche Sicherheit oder Ordnung. Zwar ist diese Voraussetzung nicht gesetzliches Tatbestandsmerkmal der §§ 4, 5 MEPolG, also der Vorschriften die bestimmen, wer Handlungs- bzw. Zustandsstörer ist, aber sie muss vorliegen, um ein Einschreiten der Gefahrenabwehrbehörde zu ermächtigen. Nach § 1 Abs. 1 MEPolG[131] hat die Polizei die Aufgabe, Gefahren für die öffentliche Sicherheit oder Ordnung abzuwehren. Nur wenn eine solche Gefahr vorliegt, ist die Polizei befugt, ihre Maßnahmen nach pflichtgemäßem Ermessen zu treffen, § 3 Abs. 1 MEPolG[132].

Polizeirecht bedeutet Gefahrenabwehrrecht. Es stellt also ab auf die Abwehr einer Gefahr. Die Aufgabe der Gefahrenabwehr lässt sich kennzeichnen als Abwendung von nicht

---

126 VGH Baden-Württemberg, Beschluss v. 14. 12. 1990, NVwZ 1990, 781 [783] m. w. N. = UPR 1990, 310 = BB 1990, 237; Kutzschbach/Pohl 2000, S. 226.
127 VGH Bayern, Beschluss v. 26. 7. 1991, NVwZ 1992, 905.
128 Bejahend: Papier 1985a, S. 23 f., S. 27; 1985b, S. 876; verneinend: Kloepfer 1987, S. 14; Schink 1991, S. 382 f.
129 BVerwG, Urteil v. 2. 12. 1977, BVerwGE 55, 118 = NJW 1978, 1818 = DVBl. 1978, 710; a. A. Drews/Wacke/Vogel/Martens 1986, S. 161.
130 Kloepfer 1987, S. 14.
131 Der Gesetzeswortlaut findet sich unter 1.1.
132 Der Gesetzeswortlaut findet sich unter 1.1

unerheblichen Beeinträchtigungen (von objektiver Minderung) eines tatsächlich vorhandenen normalen Bestandes an Lebensgütern durch regelwidrige äußere Einflüsse[133]. Doch bevor eine Gefahr abgewehrt werden kann, muss der Begriff der Gefahr definiert werden.

Nach übereinstimmender Auffassung besteht eine Gefahr für ein polizeiliches Schutzgut nur dann, wenn seine Schädigung bei ungehindertem Geschehensablauf hinreichend wahrscheinlich ist[134]. Das Urteil, ob ein Lebenssachverhalt sich als polizeiliche Gefahr darstellt, beruht also auf einer Prognose[135]. Diese Prognose ist auf der Grundlage der im Zeitpunkt der behördlichen Entscheidung zur Verfügung stehenden Erkenntnismöglichkeiten – ex ante - zu treffen[136]. Als Maßstab wird auf einen idealtypischen Durchschnittsbeamten abgehoben, so dass ein normativ-subjektiver Wahrscheinlichkeitsbegriff zugrunde gelegt wird[137].

Zur erforderlichen hinreichenden Wahrscheinlichkeit des Schadenseintritts führen *Drews/Wacke/Vogel/Martens*[138] aus, dass der Eintritt eines Schadens bei einer nach der Lebenserfahrung begründeten Befürchtung der Gefahrenverwirklichung hinreichend wahrscheinlich sein müsse. Dabei sei allerdings zu beachten, dass hinsichtlich des Grades der Wahrscheinlichkeit differenziert werden müsse. So sei zum einen der Rang des Rechtsgutes zu berücksichtigen, in das zur Schadensabwendung eingegriffen werden solle. Zum anderen und vor allem komme es aber auf das polizeiliche Schutzgut an: Je größer und folgenschwerer der möglicherweise eintretende Schaden sei, um so geringer seien die Anforderungen, die an die Wahrscheinlichkeit gestellt werden können. Wo es um den Schutz besonders hochwertiger Rechtsgüter gehe, könne deshalb auch schon eine entferntere Möglichkeit eines Schadens die begründete Befürchtung seines Eintritts auslösen. Damit gehe in die Prognose eine wertende Betrachtung ein. Das sei nicht nur nicht zu beanstanden, es erscheine verfassungsrechtlich vielmehr sogar geboten. Die Senkung des Wahrscheinlichkeitsgrades beziehe sich nämlich regelmäßig auf Fälle, in denen menschliches Leben oder menschliche Gesundheit auf dem Spiel stehe. In mehreren Entscheidungen habe das *BVerfG* aus Art. 2 Abs. 2 GG eine Pflicht der staatlichen Organe entnommen, sich schützend und fördernd vor diese Rechtsgüter zu stellen und sie insbesondere vor rechtswidrigen Eingriffen von Seiten anderer zu bewahren. Diesem staatlichen Schutzauftrag trage die Relativierung des Begriffs der Gefahr Rechnung, ohne die der Auslegung gezogenen Grenzen zu überschreiten.

---

[133] Drews/Wacke/Vogel/Martens 1986, S. 223.
[134] Drews/Wacke/Vogel/Martens 1986, S. 223.
[135] Drews/Wacke/Vogel/Martens 1986, S. 223.
[136] Drews/Wacke/Vogel/Martens 1986, S. 223.
[137] Drews/Wacke/Vogel/Martens 1986, S. 223 m. w. N.
[138] Drews/Wacke/Vogel/Martens 1986, S. 224 mit zahlreichen weiteren Nachweisen der gänzlich übereinstimmenden Beurteilung in Rechtsprechung und Lehre.

Die zur Störerhaftung erforderliche konkrete Gefahr ist von folgenden „Gefahren“ abzugrenzen:

Im Falle der Anscheinsgefahr ist, nach der polizeilichen Prognose, bei ungehindertem Geschehensablauf mit einem Schadenseintritt zu rechnen. Nachträglich stellt sich heraus, dass diese Prognose falsch war; es liegt eine Gefahr i.S.d. § 1 MEPolG vor, der Anscheinsstörer ist echter Störer.[139]

Die Polizei hält bei der Putativ- oder Scheingefahr einen Schadenseintritt subjektiv für wahrscheinlich, ohne dass sich diese Annahme auf ausreichende Anhaltspunkte zu stützen vermag[140]; es liegt keine Gefahr gem. § 1 MEPolG vor.

Der Verdacht einer Gefahr liegt vor, wenn der Polizei bestimmte Unsicherheiten bei der Diagnose des Sachverhalts (z. B. anonyme Bombendrohung) oder bei der Prognose des Kausalverlaufs (z. B. bezüglich der Nebenwirkungen eines Medikaments) bewusst sind, und ihr deshalb ohne weitere Ermittlungen ein Prognoseurteil, ob wirklich eine gefährliche Situation eingetreten ist, erschwert wird[141]. Dieser Sachverhalt ermächtigt die Polizei zu Gefahrerforschungsmaßnahmen.

Hier wurde bislang nur der Begriff der Gefahr, nicht auch der der Störung behandelt. Obwohl die neueren Polizeigesetze und der MEPolG in ihrer Generalklausel ausdrücklich nur von einer *Gefahr*enabwehr sprechen, kann jedoch nicht bezweifelt werden, dass damit auch die Bekämpfung der bereits eingetretenen *Störung*[142] erfasst werden soll[143]. Im Falle einer Störung der öffentlichen Sicherheit oder Ordnung hat sich die Gefahr bereits verwirklicht, der Schaden ist eingetreten; das polizeiliche Schutzgut ist verletzt[144]. Hier tritt daher an die Stelle der Gefahrenabwehr die Störungsbeseitigung, die Prävention der Gefahr wird durch die Repression der Störung ergänzt[145].

Zusammenfassend lässt sich sonach festhalten, dass das Einschreiten gegen einen Störer die hinreichende Wahrscheinlichkeit eines Schadenseintritts voraussetzt. Der Grad der Wahrscheinlichkeit richtet sich hierbei nach der Bedeutung des Schutzgutes. Aber auch bei der

---

139 Vgl. Drews/Wacke/Vogel/Martens 1986, S. 225.
140 Drews/Wacke/Vogel/Martens 1986, S. 225.
141 Vgl. Drews/Wacke/Vogel/Martens 1986, S. 225.
142 So hebt z. B. das Polizeigesetz Baden-Württembergs (§ 1 Abs. 1 S. 1) die Störungsbeseitigung besonders hervor.
143 Drews/Wacke/Vogel/Martens 1986, S. 220 m. w. N.
144 Drews/Wacke/Vogel/Martens 1986, S. 220.
145 Drews/Wacke/Vogel/Martens 1986, S. 220.

bereits verwirklichten Gefahr – der Störung – kann der Störer selbstverständlich zur Verantwortung gezogen werden.

### 2.1.6 Polizeiliche Schutzgüter

Bislang wurde ausgeführt, dass der öffentlich-rechtliche Störer eine Gefahr bzw. Störung für die öffentliche Sicherheit oder Ordnung verursacht haben muss (§§ 1, 3 MEPolG). Noch nicht dargestellt wurde, was unter den Begriffen der öffentlichen Sicherheit oder Ordnung – den sog. polizeilichen Schutzgütern – zu verstehen ist.

Eine Legaldefinition des Begriffs der öffentlichen Sicherheit enthält bspw. § 2 Nr. 2 Brem. PG, wonach dieses Schutzgut „die Unverletzlichkeit der Rechtsordnung, der subjektiven Rechtsgüter und Rechte des einzelnen sowie der Einrichtungen und Veranstaltungen des Staates und sonstiger Träger der Hoheitsgewalt“ umfasst[146].

Der Begriff der öffentlichen Ordnung war sehr umstritten; er ist zwar heute teilweise noch Element der Aufgabennorm (§ 1 MEPolG), doch ist er praktisch bedeutungslos geworden[147]. Nach der Definition des *Preußischen Oberverwaltungsgerichts* ist öffentliche Ordnung die „Gesamtheit jener ungeschriebenen Regeln für das Verhalten des einzelnen in der Öffentlichkeit, deren Beobachtung nach den jeweils herrschenden Anschauungen als unerläßliche Voraussetzung eines geordneten staatsbürgerlichen Gemeinschaftslebens betrachtet wird“[148].

## 2.2 Kostentragung einer Gefahrbeseitigungsverfügung

Im Folgenden soll der Frage nachgegangen werden, wie sich die Rechtslage hinsichtlich der Kostentragung einer Gefahrenabwehrmaßnahme gestaltet.

Die Feststellung, welche Person die Kosten der Gefahrbeseitigung trägt, ist notwendig für die spätere Beurteilung, ob die derzeitige Störerhaftung als effizient bezeichnet werden kann, da durch die Auferlegung der Haftung verhaltenssteuernde Mechanismen entfaltet werden.

---

[146] Vgl. zur öffentlichen Sicherheit, Drews/Wacke/Vogel/Martens 1986, S. 232 – 244 (§ 15).
[147] Vgl. zur öffentlichen Ordnung, Drews/Wacke/Vogel/Martens 1986, S. 245 – 262 (§ 16).
[148] PrOVG, Urteil v. 9. 11. 1933, PrOVGE 91, 139 [140].

Hierbei ist zunächst darauf hinzuweisen, dass bei der Entstehung von polizeilichen Kosten zu differenzieren ist:

Die Bezüge der Polizeibeamten und die allgemeinen sächlichen Ausgaben sind vom konkreten Einsatz unabhängig. Die anteilige Erstattung derartiger „Grundkosten" (allgemeiner Polizei- und Sachkosten) polizeilicher Arbeit wird den öffentlich-rechtlichen Störern in der Regel nicht abverlangt[149]. Der Schutz des Bürgers durch die Polizei ist im Prinzip kostenfrei; er wird durch die Allgemeinheit (der Steuerzahler) finanziert, denn die Gewährleistung der öffentlichen Sicherheit ist ein öffentliches Gut, das der Befriedigung kollektiver, nicht individueller Bedürfnisse dient[150].

Dagegen bilden die Auslagen für Dritte (z. B. Aufwendungen zur Entseuchung eines Grundstücks), die dem Störer auch ohne Polizeieinsatz entstehen könnten, einen besonderen Posten[151]. Derartige Kosten sind[152] von der Polizei im Rahmen der Ersatzvornahme oder der unmittelbaren Ausführung bzw. des Sofortvollzugs als Auslagen[153] geltend zu machen. Die Geltendmachung dieser „besonderen" polizeilichen Kosten bestimmt sich nach den einschlägigen Vorschriften des MEPolG, die zur Festlegung der Haftung auf den öffentlich-rechtlichen Störer abstellen.

Die Vorschriften der Polizei- und Ordnungs- bzw. Sicherheitsgesetze über die polizeiliche Verantwortlichkeit bestimmter Personen bezwecken daher – neben ihrer Funktion als Eingriffsermächtigungen[154] – die finanziellen Lasten der Gefahrenabwehr zwischen dem Einzelnen und der Gesamtheit der Steuerzahler zu verteilen[155]. Die Verteilung der „besonderen" polizeilichen Kosten wird hier näher betrachtet.

In der Untersuchung sollen aber nicht allein mögliche Erstattungsansprüche der öffentlichen Hand (z. B. Ersatzvornahme, unmittelbare Ausführung bzw. Sofortvollzug) dargestellt werden, sondern es wird die Kostentragung des Störers bzw. der Störer für eine Gefahrenabwehrmaßnahme analysiert. Mithin wird auch auf die Eigenvornahme des Verantwortlichen und seine Regressansprüche eingegangen sowie auf die Frage, wer das Insolvenzrisiko trägt.

---

149 Würtenberger/Heckmann/Riggert 1999, S. 310 (Rn. 552).
150 Würtenberger/Heckmann/Riggert 1999, S. 310 (Rn. 552).
151 Würtenberger/Heckmann/Riggert 1999, S. 309 (Rn. 550).
152 Würtenberger/Heckmann/Riggert 1999, S. 310 (Fn. 2).
153 Von den konkret entstandenen Auslagen sind weiterhin die pauschal berechneten Gebühren (z. B. für Maßnahmen des unmittelbaren Zwangs) zu unterscheiden, Würtenberger/Heckmann/Riggert 1999, S. 310 (Rn. 550).
154 Vgl. Gawel 1995 zur ökonomischen Analyse der imperativen Steuerung.
155 Friauf 1999, S. 211 (Rn. 197); vgl. auch Hoeft 1994.

Entscheidend ist, bei welchem Störer die Kosten der Gefahrbeseitigung letztendlich „hängen" bleiben.

Bei den Erstattungsansprüchen der Behörde sind zwei Fallkonstellationen zu unterscheiden: Der Kostenerstattungsanspruch aufgrund einer Ersatzvornahme und wegen unmittelbarer Ausführung bzw. Sofortvollzugs. Die eine Gruppe betrifft den Fall, dass die Polizei gegen einen Pflichtigen eine Gefahrbeseitigungsverfügung erlassen hat (2.2.1), bei der anderen hat die Polizei die Gefahr selbst bzw. durch Dritte abgewehrt und stellt dem oder den Polizeipflichtigen die Kosten in Rechnung (2.2.2).

### 2.2.1 Grundverfügung und Eigen- oder Ersatzvornahme

Zunächst wird die Kostentragung für die Fallkonstellation untersucht, dass die Behörde einem oder mehreren Störern die Pflicht zur Gefahrbeseitigung durch Bescheid auferlegt hat. Als gesetzliche Grundlage für den Erlass einer Polizeiverfügung zur Abwehr einer konkreten Gefahr bzw. Störung für die öffentliche Sicherheit oder Ordnung dient die polizeiliche Generalklausel (§ 3 Abs. 1 i.V.m. § 1 Abs. 1 MEPolG). Durch den Erlass dieses Gefahrbeseitigungsbescheids wird der Verantwortliche konkretisiert.

Schon jetzt sei darauf hingewiesen, dass dieser Verwaltungsakt die sog. Grundverfügung für den Polizeizwang (z. B. der Ersatzvornahme) bildet.

#### 2.2.1.1 Grundverfügung

Die polizeiliche Generalklausel gem. § 3 Abs. 1 i.V.m. § 1 Abs. 1 MEPolG ist eine dem Vorbehalt des Gesetzes genügende Ermächtigungsgrundlage zum Erlass einer belastenden Verfügung. Aufgrund dieser Normen kann die Polizei den oder die Störer verpflichten, eine Gefahr zu beseitigen, z. B. wird der Grundstückseigentümer verpflichtet, die kontaminierte Erde zu reinigen, da diese droht, das Grundwasser zu verseuchen[156].

---

156 Beispielsfall nach VGH Baden-Württemberg, Urteil v. 30. 1. 1990 (- 5 S 1806/89 -): Einem Störer wird von der zuständigen Behörde u. a. aufgegeben, dass die Sanierung des bezeichneten Grundstücks mit einer Bodenluftabsaugung zu erfolgen habe (Ziff. 2), die abgesaugte Bodenluft während der Sanierung über eine Aktivkohlefilteranlage zu reinigen sei (Ziff. 3), die Sanierung so lange zu erfolgen habe, bis in der Bodenluft ein Grenzwert von 300 µg/cbm erreicht ist (Ziff. 4).

Der Polizeipflichtige hat nun die Wahl zwischen zwei Handlungsalternativen: Er kann seine durch Verwaltungsakt konkretisierte Verpflichtung befolgen (2.2.1.1.1) – oder es bleiben lassen (2.2.1.1.2).

##### 2.2.1.1.1 Eigenvornahme

Befolgt der Adressat der Verfügung die ihm auferlegte Verpflichtung und beseitigt die Gefahr selbst, so kann dies wiederum auf zweierlei Weise geschehen: Entweder durch eigenes „Handanlegen" oder indem er einen Dritten mit der Sanierung beauftragt. Wirtschaftlich stellt sich dies im Ergebnis gleich dar. Der Störer trägt die Kosten der Gefahrbeseitigung. Es besteht Einigkeit, dass diese Kostenpflicht des Störers nichts anderes ist als die Konsequenz aus seiner Verantwortlichkeit[157]. Demnach gilt: Der Polizei- und Ordnungspflichtige hat die Gefahr zu beseitigen, und er hat die damit verbundenen Kosten zu tragen[158].

Sogleich stellt sich die Frage, ob der Störer, der diese Gefahr beseitigte, Ausgleichs- bzw. Rückgriffsansprüche gegen weitere „nur" materiell-rechtlich polizeipflichtige Personen (2.2.1.1.3) oder sogar die Behörde hat. Oder verbleiben die entstandenen Kosten bei ihm?

Aus Gründen der Übersichtlichkeit und Straffung wird dieser Problemkreis aber erst nach Darstellung der Ersatzvornahme besprochen, da in Betracht kommende Regressansprüche des freiwillig oder unfreiwillig „leistenden" Störers gemeinsam beantwortet werden können (2.2.1.1.3 und 2.2.1.1.4).

##### 2.2.1.1.2 Ersatzvornahme

Wenn der Störer der ihm durch Verwaltungsakt auferlegten Verpflichtung zur Gefahrbeseitigung nicht nachkommt, so kann die Behörde die vollstreckungsfähige Verfügung im Wege der Ersatzvornahme[159] (§ 30 MEPolG) selbst erfüllen. Dies bedeutet gem. § 30 Abs. 1 MEPolG, dass sie die Handlung auf Kosten des Betroffenen selbst ausführt (sog. „Selbstvornahme") oder einen anderen mit der Ausführung beauftragt (sog. „Fremdvornahme")[160].

---

[157] Schoch 1995b, S. 505 m. w. N.
[158] Schoch 1995b, S. 505.
[159] Vgl. hierzu: Griesbeck 1991.
[160] Zu den Begriffen der „Selbst- bzw. Fremdvornahme" siehe Würtenberger/Heckmann/Riggert 1999, S. 266 (Rn. 483) m. w. N.

Die Regelung über die Ersatzvornahme enthält somit die zwingende gesetzliche Ermächtigungsgrundlage[161] zum Erlass eines entsprechenden Kostenbescheids der – falls der Polizeipflichtige nicht freiwillig leistet – als vollstreckungsfähiger Titel in der Zwangsvollstreckung dient, vgl. Landes-Verwaltungsvollstreckungsgesetze (L-VwVG).

Die Rechtfertigung dieses Polizeikostenersatzes liegt folglich auch darin, den Störer zu veranlassen, die Gefahr bzw. Störung durch eigene Beauftragung eines Unternehmens oder durch eigene Leistung zu beseitigen (Eigenvornahme), denn ohne dieses drohende Kostenrisiko sähe dieser hierzu sonst oftmals keine Veranlassung[162]. Polizeipflicht und Kostenlast gehören demzufolge notwendig zusammen, die Kostenlast ist die Fortsetzung einer nicht erfüllten Polizeipflicht[163]. Die Haftung für die Kosten ist insoweit lediglich ein Surrogat für die dem Verantwortlichen eigentlich obliegende Pflicht zur Gefahrbeseitigung auf eigene Rechnung bzw. in eigener Person[164].

#### 2.2.1.1.3 Zwischenergebnis zur Eigen- und Ersatzvornahme

Sowohl nach der Eigenvornahme des Störers als auch nach der durchgesetzten Ersatzvornahme zeigt sich folgendes Bild der Kostentragung: Der Störer, der die Pflicht zur Gefahrbeseitigung von der Behörde auferlegt bekam, trägt die Kosten derselben. Es stellt sich – wie angekündigt – somit die Frage nach dem Rückgriff des Störers gegen weitere Personen, die die Voraussetzungen der Störerhaftung erfüllen, ohne von der Behörde beschieden worden zu sein (sog. materiell-rechtliche Störer) sowie dem Haftungsverhältnis der konkretisierten Störer untereinander, wenn mehrere durch Verfügung verpflichtet wurden.

#### 2.2.1.1.4 Rückgriffsansprüche des Störers?

Bei den zu untersuchenden Rückgriffsansprüchen des beschiedenen Störers ist nicht aus dem Blick zu verlieren, dass mehrere Personen die Voraussetzungen der §§ 4 oder/und 5 MEPolG erfüllen müssen; diese werden als materiell-rechtliche Störer bezeichnet. Wenn nicht mehrere

---

161 § 30 MEPolG ist die gesetzliche Grundlage zum Erlass eines Kostenbescheids im Rahmen der Ersatzvornahme. Denn aus der Befugnis, einen Verwaltungsakt zu erlassen (§§ 3 Abs. 1 i.V.m. 1 Abs. 1 MEPolG: Grundverfügung), folgt noch nicht das Recht, diesen auch zu vollstrecken. Vollstreckungshandlungen bedürfen daher, ebenso wie die zu vollstreckende Verfügung selbst, einer gesetzlichen Ermächtigungsgrundlage; dies resultiert aus dem Gesetzesvorbehalt, Würtenberger/Heckmann/Riggert 1999, S. 257 (Rn. 465).

162 Würtenberger/Heckmann/Riggert 1999, S. 310 (Rn. 551); Schoch 1995b, S. 505.

163 Würtenberger/Heckmann/Riggert 1999, S. 310 (Rn. 551).

164 VGH Bayern, Urteil v. 27. 1. 1987, BayVBl. 1987, 404.

Störer gleichzeitig aus Handlungs- oder/und Zustandsverantwortlichkeit haften, kommt ein interner Ausgleich derselben untereinander schon gar nicht in Betracht.

Zur Regelung des internen Lastenausgleichs der Störer untereinander kommen öffentlich-rechtliche und privatrechtliche Ansprüche in Betracht.

2.2.1.1.4.1 Öffentlich-rechtliche Rechtsgrundlage

Wegen des öffentlich-rechtlichen Charakters der polizeibehördlichen Inanspruchnahme eines Pflichtigen werden zunächst Ausgleichsansprüche des Öffentlichen Rechts untersucht.

2.2.1.1.4.1.1 Ansprüche aus dem Gefahrenabwehrrecht?

Das MEPolG kennt prinzipiell einen Entschädigungsausgleich für die Vermögensnachteile eines von der Behörde in Anspruch Genommenen. Diese Entschädigungspflicht der Polizei besteht jedoch nur für eine besondere Sachlage: Grundsätzlich hat die Polizei ihre Aufgaben durch Inanspruchnahme des Störers oder mit eigenen Kräften und Mitteln zu erfüllen. Manchmal bedarf die Polizei aber auch der Mitwirkung unbeteiligter Dritter. Ist dies der Fall, so wird eine gefahrenabwehrrechtliche Maßnahme gegen eine Person gerichtet, die für die Gefahr *nicht verantwortlich* ist. Die Inanspruchnahme einer nichtverantwortlichen Person ist aber nur im sog. „polizeilichen Notstand"[165] möglich. Doch ist nur innerhalb sehr restriktiver Grenzen der Verhältnismäßigkeit jedermann verpflichtet, seine Rechte und Freiheiten zur Gefahrenabwehr aufzuopfern. Daher fordert die gesetzliche Regelung des polizeilichen Notstandes (§ 6 MEPolG) auch enge Voraussetzungen für die Inanspruchnahme eines *Nicht*störers. Ein typischer Beispielsfall für die Inanspruchnahme eines Nichtstörers ist die sog. „Obdachloseneinweisung"[166]. Ein durch einen Eingriff im polizeilichen Notstand in Anspruch Genommener erbringt ein Sonderopfer. Er besitzt daher einen gesetzlichen Entschädigungsanspruch. Dieser Schadensausgleich ist in §§ 45 ff. MEPolG normiert. Der nichtverantwortliche Störer erhält hiernach einen Ausgleich von der Behörde. Diese wiederum kann gem. § 50 MEPolG auf die polizeirechtlich Verantwortlichen gem. §§ 4, 5 MEPolG zurückgreifen, die –

[165] Zum polizeilichen Notstand, vgl. Drews/Wacke/Vogel/Martens 1986, S. 331 ff. (§ 22).
[166] Vgl. VGH Baden-Württemberg, Beschluss v. 20. 1. 1987, NVwZ 1987, 1101; VGH Baden-Württemberg, Beschluss v. 22. 2. 1990, NJW 1990, 2770.

falls mehrere nebeneinander verantwortlich sind – als Gesamtschuldner haften (§ 50 Abs. 2 MEPolG).

Eine analoge Anwendung dieses Entschädigungsanspruchs des Nichtstörers (§ 45 MEPolG) auf den beschiedenen Störer wird von *Giesberts*[167] vorgeschlagen. Ausgangspunkt für eine Rückerstattung soll die partielle Vergleichbarkeit des Störers mit dem Nichtstörer im Hinblick auf eine gerechte Lastenverteilung sein. Dem liegt die Überlegung zugrunde, dass auch der Nichtstörer die Last der Gefahrbeseitigung nur vorläufig zu tragen habe. Sodann stehe ihm ein Ersatzanspruch nach § 45 Abs. 1 MEPolG zu. Daher sei auch dem - in einem ersten Schritt - über seinen Verursachungsanteil hinaus verpflichteten Störer eine Rückerstattung der durch die Überlast entstandenen Kosten, seitens des Staates, zu gewähren. Diese Überlast-Inanspruchnahme rechtfertige sich im Hinblick auf die Effektivität der Gefahrenabwehr. Im zweiten Schritt solle dem Staat der Rückgriff auf die zur Gefahrbeseitigung nicht verpflichteten Störer eröffnet werden. Dieser könne insbesondere über das Institut der unmittelbaren Ausführung gem. § 5a MEPolG erfolgen.

Diese Ansicht wird jedoch durchweg abgelehnt. So führten bereits *Drews/Wacke/Vogel/Martens*[168] unter Hinweis auf die Judikatur aus, dass der Anspruch nach § 45 MEPolG sich nicht auch entsprechend zugunsten des Störers ausdehnen lasse. Wer durch sein Handeln oder durch den Zustand einer ihm gehörenden Sache eine polizeiliche Gefahr verursache, müsse die Maßnahmen hinnehmen, die zur Beseitigung der Gefahr erforderlich seien. *Kloepfer/Thull*[169] führen zutreffend aus, die These von der partiellen Vergleichbarkeit von Störer und Nichtstörer verkenne, dass im Falle der Mehrheit von polizeirechtlich Verantwortlichen jeder Einzelne gegenüber der Behörde in vollem Umfang verantwortlich ist. Dies gelte auch für die Kostentragung und nicht etwa nur im Hinblick auf die tatsächliche Gefahrenabwehr oder Störungsbeseitigung. Jedoch will *Giesberts*[170] dies gerade in Frage stellen, indem er strikt zwischen der Lastenverteilung *vor* und *nach* der Beseitigung der Gefahr unterscheidet, also gerade zwischen Gefahrbeseitigung und Kostentragung differenzieren will. Auch die weitere Argumentation von *Kloepfer/Thull*[171] ist problematisch. Sie führen aus, der als Aufopferungsanspruch zu qualifizierende Ersatzanspruch des Nichtstörers, sei einer analogen Anwendung im bürgerlichen Recht nicht zugänglich. Daher sei er auf den störerinternen Lastenausgleich nicht entsprechend anwendbar. Hier soll aber gerade ein Lastenausgleich

---

[167] Giesberts 1990, S. 216 ff. (§ 25).
[168] Drews/Wacke/Vogel/Martens 1986, S. 668 m. w. N. (Fn. 152 f.) auf umfangreiche Rechtsprechung.
[169] Kloepfer/Thull 1989, S. 1122.
[170] Giesberts 1990, 2. und 3. Teil *(Hervorhebung bei Giesberts)*.
[171] Kloepfer/Thull 1989, S. 1122.

aufgrund Öffentlichen Rechts untersucht werden. Die Frage dreht sich nicht um einen zivilrechtlichen Ausgleichsanspruch, sondern es geht darum, ob dem beschiedenen Störer ein öffentlich-rechtlicher Ausgleichsanspruch (§ 45 MEPolG) gegen die Behörde zusteht.

*M. E.* ist der Ansatz der analogen Anwendung des Entschädigungsanspruchs des Nichtstörers aus zwei Gründen sehr problematisch: Zum einen hat der Gesetzgeber explizit den Entschädigungsanspruch des Nichtstörers geregelt und für den Störer einen solchen gerade nicht normiert, so dass es fraglich erscheint, ob hier die für eine Analogie erforderliche Regelungslücke vorliegt. Des Weiteren will auch *Giesberts* – nachdem der überproportional haftende Störer eine Entschädigung vom Staat erhalten hat – Rückgriff auf die weiteren materiell-rechtlichen Störer nehmen. Dies soll über das Institut der unmittelbaren Ausführung gem. § 5a MEPolG erfolgen. Diese Norm setzt aber voraus, dass die Polizei eine Maßnahme dann selbst ausführen kann, wenn ihr Zweck durch die Inanspruchnahme des oder der Störer sonst nicht oder nicht rechtzeitig erreicht werden kann. Bei den zur Diskussion stehenden Fällen wurde aber ein Störer von der Behörde in Anspruch genommen. *Giesberts* geht über diese Voraussetzung hinweg, indem er schlicht ausführt, die Anwendung dieser Norm sei „auf Grund der Pflicht zur gerechten Lastenverteilung und letztlich durch Art. 3 GG geboten“[172]. Mit dieser Argumentation können *m. E.* die tatbestandlichen Voraussetzungen einer Ermächtigungsgrundlage aber nicht negiert werden.

Eine entsprechende Anwendung des Entschädigungsanspruchs gem. § 45 MEPolG gestattet die Rechtsprechung[173] und herrschende Literatur[174] lediglich für folgende Fallkonstellation: Ein Anscheinsstörer oder ein Verursacher eines Gefahrenverdachts wird als „echter“ Störer bzw. Verantwortlicher des sog. Gefahrerforschungseingriffs in Anspruch genommen. Im Wesen der Anscheinsgefahr liegt es, dass die ex post - Betrachtung ergibt, dass objektiv gar keine Gefahrenlage gegeben war; auch der Gefahrenverdacht kann sich nach dem Gefahrerforschungseingriff als unbegründet erweisen, auch dann lag objektiv von Anfang an keine Gefahr vor[175] (2.1.5). Daher werden sowohl der Anscheinsstörer als auch der Verursacher des Gefahrenverdachts ex post als Nichtstörer erachtet[176]. Da keine gesetzlichen Regelungen zum Ausgleich der ihnen entstandenen Schäden existieren, werden die Betroffenen entschädi-

---

[172] Giesberts 1990, S. 226.
[173] BGH, Urteil v. 12. 3. 1992, BGHZ 117, 303 [LT] = NJW 1992, 2639 = DVBl. 1992, 1158 = JuS 1993, 259 = NVwZ 1992, 1119.
[174] Schoch 1995b, S. 510 m. w. N.
[175] Schoch 1995b, S. 510; vgl. auch: Brandner 1990.
[176] Schoch 1995b, S. 510.

gungsrechtlich dem Nichtstörer gleichgestellt, wenn sie die Anscheinsgefahr bzw. den Gefahrenverdacht nicht in vorwerfbarer Weise zu verantworten haben[177].

In der hier relevanten Fragestellung wird ein Störer von der Behörde in Anspruch genommen. Für diesen scheidet eine entsprechende Anwendung des öffentlich-rechtlichen Ausgleichsanspruchs des Nichtstörers (§ 45 MEPolG) aus. Weitere Ausgleichsansprüche sind dem Gefahrenabwehrrecht unbekannt.

#### 2.2.1.1.4.1.2 Ansprüche aus sonstigem öffentlichen Recht?

Gleichfalls wird sowohl ein Anspruch aus öffentlich-rechtlicher Geschäftsführung ohne Auftrag als auch ein öffentlich-rechtlicher Erstattungsanspruch abgelehnt[178]. Denn diese Ersatzansprüche setzen voraus, dass auf einer Seite ein Verwaltungsträger beteiligt ist[179], während hier ein etwaiger Regressanspruch zwischen Privaten in Frage steht.

Ferner gibt es auch nach Ansicht des *BGH*[180] keinen allgemeinen Rechtsgrundsatz des Öffentlichen Rechts, der einen solchen internen Störerausgleich gebietet.

#### 2.2.1.1.4.1.3 Zwischenergebnis

Einem beschiedenen Störer steht kein öffentlich-rechtlich normierter Ausgleichsanspruch gegen die anderen „nur“ materiell-rechtlichen Störer – oder gar die Behörde - zu. Mithin ist der interne Lastenausgleich zwischen mehreren Störern dem Zivilrecht zuzuordnen[181].

#### 2.2.1.1.4.2 Zivilrechtliche Anspruchsgrundlage

Zivilrechtliche Ansprüche eines Störers gegen weitere Störer aus Vertrag oder Delikt, die nicht auf ihrer „Störereigenschaft“ beruhen, sondern sich aus den Umständen des Einzelfalls ergeben, sind nicht Gegenstand der Untersuchung. Im Übrigen sind diese auch nicht einer

---

177 Schoch 1995b, S. 510.
178 Kloepfer/Thull 1989, S. 1121 f.
179 Kloepfer/Thull 1989, S. 1121 f.
180 BGH, Urteil v. 11. 6. 1981, DÖV 1981, 843 [844] = NJW 1981, 2457 = JuS 1982, 220; folgend Kloepfer/Thull 1989, S. 1123.
181 Vgl. BGH, Urteil v. 13. 4. 1965, NJW 1965, 1595 [1596].

allgemeinen Betrachtung zugänglich, sondern hängen von der konkreten Ausgestaltung des jeweiligen Sachverhalts ab. So kommen im Paradebeispiel des Öltankwagenunfalls für den Grundstückseigentümer Ansprüche aus § 18 StVG, §§ 823, 1004 BGB gegen den Tankwagenfahrer und aus § 7 StVG, § 831 BGB gegen die Transportfirma in Betracht; diese könnte wiederum Ansprüche gegen ihren Fahrer aus dem (Arbeits-) Vertrag haben.

Hier wird ausschließlich der Problematik nachgegangen, ob ein Verantwortlicher, aufgrund seiner öffentlich-rechtlichen Inanspruchnahme als Störer, Rückgriffsansprüche gegen einen oder mehrere andere polizeipflichtige Personen (materiell-rechtliche Störer) hat, deren Anspruchsgrundlage im Zivilrecht wurzelt. Hierfür besteht auch ein Bedürfnis, da nicht immer die eben angesprochenen anderweitigen zivilrechtlichen Ersatzansprüche bestehen[182].

Hierbei ist zwischen zwei Fallkonstellationen zu differenzieren:

In der einen Gruppe sind zwar mehrere Personen Störer, aber nur *einer* von ihnen wurde von der Verwaltung durch Verfügung auch als Störer herangezogen und damit durch den Verwaltungsakt konkretisiert (2.2.1.1.4.2.1). Dies ist der in der Literatur zu diesem Problemkreis des Lastenausgleichs überwiegend behandelte Fall. Auch die Rechtsprechung setzt sich in der Regel nur mit der Frage der rechtmäßigen Inanspruchnahme eines – des klagenden – Störers auseinander, so dass dies der wohl derzeit herrschenden Verwaltungspraxis entspricht.

Es wird aber auch der Fragestellung nachgegangen, wie sich ein Störer-Innenausgleich darstellt, wenn *sämtliche* Störer durch Verwaltungsakt zur Gefahrbeseitigung herangezogen wurden (2.2.1.1.4.2.2).

#### 2.2.1.1.4.2.1 Ein Störer ist durch Bescheid „konkretisiert“

Zunächst wird auf die erste Fallgruppe eingegangen, bei der zwar mehrere Personen die Voraussetzungen der Störerhaftung erfüllen, aber nur *einem* von ihnen wurde die Gefahrbeseitigungspflicht durch Verwaltungsakt auferlegt. Dies ist, wie gerade angesprochen wurde, die „gängige“ Konstellation.

---

182 Seibert 1983, S. 965; bspw. BGH, Urteil v. 11. 6. 1981, DÖV 1981, 843 [844] = NJW 1981, 2457 = JuS 1982, 220.

2.2.1.1.4.2.1.1 Gesamtschuldnerausgleich, § 426 BGB analog?

Eine direkte Anwendung der Regelungen über die Gesamtschuld scheidet aus, da hier der Ausgleich mehrerer polizeirechtlich Verantwortlicher untereinander in Frage steht, während in den §§ 420 ff. BGB das Verhältnis einer Mehrheit von Schuldnern und Gläubigern zueinander und untereinander geregelt ist.

Daher kommt nur eine analoge Anwendung der Regelungen über die Gesamtschuld für den Fall einer Mehrheit von Schuldnern einer teilbaren Leistung (§§ 421 ff. BGB) in Betracht[183].

Eine Analogie[184] erfordert sowohl eine Regelungslücke als auch eine Vergleichbarkeit der Tatbestände.

Eine Regelungslücke wird von *Kloepfer/Thull*[185] wie folgt bejaht: Mehrere Personen sind für eine Störung verantwortlich, doch aus Gründen der Effektivität der Gefahrenabwehr wählt die Behörde nur einen Pflichtigen aus. Die mit dem (erlaubten) administrativen Zugriff auf nur einen Verantwortlichen wesensmäßig verbundene Ungleichbehandlung, soweit sie auf sachgerechten Erwägungen beruhe, führe nicht zur Rechtswidrigkeit der Auswahlentscheidung. An der Rechtmäßigkeit der Ermessensentscheidung ändere sich nichts dadurch, dass auch die Heranziehung eines anderen Störers rechtmäßig gewesen wäre[186]. Es sei gerade kennzeichnend für das Auswahlermessen, dass innerhalb des bestehenden rechtlichen Rahmens rechtsfehlerfrei verschiedenartige Entscheidungen getroffen werden dürfen[187]. Andererseits könne das Gebot einer gerechten und (d. h. vor allem gleichheitsverpflichteten) Lastenverteilung durch eine administrative Auswahl eines unter mehreren Verantwortlichen nur selten realisiert werden[188]. Daher sei der störerinterne Lastenausgleich Korrelat des unter Gerechtigkeitsgesichtspunkten bedenklich weiten Ermessensspielraums der Behörde[189]. Wie festgestellt wurde, existiert kein öffentlich-rechtlicher Ausgleichsanspruch. Daher besteht – folgt man der Prämisse, der Innenausgleich der Störer sei eine Notwendigkeit zur Ergänzung des (Auswahl-)Ermessens – eine Regelungslücke.

Des Weiteren muss Vergleichbarkeit des ungeregelten Sachverhalts mit der Sachlage, deren Regelung entsprechend angewendet werden soll, vorliegen. § 421 BGB setzt eine Leis-

[183] Vgl. zur analogen Anwendung des gesamtschuldnerischen Ausgleichs mehrerer Polizeipflichtiger: Petersen 1991.
[184] Zur Ausfüllung von Gesetzeslücken durch Analogie, siehe Larenz/Canaris 1995, S. 199 f., 202.
[185] Kloepfer/Thull 1989, S. 1121; so auch Götz 1995, S. 98. (Rn. 259).
[186] Schoch 1994b, S. 1029.
[187] Schoch 1994b, S. 1029.
[188] Kloepfer/Thull 1989, S. 1121.
[189] Kloepfer/Thull 1989, S. 1121.

tungspflicht mehrerer Schuldner, die dasselbe Leistungsinteresse des Gläubigers zu befriedigen vermag, voraus[190]. Erforderlich ist ein innerer Zusammenhang der mehreren Verpflichtungen im Sinne einer rechtlichen Zweckgemeinschaft, bzw. die Verpflichtungen der mehreren Schuldner haben typischerweise „gleichstufig" oder „gleichrangig" zu sein[191].

Der *BGH*[192] lehnt eine analoge Anwendung der Regelungen über die Gesamtschuld an dieser Stelle ab. Zur Begründung führt er aus, die Rechtsbeziehungen mehrerer Störer zur Behörde können schwerlich einem Gesamtschuldverhältnis gleichgeachtet werden. Es fehle vielfach schon an der Vergleichbarkeit der Sachlage, weil die Behörde nicht – wie für die Gesamtschuld charakteristisch – nach Belieben den einen oder anderen Teil auf Erfüllung seiner Pflichten in Anspruch nehmen könne. Es könne nämlich geboten sein, *einen* Störer vorrangig heranzuziehen. Dies würde auch der zu entscheidende Fall zeigen. Dessen Sachverhalt stellte sich – vereinfacht und verkürzt – wie folgt dar:

> Der jetzt auf Ausgleich klagende Eigentümer einer Deponie wurde von der Behörde als Zustandsstörer in Anspruch genommen, da von seinem Grundstück aus eine Grundwasserverunreinigung zu befürchten war. Verursacht wurde die Verunreinigung durch einen Erdaushub, den die Beklagte dort abgelagert hatte. Die Behörde nahm die Beklagte aber nicht als Verhaltensstörerin in Anspruch. Nach den Feststellungen des Gerichts waren für die Inanspruchnahme des Klägers die Nähe zur Gefahr sowie seine Leistungsfähigkeit maßgebend, die bei der Beklagten nicht in der gleichen Form vorlagen. Dies habe einen Rückgriff nur auf den Zustandsstörer gerechtfertigt. In der behördlichen Verfügung wurde dem Kläger aufgegeben, Kontrollbrunnen zur Entnahme und Analyse von Wasserproben anzulegen. Sie erlangte Bestandskraft.

Gegen diese Argumentation des *BGH* wird von *Seibert*[193] angeführt, dass ein solches Verständnis der Gesamtschuld Tatbestand und Rechtsfolge der gesamtschuldnerischen Haftung miteinander verwechsele. Die Tatsache, dass der Gläubiger unter seinen Schuldnern nach Belieben auswählen könne, sei nicht Voraussetzung, sondern Rechtsfolge der Gesamtschuld. Daher lehnt *Seibert* diese Rechtsprechung ab und führt weiter aus, dass die Rechtsfolgen des § 421 BGB vom Öffentlichen Recht überlagert würden und daher der Verhältnismäßigkeitsgrundsatz zu berücksichtigen sei. Die Beschränkung des Auswahlermessens lege also die Rangfolge der Inanspruchnahme fest, führe aber nicht zum Erlöschen der parallel bestehenden Polizeipflichtigkeit.

---

190 Larenz 1987, S. 632 (§ 37 I).
191 Larenz 1987, S. 635 ff. (§ 37 I).
192 BGH, Urteil v. 11. 6. 1981, DÖV 1981, 843 [844] = NJW 1981, 2457 = JuS 1982, 220.
193 Seibert 1983, S. 972.

Dieser Argumentation wird von *Papier*[194] entgegengehalten, dass ohne behördliche Inanspruchnahme den (übrigen) Störern der für die Annahme eines Gesamtschuldverhältnisses essentielle Pflichtenstatus fehle. Dieser Status werde erst aufgrund und nach Maßgabe der durch die konkrete Polizeiverfügung bewirkten Inanspruchnahme und damit auch nur in der Person des tatsächlich behördlich herangezogenen Verantwortlichen begründet. Ohne Konkretisierung der Polizeipflicht durch Verwaltungsakt ist nämlich nicht nur der Umfang, das „Wie", der Beseitigungspflicht offen, sondern gerade auch das „Ob"[195].

Folglich kommt es entscheidend darauf an, ob gegen den materiell-rechtlich Polizeipflichtigen auch ein Bescheid erging, er also durch Verwaltungsakt konkretisiert wurde.

*M. E.* ist dem *BGH* zuzustimmen. Unbenommen ist die freie Schuldnerwahl, bei dem Vorliegen einer Gesamtschuld, die Rechtsfolge derselben, denn § 421 S. 1 BGB besagt, dass bei Gesamtschuldnern der Gläubiger die Leistung nach seinem Belieben von jedem der Schuldner ganz oder zu einem Teile fordern kann. Voraussetzung dieser freien Schuldnerwahl ist jedoch eine bestehende Pflicht zur Leistung eines jeden Schuldners. Diese Leistungspflicht bzw. der sogenannte essentielle Pflichtenstatus (*Papier*) besteht aber erst, wenn die Behörde nach Ausübung ihres Auswahlermessens einen Pflichtigen durch Bescheid konkretisiert hat. Solange die Behörde diese Ermessensentscheidung nicht getroffen hat, besteht keine Leistungspflicht der Person, die „nur" die Voraussetzungen der Störerhaftung erfüllt, ohne durch Verwaltungsakt konkretisiert worden zu sein. Ohne eine derartige Pflicht zur Leistung liegt keine Vergleichbarkeit der Haftung der unbeschiedenen Störer mit Gesamtschuldnern vor. Daher scheidet eine analoge Anwendung des § 426 BGB aus[196].

Wird dennoch die ein Gesamtschuldverhältnis bejahende Ansicht durchgespielt, so zeigt sich folgende Rechtslage: Von mehreren Störern wird einer durch Bescheid zur Gefahrbeseitigung herangezogen. Er folgt dieser Verpflichtung und trägt die Kosten. Nun will er von den weiteren materiell-rechtlichen – aber unbeschiedenen - Störern Regress fordern. Nach §§ 4, 5 MEPolG ist verantwortlich, wer die Gefahr bzw. Störung für die öffentliche Sicherheit oder Ordnung verursacht hat bzw. wer tatsächlicher oder rechtlicher Sachherrschaftsinhaber einer Sache ist, von der aufgrund ihrer Lage oder Beschaffenheit eine derartige Gefahr bzw. Störung ausgeht. Für die Beantwortung der Frage, ob eine Person Störer ist, sind Ermessens-

---

194 Papier 1986, S. 263.
195 Schwachheim 1988, S. 226.
196 Vgl. zu diesem Ergebnis auch: Bundesministerium für Umwelt, Naturschutz und Reaktorsicherheit 1998, S. 1012.

gesichtspunkte nicht maßgebend. Die Ermittlung des Störers ist eine Rechtsfrage[197]. Es wären bspw. drei Personen polizeipflichtig. Die Behörde müsste nun eigentlich von ihrem Ermessen Gebrauch machen, sonst läge der Ermessensfehler des Ermessensnichtgebrauchs bzw. der Ermessensunterschreitung (§ 40 Alt. 2 VwVfG) vor. Denn die der Verfügung zugrunde liegende Ermessensentscheidung ist nur rechtmäßig, wenn die Behörde die Auswahlmöglichkeit erkannt und sachgemäß abgewogen hat[198]; hierbei ist fraglich, ob sie auch die Verhältnisse des internen zivilrechtlichen Ausgleichs zwischen den Störern beachten muss[199]. Bei der Ermessensausübung würde sich nun offenbaren, dass die Heranziehung des Störers (A) unverhältnismäßig ist, während gegenüber den beiden weiteren Störern (B und C) der Bescheid erlassen werden darf. Diesem Störer (A) gegenüber wäre der Erlass eines Gefahrenabwehrbescheids gem. § 40 Alt. 1 VwVfG ermessensfehlerhaft, während die Behörde hinsichtlich der anderen Störer die freie (Aus-)Wahl hätte. Nun ist einem Störer (B) gegenüber die Gefahrbeseitigungsverfügung seitens der Behörde erlassen worden, da sie dies für zweckmäßig hielt. Dieser (B) geht nun zivilrechtlich gegen die beiden anderen (A+C) vor. Diese weigern sich zu zahlen, so dass er einen Prozess gegen sie führt. Nun müsste also das Zivilgericht zunächst die Polizeipflichtigkeit sämtlicher Störer durch Subsumtion ermitteln und darüber hinaus feststellen, dass der Störer (A) zwar Störer ist, ihm gegenüber aber – aus Gründen der Verhältnismäßigkeit – ein Bescheid nicht hätte erlassen werden dürfen. Hingegen besteht zwischen dem Kläger (B) sowie dem weiteren Beklagten (C) freie (Aus-)Wahl. Da das Zivilgericht keine eigenen Ermessenserwägungen wird anstellen können – dies würde wohl auch die Zuständigkeiten zwischen Exekutive und Judikative verwischen -, wird eine Rechtmäßigkeitsentscheidung getroffen. Hierdurch mutiert aber die Ermessensentscheidung über die Störerhaftung in eine gebundene Entscheidung.

Das neue Bundes-Bodenschutzgesetz beinhaltet einen internen Ausgleichsanspruch, der einer Gesamtschuld ähnelt, mithin also genau das vorsieht, was nach der gerade besprochenen Rechtslage von einem Teil der Literatur gefordert, aber vom *BGH* abgelehnt wird. Die Auswirkungen dieses gesamtschuldnerischen Ausgleichsanspruchs, vor allem auch das Auswahlermessen betreffend, wird im Kapitel zum Bundes-Bodenschutzgesetz (3.5) ausführlich dargestellt.

---

[197] Ossenbühl 1976, S. 465; eine zusammenfassende Darstellung des bei dem Erlass einer Gefahrbeseitigungsverfügung zu beachtenden Geflechts von Rechts- und Ermessensfragen findet sich unter 2.3.1.

[198] VGH Baden-Württemberg, Urteil v. 28. 6. 1989, NVwZ 1990, 179 [180], diese Entscheidung betrifft eine ermessensfehlerhafte Störerauswahl nach unmittelbarer Ausführung.

[199] Bejahend: BVerwG, Urteil v. 24. 8. 1989, NVwZ 1990, 474 [475]; ähnlich OVG Rheinland-Pfalz, Urteil v. 25. 1. 1990, DÖV 1990, 844 [846] = DVBl. 1990, 1123; vgl. auch Landel/Vogg/Wüterich 2000, S. 222 m. w. N. auf die nicht einheitliche Rechtsprechung.

Der *BGH* lehnte eine analoge Anwendung des § 426 BGB allerdings noch mit einem weiteren – und für diese Arbeit sehr wichtigen – Argument ab. So befürchtete er, dass eine Analogie zu § 426 BGB „auch eine dem geltenden Recht fremde Erweiterung der Gefährdungshaftung über ihre gesetzlich enumerierten Anwendungsfälle hinaus bedeuten“[200] würde. Folglich sah der *BGH* in der Eröffnung des störerinternen Lastenausgleichs die Gefahr einer Ausdehnung der Gefährdungshaftung. Diese Argumentation impliziert, dass die Störerhaftung *per se* eine Gefährdungshaftung darstellt. Die Parallele der öffentlich-rechtlichen Störerhaftung zur Gefährdungshaftung wird im 5. Kapitel eingehend untersucht und bildet den Ausgangspunkt für einen Transfer der Erkenntnisse der ökonomischen Analyse des zivilrechtlichen Haftungsrechts auf die öffentlich-rechtliche Störerhaftung (2. Teil).

Als Ergebnis zum gesamtschuldnerischen Ausgleich gem. § 426 BGB analog ist festzuhalten, dass jedenfalls die Rechtsprechung des *BGH* diesen Ausgleich ablehnt. Dies bedeutet für den hier behandelten Fall des alleinig durch Bescheid konkretisierten Störers, dass diesem nicht nur die Gefahrbeseitigungspflicht obliegt, sondern er hat auch sämtliche Kosten derselben alleine zu tragen. Es ist ihm verwehrt, über § 426 BGB von den weiteren materiell-rechtlichen Störern Ausgleich zu erhalten. Dies ist als juristischer Fakt zu berücksichtigen, den auch die Behörde nicht ignorieren darf[201].

2.2.1.1.4.2.1.2 Geschäftsführung ohne Auftrag, §§ 677 ff. BGB

Als Anspruchsgrundlage für einen Anspruch des Adressaten einer Polizeiverfügung, gegen die nicht konkretisierten weiteren materiell-rechtlichen Störer, kommt ferner eine zivilrechtliche Geschäftsführung ohne Auftrag gem. §§ 683, 677, 679, 670 BGB in Betracht.

Eine echte Geschäftsführung ohne Auftrag setzt zunächst voraus, dass ein Geschäftsführer ein Geschäft für einen anderen besorgt. Der Verfügungsadressat muss sonach – durch Befolgung des Bescheids - ein fremdes Geschäft besorgt haben, § 677 BGB. Folglich muss der zur Gefahr- bzw. Störungsbeseitigung verpflichtete Störer ein Geschäft des bzw. der nicht beschiedenen materiell-rechtlichen Störer besorgt haben. Bei der Zuordnung von Geschäften wird als Interpretationshilfe zwischen objektiv fremden und neutralen Geschäften unterschie-

---

[200] BGH, Urteil v. 11. 6. 1981, DÖV 1981, 843 [844] = NJW 1981, 2457 = JuS 1982, 220.
[201] Garbe 1998, S. 635.

den[202]. Die objektiv fremden Geschäfte gehören ihrem äußeren Inhalt nach zu einem fremden Rechtskreis, z. B. ist für die Veräußerung und Nutzung einer Sache regelmäßig ihr Eigentümer zuständig[203]. Hingegen darf die objektiv neutralen Geschäfte jedermann vornehmen, hierzu zählt z. B. der Erwerb einer Sache[204]. Hier ist zu entscheiden, ob die Beseitigung der Gefahr durch den Verfügungsadressaten ein Geschäft war, das schon seinem Inhalt nach einen anderen (den weiteren materiell-rechtlichen Störer) anging. Der *BGH*[205] lehnte dies - im oben (2.2.1.1.4.2.1.1) geschilderten Deponie-Fall - ab. Der als Zustandsstörer in Anspruch genommene Eigentümer habe durch die Befolgung des Bescheids (durch das Anlegen von Kontrollbrunnen) kein Geschäft der nicht beschiedenen Verhaltensstörerin besorgt, sondern (nur) ein eigenes. Das Gericht wies auch darauf hin, dass die Verhaltensstörerin weder berechtigt noch verpflichtet gewesen wäre, auf dem Gelände des Eigentümers Kontrollbrunnen anzulegen; dies ist zwar, durch Erlass einer Duldungsverfügung gegenüber dem Eigentümer, möglich, im zu entscheidenden Fall aber nicht erfolgt.

Eine Geschäftsführung ohne Auftrag erfordert ferner den Willen des Geschäftsführers das Geschäft zumindest auch als fremdes zu führen (sog. Fremdgeschäftsführungswille). Auch hier ist die Differenzierung zwischen objektiv fremden und neutralen Geschäften wichtig. Der Fremdgeschäftsführungswille wird bei einem vom Geschäftsführer als objektiv fremd erkannten Geschäft vermutet[206]. Hingegen sind beim objektiv neutralen Geschäft besondere Indizien für das Vorliegen eines solchen Willens nötig[207]. Der *BGH*[208] führte dazu aus: „Ein [...] Anspruch auf Ersatz von Aufwendungen durch eine Geschäftsführung ohne Auftrag scheitert allerdings nicht schon daran, daß [der Geschäftsführer] den für die Annahme einer solchen Geschäftsführung erforderlichen Willen, mit der Beseitigung [der Gefahr] auch ein Geschäft [des Geschäftsherrn] zu führen [...], nicht gehabt oder nicht hinreichend zum Ausdruck gebracht hätte. Der Wille, ein fremdes Geschäft zu besorgen, wird vermutet, wenn es sich objektiv um ein fremdes Geschäft handelt. Dasselbe gilt auch für den Willen, ein fremdes Geschäft *mit*zubesorgen, wenn es sich *auch* um ein objektiv fremdes Geschäft handelt [...]. Es kommt also darauf an, ob die Beseitigung [der Gefahr] objektiv (mindestens *auch*) ein Geschäft [des Geschäftsherrn] war." Entscheidend ist also, ob der beschiedene Störer deshalb ein Geschäft des Geschäftsherrn mitbesorgte, weil dieser ebenfalls polizeirechtlich zur Beseiti-

---

202 Seiler 1997, S. 1901 f. (§ 677 Rn. 5).
203 Seiler 1997, S. 1901 f. (§ 677 Rn. 5).
204 Seiler 1997, S. 1901 f. (§ 677 Rn. 5).
205 BGH, Urteil v. 11. 6. 1981, DÖV 1981, 843 = NJW 1981, 2457 = JuS 1982, 220.
206 Seiler 1997, S. 1901 (§ 677 Rn. 5).
207 Seiler 1997, S. 1902 (§ 677 Rn. 5).
208 BGH, Urteil v. 18. 9. 1986, BGHZ 98, 235 [240] = NJW 1987, 187 = NVwZ 1987, 170 = JZ 1987, 195 *(Hervorhebungen d. Verf.)*.

gung der Gefahr oder Störung verpflichtet war. In der eben zitierten Entscheidung des *BGH* konnte diese Frage offen bleiben, da sie entscheidungsunerheblich war[209], allerdings lag diesen Ausführungen auch zugrunde, dass sowohl der ausgleichsbegehrende Kläger als auch die Beklagte behördlicherseits verpflichtet wurden[210].

Jedenfalls kann festgehalten werden, dass in der Gefahr- bzw. Störungsbeseitigung durch den beschiedenen Störer kein objektiv fremdes Geschäft liegt. Damit entfällt auch die Vermutung, dass der beschiedene Störer den Willen gehabt hat, ein Geschäft der „nur" materiell-rechtlichen Störer zu führen. Ein Ausgleichsanspruch aus Geschäftsführung ohne Auftrag erfordert im Falle eines neutralen Geschäfts jedoch besondere Indizien, aus denen sich der erforderliche Fremdgeschäftsführungswille ergibt.

Darüber hinaus fordert der Tatbestand einer berechtigen Geschäftsführung ohne Auftrag, dass die Übernahme der Geschäftsführung zu Beginn der Tätigkeit im Interesse des Geschäftsherrn gelegen hat, § 683 S. 1 BGB. Dies dürfte regelmäßig zu verneinen sein[211]. Allerdings kann der Geschäftsführer, also der ausgleichsbegehrende Störer, den Anspruch aus Geschäftsführung ohne Auftrag gem. § 683 S. 2 BGB auch dann geltend machen, wenn - in den Fällen des § 679 BGB - die Übernahme der Geschäftsführung mit dem Willen des Geschäftsherrn in Widerspruch steht[212]. § 679 BGB setzt jedoch nicht nur voraus, dass die Erfüllung der Pflicht des Geschäftsherrn im öffentlichen Interesse liegt, sondern auch, dass sie sonst nicht rechtzeitig erfüllt werden würde[213]. Diese Fälligkeit soll aber nur vorliegen, wenn die Pflicht zur Gefahrenabwehr bereits durch unanfechtbare oder sofort vollziehbare Verfügung konkretisiert ist[214], oder wenn die Voraussetzungen einer unmittelbaren Ausführung (§ 5a MEPolG) vorliegen[215]. In der hier in Frage stehenden Fallgruppe ist die Polizeipflichtigkeit der materiell-rechtlichen Störer jedoch *überhaupt noch nicht* durch Bescheid konkretisiert. Auch können hier die Voraussetzungen einer unmittelbaren Ausführung nicht vorliegen, da diese Fallgruppe nur einschlägig ist, wenn gerade *überhaupt kein* Störer erreichbar ist; in diesem Fall ergeht nach Gefahrbeseitigung durch die Behörde ein reiner Kostenbescheid. Diese

209 BGH, Urteil v. 18. 9. 1986, BGHZ 98, 235 [241] = NJW 1987, 187 = NVwZ 1987, 170 = JZ 1987, 195.

210 Der ausgleichsbegehrende Eigentümer wurde von der Behörde als Zustandsverantwortlicher verpflichtet. Daneben wurde aber auch die Beklagte als Verhaltensstörerin in Anspruch genommen. Sie legte jedoch gegen die Ordnungsverfügung Rechtsmittel ein, während der Kläger in Ausführung des Bescheids Arbeiten erledigen ließ. Die Klage wurde abgewiesen, da sämtliche in Betracht kommenden Ansprüche verjährt waren.

211 So auch *Kloepfer/Thull* [Kloepfer/Thull 1989, S. 1124], die ebenfalls - in der Regel - § 679 BGB als einschlägige Vorschrift ansehen.

212 Vgl. BGH, Urteil v. 15. 12. 1954, BGHZ 16, 12; hier bejaht der BGH einen Anspruch aus Geschäftsführung ohne Auftrag, allerdings lässt sich dem Urteil nicht entnehmen, ob nur der Kläger, also der ausgleichsbegehrende Störer, oder auch der Beklagte durch einen - noch auf § 20 PrPVG gestützten Gefahrbeseitigungsbescheid – zur Verantwortung gezogen wurde.

213 Seiler 1997, S. 1919 (§ 679 Rn. 6).

214 Kloepfer/Thull 1989, S. 1124.

215 Kloepfer/Thull 1989, S. 1124.

Konstellation wird gesondert behandelt (2.2.2). Dementsprechend können die Voraussetzungen des § 679 BGB in dieser Konstellation nicht vorliegen. Es ist auch nicht davon auszugehen, dass die Gefahrbeseitigung durch den jetzt ausgleichsbegehrenden Störer im Interesse der unbeschiedenen materiell-rechtlichen Störer lag.

Zusammenfassend ist demgemäß festzuhalten, dass ein Anspruch aus Geschäftsführung ohne Auftrag für den alleinig beschiedenen Störer ausscheidet. Es ist bereits fraglich, ob der ausgleichsbegehrende Störer, also der Geschäftsführer, den Willen hatte, ein fremdes Geschäft zu führen. Jedenfalls liegen nicht die weiteren Voraussetzungen einer berechtigten Geschäftsführung ohne Auftrag vor. Denn diese entspricht weder dem Interesse der unbeschiedenen Störer gem. § 683 S. 1 BGB noch kann dieses entbehrlich sein (§§ 683 S. 2, 679 BGB). Ein Ausgleichsanspruch aus Geschäftsführung ohne Auftrag kommt mithin nur in Betracht, wenn die ausgleichspflichtigen Personen ebenfalls als Störer durch Bescheid konkretisiert wurden. Hierbei handelt es sich um die weitere Fallgruppe, die später (2.2.1.1.4.2.2) untersucht wird.

2.2.1.1.4.2.1.3 Ungerechtfertigte Bereicherung, §§ 812 ff. BGB

Ansprüche aus ungerechtfertigter Bereicherung (§§ 812 ff. BGB) kommen nur zum Ausgleich einer rechtsgrundlosen Vermögensverschiebung in Betracht. Gegenstand dieser Untersuchung ist jedoch das Verhältnis mehrerer öffentlich-rechtlich (potenziell) Verpflichteter zu- und untereinander. Das Befolgen einer durch Verwaltungsakt konkretisierten Pflicht kann jedoch keinen Bereicherungsanspruch auslösen. Daher scheidet die direkte oder analoge Anwendung von Bereicherungsansprüchen aus[216].

Als Zwischenergebnis lässt sich daher festhalten, dass ein zivilrechtlicher Ausgleichsanspruch des von der Behörde in Anspruch genommenen Störers gegen weitere Personen ausscheidet, auch wenn diese zwar materiell-rechtlich die Voraussetzungen der Störerhaftung erfüllen, aber nicht von der Behörde zur Gefahr- bzw. Störungsbeseitigung herangezogen wurden.

---

[216] Vgl. Kloepfer/Thull 1989, S. 1124 f. m. w. N. auch zur a. A.

### 2.2.1.1.4.2.2 Sämtliche Störer sind durch Bescheid „konkretisiert"

Anders stellt sich die Rechtslage hingegen dar, wenn gegen alle materiell-rechtlichen Störer ein Gefahrenabwehrbescheid erging, sonach *sämtliche* Personen durch Verwaltungsakt konkretisiert sind. Diese Fallvariante wird in der Literatur wenig diskutiert. Lediglich *Garbe*[217] schlägt vor, sämtliche Störer durch Bescheid heranzuziehen, um einen internen Störerausgleich zu ermöglichen.

*Garbe*[218] führt aus, dass alle öffentlich-rechtlichen Störer zur Gefahrbeseitigung zu verpflichten seien. Im Idealfall sollen sich diese daraufhin auf eine gemeinsame Störungsbeseitigung einigen. Tritt dieser Idealfall jedoch nicht ein und beseitigt nur *ein* Störer die Gefahr, so habe er auf der sekundären Kostenebene zumindest einen zivilrechtlichen Ausgleichsanspruch nach den Regeln der Geschäftsführung ohne Auftrag, §§ 677 ff. BGB. „Mit der Störungsbeseitigung hat er nämlich zugleich auch die Pflicht der anderen Störer und damit ein „auch fremdes Geschäft" erfüllt. Daß die untätig gebliebenen Störer die Gefahrenbeseitigung eventuell nicht wollten, ist gem. § 678 BGB [§ 679 BGB] unbeachtlich, da die Gefahrbeseitigung im öffentlichen Interesse erfolgte. Nach der Rechtsprechung des BGH hat der allein tätig gewordene Störer demzufolge einen Anspruch auf Aufwendungsersatz gem. § 683 BGB nach dem Maß der Verantwortlichkeit der anderen Störer."[219]

*Garbe* beruft sich auf das bereits oben (2.2.1.1.4.2.1) zitierte Urteil des *BGH* v. 18. 9. 1986[220]. In diesem Urteil schließt das Gericht einen Anspruch aus Geschäftsführung ohne Auftrag zwar nicht grundsätzlich aus, aber es bejaht ihn auch nicht. Es führt aus, dass es zweifelhaft sei – im konkreten Fall aber entscheidungsunerheblich -, ob der Geschäftsführer durch die Gefahrbeseitigung ein (zumindest auch) objektiv fremdes Geschäft des Geschäftsherrn führt, da dieser durch Bescheid gleichfalls als Störer herangezogen wurde.

*Garbe* führt weiter aus, dass im Falle der Inanspruchnahme aller Verantwortlicher durch Verfügung auch eine analoge Anwendung des § 426 BGB in Betracht komme[221]. „Die Verpflichtung aller Störer zur Gefahrbeseitigung führt dazu, daß alle Störer als Gesamtschuldner im Sinne der §§ 421, 426 BGB anzusehen sind. Zum einen wird durch die primäre Verpflichtung aller Störer für jeden einzelnen seine konkrete Gefahrenbeseitigungspflicht gegenüber der Behörde begründet. Darüber hinaus entfällt für die vorgeschlagene Lösung der Haupteinwand des BGH gegen die analoge Anwendung des § 426 BGB, daß wegen der vor-

---

[217] Garbe 1998.
[218] Garbe 1998, S. 635 *(Hervorhebung von Garbe)*.
[219] Garbe 1998, S. 635.
[220] BGHZ 98, 235 = NJW 1987, 187 = NVwZ 1987, 170 = JZ 1987, 195.
[221] Garbe 1998, S. 635.

rangigen Heranziehung eines Störers zur Gefahrbeseitigung keine Vergleichbarkeit mit der Heranziehung eines Gesamtschuldners im Sinne des § 426 BGB bestehe, da gerade kein einzelner Störer allein verpflichtet wird, sondern alle."[222]

Diese von *Garbe* vorgeschlagene Lösung der Inanspruchnahme sämtlicher Störer eröffnet einen Ersatzanspruch wegen Geschäftsführung ohne Auftrag für den leistenden Störer gegenüber den weiteren Verpflichteten. Daneben erzeugt die Heranziehung sämtlicher Störer ein Gesamtschuldverhältnis kraft Verwaltungsakts. Hierdurch kann der stark geforderte Innenausgleich zwischen den Störern umgesetzt werden. Anderenfalls muss der alleinig durch Verwaltungsakt verpflichtete Störer nicht nur zunächst die Kosten tragen, sondern ihm steht – aufgrund höchstrichterlicher Rechtsprechung – auch kein Ausgleichsanspruch gegen die Behörde oder andere Störer zu.

*M. E.* ist jedoch zu beachten, dass bei einer pauschalen Inanspruchnahme *sämtlicher* Verantwortlicher die gesetzlich vorgesehene Ermessensentscheidung der Behörde obsolet wird. Nimmt die Behörde ohne vorherige Überprüfung der Zweck- und Rechtmäßigkeit schlicht sämtliche Störer in Anspruch, so liegt der Ermessensfehler des Ermessensnichtgebrauchs (§ 40 VwVfG) vor. Die Ermessensausübung wird hierdurch in die Vollstreckung verlagert[223]. Ferner stellt der Vorschlag von *Garbe* die Behörde zudem vor einen nicht unerheblichen Ermittlungsaufwand, wenn sie sämtliche Störer heranziehen soll.

Des Weiteren stellt sich die Frage, nach welchen Kriterien sich der Störer-Innenausgleich bemessen soll. Hierbei erscheint der Hinweis auf das Maß der Verantwortlichkeit[224] bzw. den Anteil an der Verursachung[225] nur wenig konturenreich zu sein.

Die mit der Heranziehung sämtlicher Störer auftretenden Problemkreise werden – in abgeschwächter Weise – auch bei der Haftung nach dem BBodSchG (§ 24) virulent. Hiernach bleibt zwar der beschiedene Störer allein zur Sanierung verpflichtet, doch steht ihm ein gesetzlich normierter Ausgleichsanspruch gegen die weiteren materiell-rechtlichen Störer zu, so dass letztlich sämtliche Störer haften, die Ermessensentscheidung der Behörde mithin nur das Insolvenzrisiko verteilt. Hinzu kommt, dass sich die Höhe des störerinternen Ausgleichs nach dem Anteil an der Verursachung bestimmten soll, ohne diesen zu konkretisieren (3. Kapitel).

---

[222] Garbe 1998, S. 635 f.
[223] Bickel 2002, S. 226 (§ 24 Rn. 8).
[224] Garbe 1998, S. 634.
[225] Schoch 1995b, S. 508.

### 2.2.1.2 Ergebnis

Es lässt sich damit als Ergebnis zur Untersuchung der Kostentragung nach ergangener Grundverfügung festhalten, dass der durch Verwaltungsakt konkretisierte Störer in jedem Falle die Kosten der Gefahrbeseitigung trägt.

Dem alleinig beschiedenen Störer stehen - aufgrund der Rechtsprechung des *BGH* - keine Rückgriffs- oder Erstattungsansprüche gegen weitere materiell-rechtliche Störer - also Personen, die zwar die Voraussetzungen der Störerhaftung erfüllen, deren Verpflichtung aber nicht durch Polizeiverfügung konkretisiert wurde - zu; anders gestaltet sich jetzt die Rechtslage, falls das BBodSchG (§ 24) zur Anwendung kommt (3.5).

Im Falle der gegenüber sämtlichen Verantwortlichen ergangenen Verfügung ist ein zivilrechtlicher Regress des zunächst Handelnden – im Anschluss an *Garbe* – zu bejahen. Hierbei ist aber das Ermessensproblem zu beachten sowie daran zu erinnern, dass dieser Fall wohl nicht der derzeit geübten Verwaltungspraxis entspricht.

Dieses Ergebnis korrespondiert auch mit *Schenke*[226], der ausführt: „Für den einem Störer durch die polizeiliche Heranziehung erwachsenen Schaden ist nach den insoweit übereinstimmenden Polizei- und Ordnungsgesetzen grundsätzlich keine Entschädigung zu gewähren. Dies ist auch unter dem Aspekt des Art. 14 GG unbedenklich, da hier der Störer nur in die von vornherein bestehenden Grenzen seines Eigentums zurückverwiesen bzw. dessen Sozialpflichtigkeit geltend gemacht wird.“ Der Störer werde durch die Maßnahmen zur Gefahrenabwehr in aller Regel nur in die Schranken seiner Rechte zurückgewiesen, er erbringe also kein, einen Entschädigungsanspruch auslösendes, Sonderopfer für die Allgemeinheit[227]. Diese verfassungsrechtlichen Schlussfolgerungen lassen sich jedoch - seit der Entscheidung des *BVerfG* zur Zustandsverantwortlichkeit - nicht mehr uneingeschränkt halten (4. Kapitel).

---

[226] Schenke 1999, S. 344 (Rn. 339) mit Hinweis auf BVerwG, Urteil v. 24. 6. 1971, BVerwGE 38, 209 = NJW 1971, 1475 = DVBl. 1971, 751 = JuS 1971, 659 und BGH, Urteil v. 20. 1. 1966, BGHZ 45, 23 = NJW 1966, 649 = DVBl. 1968, 23 = JZ 1968, 426.

[227] Drews/Wacke/Vogel/Martens 1986, S. 293.

### 2.2.1.3 Exkurs: Differenzierung zwischen der Inanspruchnahme des Störers zur Gefahrenabwehr und Erstattung der Polizeikosten?

In der Literatur gilt eine Unterscheidung zwischen der Inanspruchnahme eines Störers auf der Ebene der Gefahrenabwehr (sog. Primärebene) und der sog. Sekundärebene, der Erstattung der Polizeikosten, als weitgehend anerkannt[228]. Dabei wird darauf hingewiesen, dass beide Ebenen klar zu unterscheiden sind, „weil bei der Auswahl eines Störers zur Gefahrenabwehr vielfach andere Ermessenserwägungen anzustellen sind als bei der Auswahl eines Störers zur Heranziehung von Polizeikosten“[229].

Es soll an dieser Stelle nicht die Problematik der Ermessenskriterien zur Auswahl des „richtigen“ Störers behandelt werden, sondern an dieser Stelle ist der Vorschlag der Differenzierung nach Primär- und Sekundärebene Gegenstand der Untersuchung[230].

*M. E.* ist diese Auffassung nach der geltenden Gesetzeslage nicht umsetzbar.

*Würtenberger/Heckmann/Riggert*[231] führen aus: „Soll aus einer Mehrheit von Störern jener Handlungs- und/oder Zustandsstörer ausgewählt werden, der *nach erfolgter Gefahrenabwehr* zur Erstattung von Polizeikosten herangezogen wird, ist der Aspekt der Effizienz polizeilicher Gefahrenabwehr nicht mehr ermessensleitend. Geht es doch jetzt nur noch darum, wer als Kostenschuldner nach Abwehr der Gefahr in Anspruch genommen werden soll. Hierbei ist insbesondere der in Art. 3 Abs. 1 GG wurzelnde *Grundsatz der gerechten Lastenverteilung* von Bedeutung.“

Werden aber nun die hier gemachten Ausführungen zur Grundverfügung und Ersatzvornahme berücksichtigt, so stellt sich die Frage, auf welche notwendige (Vorbehalt des Gesetzes!) Ermächtigungsgrundlage diese Auffassung den Kostenbescheid zur Erstattung stützen will.

Es existiert – de lege lata – keine andere gesetzliche Grundlage[232] für einen Kostenerstattungsanspruch der Polizei als die dargelegte Möglichkeit der Ersatzvornahme, in der *hier* behandelten Fallkonstellation der Kostentragung nach vorausgegangener Grundverfügung.

---

[228] Würtenberger/Heckmann/Riggert 1999, S. 174 f. (Rn. 324), insbesondere Fn. 453 m. w. N.

[229] Würtenberger/Heckmann/Riggert 1999, S. 174 f. (Rn. 327).

[230] Vgl. auch *Giesberts* [Giesberts 1990], der eine derartige Trennung ebenfalls favorisiert und diese mithilfe einer analogen Anwendung des Entschädigungsanspruchs des Nichtstörers auf den beschiedenen Störer umsetzen möchte, s. 2.2.1.1.4.1.1.

[231] Würtenberger/Heckmann/Riggert 1999, S. 176 (Rn. 331) *(Hervorhebungen von Würtenberger/Heckmann /Riggert)*.

[232] Auf die Schwierigkeit, für die Kostenbeteiligung des nicht durch Verfügung herangezogenen Störers eine Grundlage zu finden, hat schon *Kormann* [Kormann 1983, S. 286] hingewiesen, folgend *Schwabe* [Schwabe 1984, S. 9].

Wie ausgeführt, setzt die Vollstreckung durch Ersatzvornahme notwendigerweise eine vollstreckbare Grundverfügung voraus. Wie soll aber, nachdem gegen einen Störer dieser Bescheid erging, gegen einen anderen Verantwortlichen nun eine Kostenauferlegung erfolgen? Letzterem gegenüber fehlt es an der Grundverfügung. Eine solche kann auch nicht mehr (nachträglich) erlassen werden, denn die Polizei hat im Wege der Ersatzvornahme die Gefahr selbst beseitigt: Welchen Inhalt sollte diese Verfügung nun haben? Schließlich kann diesem Verantwortlichen nicht auferlegt werden, eine Störung zu beseitigen, die gar nicht mehr existiert. Ein derartige Verfügung würde auf eine dem Adressaten unmögliche Handlung abzielen und daher *m. E.* gem. § 44 Abs. 2 Nr. 4 VwVfG nichtig und folglich unwirksam sein (§ 43 Abs. 3 VwVfG).

Dem Verantwortlichen wäre zudem die Möglichkeit genommen, die Gefahr oder Störung selbst zu beseitigen (sog. Eigenvornahme). Entscheidend ist aber, dass es ohne diese vollstreckbare Grundverfügung für die Behörde nicht möglich ist, einen Kostenbescheid zu erlassen.

Folglich ist es *nach* erlassener Grundverfügung gegenüber einem Verantwortlichen de lege lata nicht möglich, einem anderen Störer die Kosten der Gefahrbeseitigung aufzuerlegen. Die Differenzierung nach Primär- und Sekundärebene ist daher möglicherweise wünschenswert, aber mit dem geltenden Recht nicht umsetzbar.

Es sei darauf hingewiesen, dass es sich bei der oben angesprochenen, aber in dieser Untersuchung nicht tiefer behandelten Problematik, des Anscheinsstörers bzw. Verursachers eines Gefahrenverdachts, anders verhält. Hier ist eine Differenzierung zwischen Gefahrbeseitigung und Kostenauferlegung möglich: Denn der Anscheinsstörer ist ex ante echter Störer, aber ex post Nichtstörer; ähnlich verhält es sich mit dem Verursacher eines Gefahrenverdachts (2.2.1.1.4.1.1). Daher kann auch hinsichtlich der Kosten eine Unterscheidung zwischen Primär- und Sekundärebene stattfinden, die sonst so nicht möglich ist.

### 2.2.2 Unmittelbare Ausführung einer Maßnahme und Sofortvollzug

Ferner sind Fallkonstellationen zu berücksichtigen, bei denen die konkrete Situation erfordert, dass die Gefahrenabwehrbehörde ohne vorausgehende Verfügung sogleich tatsächlich einschreitet, um den Gefahrenzustand zu beseitigen[233]. In diesen Fällen einer akuten Gefahr ist

[233] Schoch 1995a, S. 311 f.

das sog. mehrstufige Verfahren der Grundverfügung und ihrer Vollstreckung angesichts des notwendigen Zeitaufwands untauglich[234]. Für eine solche Situation stellt das Polizei- und Ordnungsrecht das Rechtsinstitut der unmittelbaren Ausführung bzw. den Sofortvollzug zur Verfügung.

#### 2.2.2.1 Unmittelbare Ausführung

Die unmittelbare Ausführung einer Maßnahme ist in § 5a MEPolG geregelt. Nach § 5a Abs. 1 MEPolG kann die Polizei selbst oder durch einen Beauftragten die Gefahr- bzw. Störungsbeseitigung unmittelbar ausführen, wenn dieser Maßnahmenzweck durch Inanspruchnahme eines Störers nicht rechtzeitig erreicht werden kann.

Diese unmittelbare Ausführung der Polizei durch Selbst- oder Fremdvornahme wird nicht als Verwaltungsakt gewertet, sondern als regelungsersetzender Realakt, da es an einer Bekanntgabe gegenüber dem Adressaten mangelt[235].

#### 2.2.2.2 Verpflichtung zum Kostenersatz

Nach § 5a Abs. 2 MEPolG sind die materiell-rechtlich Polizeipflichtigen der Polizei zum Ersatz der Kosten verpflichtet, die ihr durch die unmittelbare Ausführung entstanden sind. Diese Erstattungspflicht wird durch Verwaltungsakt konkretisiert, der sogleich als Titel für die Vollstreckung dient, wie durch § 5a Abs. 2 S. 2 MEPolG klargestellt wird.

Sonach ist kostenpflichtig die unmittelbare Ausführung einer Maßnahme, die im gestreckten Verfahren als Ersatzvornahme zu qualifizieren wäre[236].

Nach § 5a Abs. 2 S. 1 MEPolG sind die Störer zum Kostenersatz verpflichtet. Der Kostenbescheid wird folglich gegen diejenigen Verantwortlichen erlassen, gegen die – falls der Zweck der Maßnahme aufgrund der zeitlichen Eile nicht entgegengestanden hätte – die Grundverfügung erlassen worden wäre.

Die Entscheidung über den Erlass dieses Kostenbescheids ist eine gebundene Entscheidung der Behörde, wie sich aus dem Wortlaut der Norm ergibt[237]. Hiernach sind die po-

---

[234] Schoch 1995a, S. 311.
[235] Strittig, vgl. Rasch 1992, 209 f.
[236] Würtenberger/Heckmann/Riggert 1999, S. 287 (Rn. 512).
[237] Nach *Schoch* ist in denjenigen Ländern, die das Rechtsinstitut der unmittelbaren Ausführung kennen, vorgeschrieben, dass die der Verwaltung entstehenden Kosten von dem Verhaltens- oder Zustandsverantwortlichen

lizeirechtlich Verantwortlichen zur Kostentragung verpflichtet. Fraglich ist jedoch, ob sämtliche Störer oder einer von ihnen (nach welchen Kriterien?) ausgewählt wird.

Nach der Rechtsprechung sollen dieselben Auswahlkriterien zur Anwendung kommen wie bei der Adressatenauswahl zum Erlass eines Gefahrenabwehrbescheids[238]. Demgegenüber fordert das Schrifttum, dass die gerechte Lastenverteilung und nicht der Aspekt der wirksamen Gefahrenabwehr im Vordergrund stehen solle[239]. Hieraus folge, dass grundsätzlich jeder Störer als Kostenschuldner herangezogen werden könne; die Entscheidung hierüber obliege dem Ermessen der Behörde[240]. Nach *Schoch* ist es geboten, „den einzelnen Störer entsprechend seinem Anteil an der Verursachung des die behördliche Gefahrenabwehrmaßnahme auslösenden Ereignisses kostenersatzpflichtig zu machen“[241].

Für den Kostenerstattungsanspruch der Behörde nach unmittelbarer Ausführung ordnen viele Landesgesetze – jedoch nicht das MEPolG – an, dass mehrere Verantwortliche als Gesamtschuldner haften[242].

Es zeigt sich damit folgendes Bild:

In den Ländern, die eine Gesamtschuld gesetzlich anordnen, stellen sich die schon bekannten Probleme des Entfallens der Ermessensentscheidung und der Bestimmung des Verursachungsanteils. Diese Rechtslage ist daher mit der nach dem BBodSchG vergleichbar. Zwar wird nach letzterer Regelung ein Sanierungsverantwortlicher von der Behörde vorrangig herangezogen, doch steht ihm ein Regressanspruch gegen die weiteren materiell-rechtlichen Störer zu (3.5). Eine derartige gesamtschuldnerische Haftung ist aus ökonomischer Perspektive begrüßenswert (8.2). Hingegen verlagert die Ansicht von *Schoch*, der jeden Störer nur entsprechend seinem Verursachungsanteil kostenersatzpflichtig machen will, das Insolvenzrisiko unberechtigterweise auf die öffentliche Hand. Denn jeder Störer ist für die (gesamte) Gefahr bzw. Störung für die öffentliche Sicherheit oder Ordnung verantwortlich, sonst wäre er kein Störer hinsichtlich dieses Schadens. Daher ist es gerechtfertigt, dass die Störer das Risiko der Insolvenz tragen (vgl. § 426 Abs. 1 S. 2 BGB) und nicht die Allgemeinheit der Steuerzahler.

Fehlt es in dem Polizei- und Ordnungs- bzw. Sicherheitsrecht des Landes an einer gesetzlichen Regelung, so ist für die rechtliche Praxis ohnehin die Judikatur entscheidend. Nach

---

zu erheben sind – mit der Ausnahme des § 7 Abs. 3 SOG Hamburg, der bestimmt, dass die Verwaltungsbehörden die Kosten erstattet verlangen *können*, Schoch 1995b, S. 506 und Fn. 41; a. A. nur Würtenberger/Heckmann/Riggert 1999, S. 287 f. (Rn. 514 und insbes. Fn. 162).

238 OVG Rheinland-Pfalz, Urteil v. 15. 10. 1985, NJW 1986, 1369 [1370] = NVwZ 1986, 492; OVG Niedersachsen und Schleswig-Holstein, Urteil v. 10. 6. 1989, NVwZ 1990, 786 [787].

239 Dienelt 1994, S. 356; Schoch 1995b, S. 507 f.

240 Dienelt 1994, S. 356.

241 Schoch 1995b, S. 508.

242 Schoch 1995a, S. 508 (Fn. 65) mit Hinweis auf die einschlägigen Landesgesetze.

dieser ist der Kostenbescheid gegenüber demjenigen Störer zu erlassen, der auch Adressat der Grundverfügung hätte sein können. Er trägt (alleine) die Kosten, da (zivilrechtliche) Kostenerstattungsansprüche gegen weitere materiell-rechtliche Störer von der Praxis abgelehnt werden.

#### 2.2.2.3 Sofortvollzug

Der Sofortvollzug ist in § 28 Abs. 2 MEPolG geregelt. Hiernach kann der Verwaltungszwang ohne vorausgehenden Verwaltungsakt angewendet werden, wenn dies zur Abwehr einer Gefahr notwendig ist, insbesondere weil Maßnahmen gegen die polizeirechtlich Verantwortlichen nicht oder nicht rechtzeitig möglich sind oder keinen Erfolg versprechen, und die Polizei hierbei innerhalb ihrer Befugnisse handelt.

Fraglich ist die Abgrenzung der Figur des Sofortvollzugs zum Rechtsinstitut der unmittelbaren Ausführung. Der Herkunft und der systematischen Zuordnung gemäß, ist die unmittelbare Ausführung eine klassische polizei- und ordnungsrechtliche Maßnahme, während der Sofortvollzug dem allgemeinen Vollstreckungsrecht zuzuordnen ist[243]. Der Sache nach handelt es sich sowohl bei der unmittelbaren Ausführung als auch beim Sofortvollzug um eine Ersatzvornahme, unabhängig von einer vollstreckungsfähigen Grundverfügung[244]. Daher erfüllen beide Figuren dieselbe Funktion, so dass die in einigen Ländern und im MEPolG bestehende Normierung als unsinnig bezeichnet wird[245].

Die Voraussetzungen und Rechtsfolge des unmittelbaren Zwangs und des Sofortvollzugs stimmen überein, so dass für diese Ausführung beide Rechtsfiguren gleich behandelt werden können.

In Bezug auf die hier behandelte Frage, welche(r) Störer die Kosten der Gefahrbeseitigung trägt, kann daher für den Sofortvollzug (§ 28 Abs. 2 MEPolG) auf die Ausführungen zur unmittelbaren Ausführung gem. § 5a MEPolG verwiesen werden.

---

[243] Schoch 1995a, S. 312.
[244] Schoch 1995a, S. 312.
[245] Schoch 1995a, S. 312.

### 2.2.2.4 Ergebnis

In der hier betrachteten Fallgruppe der Kostenerstattung nach unmittelbarer Ausführung bzw. Sofortvollzug stellt sich die Frage einer Differenzierung zwischen der Ebene der Gefahrbeseitigung und der Kostentragung schon gar nicht. Die Gefahr ist bereits beseitigt, nur die Entscheidung über die Kostentragung ist noch offen.

Die Behörde entscheidet damit beim Erlass des Kostenbescheids gem. § 5a Abs. 2 MEPolG oder aufgrund des § 28 Abs. 2 i.V.m. § 30 Abs. 1 MEPolG, wer die Kosten zu tragen hat. Nimmt sie mehrere Störer in Anspruch, können – je nach Ausgestaltung der landesgesetzlichen Regelung - zwischen diesen zivilrechtliche Ausgleichsansprüche bestehen. Ansonsten trägt der alleinig beschiedene Störer die Kosten, wie auch nach Erlass einer nur ihm gegenüber ergangenen Gefahrbeseitigungsverfügung.

## 2.2.3 Ergebnis zur Kostentragung einer Gefahrbeseitigungsverfügung

Als Gesamtergebnis zur Kostentragung lässt sich Folgendes festhalten: Demjenigen Störer, dem die Pflicht zur Gefahrbeseitigung auferlegt wird, hat auch die Kosten derselben zu tragen. Ein Rückgriff auf andere materiell-rechtliche Störer bleibt ihm verwehrt. Dies bedeutet, dass bereits nach Ermittlung der polizeipflichtigen Personen durch das Auswahlermessen der Behörde verbindlich festgelegt wird, welchen Störer die Kostenpflicht trifft.

Die im Schrifttum häufig gemachte Unterscheidung zwischen der „Effektivität der Gefahrenabwehr" auf der Primärebene der Gefahrbeseitigung und dem Gesichtspunkt der „gerechten Lastenverteilung" auf der Ebene der Kostenentscheidung entspricht nicht der rechtlichen Wirklichkeit. Diese Differenzierung kann allenfalls als Forderung verstanden werden.

Liegen die Voraussetzungen einer unmittelbaren Ausführung bzw. eines Sofortvollzugs vor, so entscheidet die Verwaltungsbehörde ausschließlich über die Kosten und zwar nach den gleichen Kriterien, die der Gefahrbeseitigungspflicht zugrunde liegen; es sei denn, das maßgebende Landesgesetz ordnet eine Gesamtschuld der Störer an. Doch auch eine tatsächliche oder geforderte Gesamtschuld wirft Fragen auf. So ist derzeit *m. E.* insbesondere sowohl das Problem der fehlenden Ermessensentscheidung als auch der wesentlichen Kriterien zur Bestimmung des Verursachungsanteils ungeklärt. Diese Problemkreise werden auch bei § 24 Abs. 2 BBodSchG (3.5) virulent.

Für die hier im Mittelpunkt stehende Frage nach der Effizienz der öffentlich-rechtlichen Störerhaftung kann als Ergebnis festgehalten werden: Der beschiedene Störer trägt die Kosten für die Beseitigung der Gefahr bzw. Störung für die öffentliche Sicherheit oder Ordnung. Ihm stehen keine aus dieser Haftung resultierenden Rückgriffsansprüche zu.

Damit zeigt sich, dass die Regelungen über die Verhaltens- und Zustandsverantwortlichkeit, so wie sie den Störer bestimmen, ökonomisch analysiert werden können. Es muss keine Rücksicht genommen werden auf Regressansprüche.

Etwas anderes gilt, wenn das BBodSchG (§ 24) zur Anwendung kommt.

Nebenbei betont dieses Ergebnis die Bedeutung des Auswahlermessens der Behörde bei Erlass einer Gefahrbeseitigungsverfügung.

## 2.3 Auswahlermessen zwischen den Störern

Auswahlermessen zwischen den Störern bedeutet, dass die Verwaltungsbehörde, wenn mehrere Personen als Störer ermittelt wurden, eine Entscheidung darüber zu treffen hat, welche(r) Störer zur Beseitigung der Gefahr bzw. Störung heranzuziehen sind (ist). Eine Störermehrheit ist deshalb möglich, weil jedes Ereignis, also auch eine Gefahr bzw. Störung der öffentlichen Sicherheit oder Ordnung, logisch-naturwissenschaftlich nicht eine einzige Ursache hat, sondern stets in eine Ursachenkette bzw. in einen Ursachenknoten eingebunden ist[246]. Der Kreis der als Störer verantwortlichen Personen erfährt durch die normative Zurechnung mit der Unmittelbarkeitslehre eine erste Einschränkung. Dennoch verbleiben mehrere Personen, die auch diese Voraussetzung erfüllen, also mehrere materiell-rechtliche Störer. Im Folgenden geht es daher um die Auswahl zwischen mehreren vorhandenen materiell-rechtlichen Störern. Diese Auswahlentscheidung ist von erheblicher Bedeutung, da hierdurch nicht nur bestimmt wird, welcher der Störer die Gefahr bzw. Störung für die öffentliche Sicherheit oder Ordnung zu beseitigen hat, sondern auch, dass diesen die Kosten der Gefahrbeseitigung treffen, ohne dass er einen Regressanspruch gegen weitere Störer hat. Eine Ausnahme bildet nur der Vorschlag von *Garbe*[247], sämtliche Störer durch Bescheid heranzuziehen, allerdings findet dann eine Ermessensentscheidung über die Auswahl zwischen den Störern nicht mehr statt. Dies gilt im Prinzip auch für die Rechtslage nach dem BBodSchG, auf die im nächsten Kapitel (3) ausführlich eingegangen wird.

---

[246] Kormann 1983, S. 282.
[247] Garbe 1998.

### 2.3.1 Prämissen des Auswahlermessens

Bevor eine Auswahlentscheidung getroffen werden kann, bedarf es der Feststellung, dass mehrere Personen als Störer in Betracht kommen. Die Voraussetzungen dafür, wann eine Person als Störer in Anspruch genommen werden darf, wurden bereits (2.1) erörtert. Die Entscheidung über ein polizeiliches Einschreiten zur Gefahrenabwehr setzt demgemäß folgende Struktur von Rechts- und Ermessensfragen voraus[248]:

Das Vorliegen der tatbestandlichen Voraussetzungen ist zu prüfen, also ob eine Gefahr für die öffentliche Sicherheit bzw. Ordnung oder bereits eine Störung vorliegt. Diese Rechtsfrage wird durch Subsumtion beantwortet.

Die Entscheidung über das polizeiliche Einschreiten setzt weiter voraus, *ob* zur Beseitigung der Gefahr bzw. Störung eingeschritten werden soll. Hierbei handelt es sich um das sog. Entschließungsermessen (das „Ob" des Einschreitens) - in Abgrenzung zur Entscheidung „wie" eingeschritten werden soll.

Als weiterer Punkt ist jedoch zunächst zu ermitteln, gegen *wen* eingeschritten werden darf. Auch dies ist eine reine Rechtsfrage, deren Voraussetzungen erörtert wurden. Es ist durch Subsumtion zu ermitteln, welche Person Störer ist, bei welcher Person mithin die Voraussetzungen der §§ 4, 5 MEPolG vorliegen.

Erst dann stellt sich die Frage, die Gegenstand dieses Abschnitts ist: Wer unter mehreren Störern soll in Anspruch genommen werden? Dies ist wiederum eine Ermessensfrage. Die Polizeibehörde hat durch pflichtgemäßes Ermessen eine Auswahlentscheidung zwischen den Störern zu treffen.

Nachdem diese Frage entschieden ist, stellt sich noch die Rechtsfrage nach den notwendigen Maßnahmen. Daran schließt sich die abschließende Ermessensfrage an, welche der möglichen Maßnahmen auszuwählen ist. Hierbei handelt es sich um die bereits angesprochene Ermessensentscheidung über das „Wie" des Einschreitens, die ebenfalls als sog. Auswahlermessen bezeichnet wird.

Das Geflecht von Rechts- und Ermessensfragen, die vor dem Erlass einer Gefahr- bzw. Störungsbeseitigungsmaßnahme zu beantworten sind, soll durch diese Arbeit nicht in Frage gestellt werden. Die Abhandlung will die durch die öffentlich-rechtliche Störerhaftung ausgelösten Anreizwirkungen auf der Grundlage der rechtlichen Praxis untersuchen – und gegebenenfalls Vorschläge für eine effiziente(re) Gestaltung entwickeln. Daher soll die im Öffentlichen Recht anerkannte Differenzierung zwischen Rechtsfragen, die voll gerichtlich

[248] Ossenbühl 1976, S. 465.

überprüfbar sind und Ermessensfragen, die nur einer eingeschränkten Kontrolle gem. § 114 VwGO unterliegen, unterbleiben. Dementsprechend wird auch nicht der berechtigten Frage nachgegangen, ob die Bestimmung eines Störers - also der Subsumtionsvorgang, ob eine Person die Voraussetzungen der §§ 4, 5 MEPolG erfüllt - eine Rechtsfrage sein *muss*. Ist es nicht vielleicht effektiver, diese Frage dem Ermessen der Behörde zuzuschlagen? Da sich die Abhandlung an den anerkannten Grundsätzen des Öffentlichen Rechts orientiert, wird eine mögliche Infragestellung dieses Systems hier nur angesprochen. Im Folgenden wird aufgezeigt, wie die ökonomische Analyse des Rechts mithilfe von anerkannten Spielräumen in das Öffentliche Recht Eingang finden kann.

### 2.3.2 Bedeutung der Ermessensentscheidung

Die Entscheidung über die Auswahl zwischen mehreren Störern ist für eine ökonomische Betrachtung *m. E.* in mehrfacher Hinsicht von Interesse.

Sowohl Rechtswissenschaft als auch Rechtspraxis stellen Kriterien auf, nach denen sich die Ermessensentscheidung über die Auswahl zwischen den Störern zu orientieren hat. Diese Entscheidung ist in erster Linie dem Prinzip der effektiven Gefahrenabwehr verpflichtet[249]. „Bei der Störerauswahl hat die Behörde sich [...] vorrangig von der Erwägung leiten zu lassen, wer die Gefahr am schnellsten und wirksamsten beseitigen kann (Grundsatz der effektiven Störerauswahl).“[250] Die sachliche, räumliche, zeitliche Nähe zur Gefahr und ihrer Beseitigung sowie die finanzielle Leistungsfähigkeit der Beteiligten sollen – so der juristische Sprachgebrauch – die maßgebenden „Effizienzkriterien“ sein[251].

Ein Ziel dieser Arbeit ist nun zu überprüfen, inwieweit mit diesen Merkmalen operiert wird, um zu einem für die Verwaltungspraxis praktikablem Ergebnis zu gelangen, obwohl diese Begriffe im Prinzip weitgehend inhaltsleer sind, – oder ob die in der juristischen Literatur herausgearbeiteten Kriterien mit dem Begriff der Effizienz als ökonomischem Prinzip korrespondieren. Hierbei wird das in der (Umwelt-)Ökonomik geltende Entscheidungskriterium der Effizienz zugrunde gelegt. Danach wird von mehreren (ökologisch) gleich wirksamen Maßnahmen diejenige ausgewählt, die mit den geringsten volkswirtschaftlichen Kosten verbunden ist. Die ökonomische Analyse des Haftungsrechts untersucht, welches Haftungsregime (z. B. Verschuldens- oder Gefährdungshaftung) in welcher Konstellation (z. B. uni-, bi-,

---

249 Statt aller: Götz 1995, S. 97.
250 Gornig/Pagels 1998, S. 594.
251 Staab 1994, S. 56 ff.

multilaterale Schäden) als optimal zu bezeichnen ist, da es den Schädiger zu einem Verhalten anreizt, bei dem die sozialen Kosten minimiert werden.

Die Ergebnisse der ökonomischen Analyse der Verhaltens- und Zustandsverantwortlichkeit können mittels der Ermessensentscheidung, über die Auswahl zwischen den Störern darüber hinaus, praktikabel umgesetzt werden. Das Auswahlermessen ermöglicht nämlich *m. E.* ein Einfallstor für eine sowohl machbare als auch brauchbare Verwendung der Erkenntnisse der ökonomischen Theorie des Rechts.

Ermessen bedeutet, dass die Verwaltungsbehörde gesetzlich ermächtigt wird, bei Vorliegen eines Tatbestands zwischen verschiedenen Verhaltensweisen zu wählen[252]. Das Gesetz schreibt hier z. B. vor, welche Voraussetzungen eine Person erfüllen muss, um als Störer für eine Gefahr bzw. Störung für die öffentliche Sicherheit oder Ordnung verantwortlich zu sein. Es bestimmt jedoch nicht, welcher der Störer konkret zu bescheiden ist. Die Ermessens-Auswahl unter mehreren Störern obliegt der Verwaltungsbehörde. Die Ausübung des Ermessens ist in § 40 VwVfG gesetzlich geregelt, wonach die zur Ermessensausübung ermächtigte Behörde, ihr „Ermessen entsprechend dem Zweck der Ermächtigung auszuüben und die gesetzlichen Grenzen des Ermessens einzuhalten" hat. Durch diese Norm wird angeordnet, dass für die Ausfüllung der administrativen Entscheidungsspielräume in erster Linie der Zweck der Ermächtigung maßgebend ist, darüber hinaus bestimmt sie auch die rechtlichen Grenzen der Ermessensausübung. Verletzt die Verwaltung die rechtlichen Grenzen der Ermessensausübung, so liegt ein Ermessensfehler[253] vor, durch den die behördliche Entscheidung rechtswidrig wird. Die Gerichte haben gem. § 114 VwGO zu beurteilen, ob die Ermessensentscheidung rechtmäßig ist, aber sie dürfen nicht überprüfen, ob die behördliche Entscheidung auch *zweckmäßig* war. Eine Kontrolle der Recht- *und* Zweckmäßigkeit findet nur im Widerspruchsverfahren gegen einen Verwaltungsakt statt, § 68 Abs. 1 S. 1 VwGO. Eine Ermessensentscheidung ist folglich dadurch gekennzeichnet, dass die Behörde – innerhalb der rechtlichen Grenzen – eine Zweckmäßigkeitsentscheidung (ohne gerichtliche Kontrolle) zu treffen befugt ist. Das Polizei- und Ordnungsrecht benennt nicht ausdrücklich die maßgebenden Ermächtigungszwecke. Diese wurden – da offensichtlich – für entbehrlich gehalten: „Es geht einerseits um eine möglichst wirksame Abwehr von Gefahren bzw Störungen der öffentlichen Sicherheit und Ordnung, andererseits um eine möglichste Schonung der Rechtspositionen der

---

[252] Vgl. Wolff/Bachof/Stober 1999, S. 455 (§ 31 Rz. 31); Ossenbühl 1998, S. 204 ff. (§ 10 II); Maurer 2000, S. 124 (§ 7 Rz. 7).

[253] Vgl. hierzu Kopp/Ramsauer 2000, S. 793 ff. (§ 40 Rz. 59 ff.).

betroffenen Bürger, in die zur Abwehr eingegriffen werden müßte."[254] Dies bedeutet für das Auswahlermessen zwischen den Störern, dass die Gefahrenabwehrbehörde die freie (Aus-)Wahl hat, welchen Handlungs- und/oder Zustandsstörer sie zweckmäßigerweise heranzieht, um die Gefahr am effektivsten zu beseitigen. So bietet sich das Moment der Zweckmäßigkeit an, um Erkenntnisse der ökonomischen Analyse in das Gefahrenabwehrrecht einfließen zu lassen.

Selbst die Kritik[255] an der ökonomischen Theorie des Haftungsrechts erkennt an, dass jedenfalls in der (deutschen) Diskussion Einigkeit darüber herrscht, dass eine Verwertung der ökonomischen Erkenntnisse durch die Rechtspraxis in den Grenzen des geltenden Rechts möglich sei. Da diese Grenzen schwierig zu bestimmen seien, können die herkömmlichen Auslegungsmethoden durchaus als „Scharnier" für die Bedeutung der ökonomischen Analyse im Rahmen der Rechtsanwendung dienen. „Ihr breitestes Wissen vermag die ökonomische Analyse jedoch möglicherweise im Rahmen der teleologischen Auslegung zu erlangen, wobei neben dem Telos der konkret anzuwendenden Rechtsnorm auch das Telos des entsprechenden Rechtsgebietes insgesamt eine Rolle spielen mag."[256] Nun hatte *Taupitz*[257] bei seinen Ausführungen das Zivilrecht im Blick, als er davon sprach, dass auf diese Weise Generalklauseln und unbestimmte Rechtsbegriffe zum „Einfallstor" werden können, mit deren Hilfe die ökonomische Analyse vordringen könne. Doch muss Entsprechendes selbstverständlich auch für ein Eindringen der ökonomischen Analyse in das Öffentliche Recht gelten. Die Basis ist vergleichbar: Bei der Auslegung der zivilrechtlichen Generalklauseln wird auf den Sinn und Zweck des entsprechenden Rechtsgebiets ebenso abgestellt wie dies auch bei den Ermessenskriterien im Verwaltungsrecht der Fall ist. Freilich geht eine Ermessensentscheidung noch darüber hinaus, da für die Verwaltung, bei der Auswahl zwischen verschiedenen Rechtsfolgen, Zweckmäßigkeitsüberlegungen eine entscheidende Rolle spielen. Daher bietet das Ermessen *m. E.* eine ideale Verbindungslinie, um Erkenntnisse der ökonomischen Analyse im Öffentlichen Recht umzusetzen, ohne dass es einer besonderen Begründung bedürfe.

---

254 Kopp/Ramsauer 2000, S. 772 (§ 40 Rz. 23).
255 Taupitz 1996, S. 127.
256 Taupitz 1996, S. 127.
257 Taupitz 1996, S. 127 f.

### 2.3.3 Existierende Ermessenskriterien

Die Ermessenskriterien, die zur Auswahl des haftenden Störers herangezogen werden, sind sowohl weit gefasst als auch vage formuliert. Zuvörderst wird, wie bereits erwähnt, auf die Effektivität der Gefahrenabwehr abgestellt. Davon ausgehend sollen - je nach Sachlage - unterschiedliche Kriterien und Überlegungen maßgebend sein. Als von der Behörde vordringlich anzustellende Erwägungen und besonders zu beachtende Gesichtspunkte werden genannt[258]: möglichst einfaches und endgültiges Erreichen des erwünschten Erfolgs, örtliche Schadensnähe, Anteil an der Verursachung, persönliche und sachliche Leistungsfähigkeit, Ausmaß des Verschuldens, Umfang der rechtlichen und tatsächlichen Einwirkungsmöglichkeit, Grad von Nachteilen für die Maßnahmeadressaten, zeitliche Priorität, Rechtsgrundlage und Ausmaß einer verfestigten Rechtsposition, Vorrang wettbewerbsschonender Eingriffe. Trotz der Fülle dieser Richtlinien lassen sie sich doch im Wesentlichen auf zwei Kriterien zurückführen: „Das ist einmal die Forderung nach größtmöglicher Wirksamkeit der Maßnahme, d. h. einer möglichst schnellen, sicheren, einfachen und billigen Beseitigung des umweltstörendenden Zustandes. Zum anderen ist es das Postulat der Gerechtigkeit, d. h. der geringstmöglichen Belastung aller und einer möglichst gleichmäßigen Behandlung gleichartig beteiligter Personen."[259] Ferner existieren teilweise sog. „Daumenregeln". So wird vertreten, dass der Handlungsstörer vor dem Zustandsstörer haften solle[260]. Doch wird dieser Ansicht entgegengehalten, dass sich Verhaltens- und Zustandsstörer gleichrangig gegenüberstehen[261]. Die Fülle der von der Rechtsprechung und Literatur vertretenen Kriterien, die für eine Ermessensentscheidung über die Auswahl zwischen mehreren Störern maßgebend sein sollen, ermöglicht der Verwaltungsbehörde letztlich jedes Ergebnis zu vertreten. Daher soll hier auf den unbestrittenen Ausgangspunkt zur Ausübung des Ermessens abgestellt werden: die Effektivität der Gefahrenabwehr. Die Rechtswissenschaft verwendet den Begriff der Effektivität synonym mit dem Begriff der „Effizienz", „Zweckmäßigkeit" und „Wirtschaftlichkeit"[262].

Der Begriff der Effizienz oder Effektivität erfährt durch die diskutierte öffentlichrechtliche Rechtsprechung und Literatur überhaupt keine weitere Erläuterung. Zu dem juristischen Begriff der Effizienz führt *Eidenmüller* aus: „Um das Ergebnis vorweg zu nehmen:

---

[258] Kormann 1983, S. 284.

[259] Kormann 1983, S. 284 f *(ohne Hervorhebungen)*.

[260] HessVGH, Beschluss v. 21. 3. 1988, NVwZ-RR 1989, 137 [138]; BayVGH, Beschluss v. 8. 9. 1983, BayVBl 1984, 16 [17] = NJW 1984, 1196 = NVwZ 1985, 385 = JuS 1984, 567; OVG Rheinland-Pfalz, Urteil v. 25. 1. 1990, DÖV 1990, 844 [845].

[261] VGH Baden-Württemberg, Urteil v. 15. 6. 1982, DVBl. 1983, 41 [43] = JZ 1983, 102.

[262] Häberle 1973, S. 625.

Einen eigenständigen Effizienzbegriff hat die Rechtswissenschaft nicht entwickelt. Wenn Juristen von „Effizienz“ sprechen, dann meinen sie damit in der Regel, daß irgendein vorgegebenes Ziel mit einem möglichst geringen Aufwand oder daß mit einem gegebenen Aufwand ein bestimmtes Ziel in möglichst hohem Maße erfüllt wird.“ [263] Typisch sei eine Stellungnahme wie die Folgende: „Im Rahmen der Verfassungsdogmatik geht es um die Frage, in bezug auf welche *Funktion*, welche *Inhalte* und Ziele Effizienz bestehen soll; Effizienz wirkt (nur) in Normen, verfassungsimmanent, nicht von außen her. Sie ist kein selbständiger Grundsatz. Sie steht im Dienste der Normverwirklichung.“[264] „Was effizient ist, ist insoweit immer abhängig von dem vorgegebenen Ziel, dessen Erreichung angestrebt wird. Eine Bewertung des Ziels wird nicht vorgenommen.“[265] Allerdings scheint für die Juristen eine Bewertung der Ziele auch nicht erforderlich zu sein, sondern sie ergeben sich bspw. aus der Verfassung. So führt *Häberle*[266] aus, dass z. B. das öffentliche Haushaltsrecht speziell effizienzbezogen sei, aber natürlich müsse auch von einem effizienten Grundrechtsschutz (i. S. d. Numerus-Clausus Urteil des Bundesverfassungsgerichts) gesprochen werden. Die vielleicht prägnanteste Definition des Effizienzbegriffs – aus juristischer Sichtweise – bietet *Lübbe-Wolff*: „mit dem günstigsten Verhältnis von Kosten und Nutzen“[267].

*Eidenmüller* ist natürlich darin zuzustimmen, dass der ökonomische Effizienzbegriff der *Pareto*-Effizienz über diesen Effizienzbegriff der „Wirtschaftlichkeit“ hinausgeht. „Der Wohlfahrtsökonomik geht es nicht nur um die Optimierung einer Zweck/Mittel-Relation bei einem beliebig vorgegebenen Ziel (Wirtschaftlichkeit). In der Wohlfahrtsökonomik geht es vielmehr darum, daß Effizienz selbst *das Ziel* sein soll, an dem alle anderen Ziele gemessen werden.“[268]

Für diese Arbeit ist jedoch nur das Haftungsrecht von Interesse, das im Wesentlichen mit den für die Umweltökonomik geltenden Grundsätzen übereinstimmt. Der tiefere Grund für das Zusammengehören dieser beiden Bereiche liegt darin, dass in beiden Fällen feststeht, welche Umwelt-Ressourcen existieren. Die Umweltökonomik beschäftigt sich mit der Frage nach der bestmöglichen Verwendung der knappen Umwelt-Ressourcen. Auch dem Haftungsrecht liegen bestehende Ressourcen zugrunde, die des Schädigers und die des Geschädigten.

---

[263] Eidenmüller 1998, S. 55.
[264] Häberle 1973, S. 634 *(Hervorhebungen von Häberle)*; die Ausführungen von Häberle basieren auf einer Besprechung von *Leisner* [Leisner 1971], der die „Effizienz als Rechtsprinzip“ für das öffentliche Recht untersuchte.
[265] Eidenmüller 1998, S. 56.
[266] Häberle 1973, S. 630.
[267] Lübbe-Wolff 2001, S. 481
[268] Eidenmüller 1998, S. 56 *(Hervorhebung von Eidenmüller).*

Es geht nun in beiden Bereichen darum, die Akteure so zu steuern, dass sie die ihnen zur Verfügung stehenden Ressourcen bestmöglich – also effizient – verwenden. So basiert die Umweltökonomik auf dem Entscheidungskriterium, dass von mehreren ökologisch gleich wirksamen Maßnahmen diejenige ausgewählt wird, die mit den geringsten volkswirtschaftlichen Kosten verbunden ist[269]. Dieses Ziel der Wirtschaftlichkeit verfolgt auch das Haftungsrecht. Da bei den dem Haftungsrecht zugrunde liegenden Lebenssachverhalten der (perfekte) Markt versagt, eine Verhandlungslösung daher nicht zu einem *Pareto*-effizienten Ergebnis kommen kann, muss das Recht dieses Marktversagen ausgleichen. Hierbei ist die optimale Allokation der Ressourcen von Schädiger und Geschädigtem die Ausgangslage. Eine effiziente Allokation liegt vor, wenn die Kosten für beide - also die sozialen (volkswirtschaftlichen) Kosten - minimiert werden. Die ökonomische Theorie des Rechts hat nun analysiert, bei welchen Haftungsregeln dies der Fall ist. Kommt diese Untersuchung nun zu einer optimalen Haftungsregel, die ein sozial effizientes Verhalten der öffentlich-rechtlichen Störer hervorruft, so ist es „effektiv", „wirtschaftlich" oder „effizient" diese Haftungsregel einzusetzen. Dies deckt sich völlig mit dem von der Juristerei vertretenen Begriff der Effizienz. Das Ziel der Effizienz ist bei der Störerhaftung definiert, es lautet: Effektivität der Gefahrenabwehr. Kann durch eine bestimmte Inanspruchnahme der Störer eine effiziente Gefahrenabwehr verwirklicht werden, so entspricht es durchaus einer effizienten Verfassungsverwirklichung, die Störer diesen Grundsätzen entsprechend heranzuziehen.

*M. E.* kann daher die Verwaltungsbehörde im Rahmen ihrer Zweckmäßigkeitsüberlegungen die Erkenntnisse der ökonomischen Analyse zur Störerhaftung umsetzen; vielleicht darf sogar behauptet werden, dass sie dies muss, da die Behörde ihr Ermessen entsprechend dem gesetzlichen Zweck auszuüben hat. Hier liegt der gesetzliche Zweck in der Effektivität der Gefahrenabwehr. Kann diese Effizienz der Gefahrenabwehr durch eine bestimmte Störerhaftung verwirklicht werden, so sollten diese Kriterien der ökonomischen Analyse maßgeblich sein.

Fraglich ist nun, ob diese Argumentation im Ergebnis zu einer Auflösung der Ermessensentscheidung führt. Ist es – aus ökonomischer Perspektive – effizient, also effektiv oder wirtschaftlich, bspw. den Störer A statt die Störer B oder C heranzuziehen, so soll auch der Störer A für die Beseitigung der Gefahr bzw. Störung für die öffentliche Sicherheit oder Ordnung einstehen müssen. Das rechtsökonomisch maßgebende Kriterium zür Bestimmung des haftenden Störers ist das Effizienzkriterium. Anhand des Kriteriums der Effizienz soll bestimmt werden, durch welche Haftungsregel ein sozial optimales Verhalten der Schädiger ausgelöst

---

[269] Endres 1985, S. 51.

wird. Bislang stellt die Effektivität der Gefahrenabwehr das entscheidende Kriterium zur Ausübung des Ermessens dar. Wie ausgeführt wurde, ist aber zumindest hinsichtlich des Haftungsrechts der juristische Begriff der Effektivität mit dem der ökonomischen Effizienz deckungsgleich (optimales Kosten-Nutzen-Verhältnis). Im Öffentlichen Recht gilt die Maßgabe, dass sich das Ermessen zur Auswahl des zu bescheidenden Störers nach dem Zweck (§ 40 VwVfG) der gesetzlichen Ermächtigung, hier also nach der Effektivität der Gefahrenabwehr, zu bestimmen hat. Wird dieser Ermessenszweck anhand von ökonomischen Kriterien bestimmt, so bietet die ökonomische Analyse dem Recht eine Konkretisierung der existierenden sowohl weiten wie vagen Kriterien zur Ermessensausübung an. Das zur Ermessensausübung beim Gefahrenabwehrrecht entscheidende Kriterium der Effektivität oder Effizienz wird durch die ökonomische Theorie des Haftungsrechts lediglich konkreter bestimmt. Daraus ergeben sich keine strikteren Einschränkungen der Ermessensentscheidung, als dies aus allein juristischer Sichtweise der Fall ist.

Außerdem ist zu beachten, dass bei einer befürworteten Heranziehung sämtlicher Störer sowie der Rechtslage nach dem BBodSchG die Ermessensentscheidung über die Störerauswahl ohnehin obsolet wird (2.2.1.1.4.2.2), bzw. nur noch für das Ausfallrisiko eine Rolle spielt (3.5).

Dieser Abschnitt hat schon auf entscheidende Begriffe der ökonomischen Analyse des Rechts und ihrer Grundlagen abgehoben, die im 6. Kapitel ausführlich erläutert werden. Das 7. Kapitel wird die maßgebenden Kriterien für eine effiziente Störerhaftung entwickeln.

# 3 Bundes-Bodenschutzgesetz

Das Bundes-Bodenschutzgesetz (BBodSchG)[270] vom 17. 3. 1998, das am 1. 3. 1999 in Kraft getreten ist[271], regelt nun grundsätzlich alle schädlichen Bodenveränderungen und Altlasten[272]. Das Bodenschutzrecht wurde kodifiziert, um seine bisherige Zersplitterung zu über-

---

[270] Gesetz zum Schutz vor schädlichen Bodenveränderungen und zur Sanierung von Altlasten, BGBl. I S. 502.

[271] Die Ermächtigungen zum Erlass von Rechtsverordnungen sowie § 20 BBodSchG traten bereits im März 1998 in Kraft.

[272] Würtenberger/Heckmann/Riggert 1999, S. 331 (Rn. 594).

winden und das Schutzgut Boden aufzuwerten[273]. Das BBodSchG ist für die öffentlich-rechtliche Störerhaftung in vielfacher Hinsicht spannend. In § 4 Abs. 3 BBodSchG ist die Verantwortlichkeit für die Sanierung von schädlichen Bodenveränderungen oder Altlasten geregelt. Diese Sanierungsverantwortlichkeit basiert auf der hier untersuchten „klassischen" polizeirechtlichen Störerhaftung (3.1 und 3.2). Daneben schaffte das BBodSchG erstmalig eine bundesgesetzliche Regelung (§ 24 BBodSchG), die einen internen Regress der Verpflichteten untereinander ermöglicht (3.5). Diese für die Arbeit interessanten Regelungen des BBodSchG werden kurz erläutert, um die ökonomische Analyse der öffentlich-rechtlichen Störerhaftung nach dem MEPolG auch für das BBodSchG fruchtbar zu machen.

## 3.1 Sanierungsverpflichtung aus Handlungshaftung

§ 4 Abs. 3 S. 1 BBodSchG normiert eine Haftung des Verursachers einer schädlichen Bodenveränderung oder Altlast für die Sanierung. Dieser Sanierungspflicht des Verursachers liegt die Haftung des polizeirechtlichen Handlungsstörers (§ 4 MEPolG) zugrunde. Dementsprechend wird sich die Auslegung des Begriffs des Verursachers nach dem BBodSchG danach richten, was Rechtsprechung und Rechtswissenschaft zum Begriff des Handlungsstörers entwickelt haben[274]. Dies umfasst sowohl die für die Zurechnung relevanten Kriterien („Theorie der unmittelbaren Verursachung") als auch den Problemkreis der Haftung für Entwicklungsgefahren[275]. Allerdings wurde eine Haftung des Verrichtungsgehilfen durch § 4 BBodSchG nicht geregelt; seine Haftung kann und sollte durch die Bezugnahme auf die Landespolizeigesetze ergänzt werden[276].

Die Sanierungspflicht des Verursachers gem. § 4 Abs. 3 BBodSchG wird durch die sog. Vermeidungspflicht[277] (§ 4 Abs. 1 BBodSchG) ergänzt. Denn § 4 Abs. 3 BBodSchG verpflichtet den Verantwortlichen (nur) zur Sanierung des Bodens, in den Worten des MEPolG bedeutet dies, dass der Verantwortliche eine Störung (verwirklichte Gefahr, 2.1.5) zu beseitigen hat. Durch § 4 Abs. 1 BBodSchG wird die Möglichkeit des behördlichen Einschreitens auf den

[273] Bender/Sparwasser/Engel 2000, S. 307 (Rn. 7/85).
[274] Bender/Sparwasser/Engel 2000, S. 333 (Rn. 7/190).
[275] Bender/Sparwasser/Engel 2000, S. 333 f. (Rn. 7/193 ff.).
[276] Bickel 2002, S. 211 (§ 21 Rn. 1).
[277] Vgl. Queitsch 1999, S. 44 f. (Rn. 86 ff.).

Fall einer Gefahr für das Schutzgut ausgeweitet[278]. In Bezug auf die Vermeidungspflicht wird übrigens explizit darauf hingewiesen, dass es sich hierbei um „die Vorstufe zu eine Gefährdungshaftung“ [279] handelt.

Als Ergebnis ist daher festzuhalten, dass die Sanierungsverpflichtung des Verursachers gem. § 4 Abs. 3 S. 1 BBodSchG, ergänzt durch die Vermeidungspflicht (§ 4 Abs. 1 BBodSchG), einer Handlungshaftung entspricht, so dass die Ergebnisse zur ökonomischen Analyse der Handlungshaftung auch auf die korrespondierenden Regeln des BBodSchG übertragen werden können.

## 3.2 Sanierungsverpflichtung aus Zustandshaftung

Der polizeirechtliche Zustandsstörer (§ 5 MEPolG) bildete die Vorlage für die Sanierungsverantwortlichkeit des Grundstückseigentümers bzw. des Inhabers der tatsächlichen Gewalt über ein Grundstück, § 4 Abs. 3 S. 1 BBodSchG. Diese Sanierungsverpflichtung (§ 4 Abs. 3 S. 1 BBodSchG) wird ergänzt durch die Gefahrenabwehrpflicht gem. § 4 Abs. 2 BBodSchG, die den Grundstückseigentümer bzw. den Inhaber der tatsächlichen Gewalt über ein Grundstück verpflichtet, Maßnahmen zur Abwehr der von ihrem Grundstück ausgehenden drohenden Gefahren zu ergreifen. Besteht bspw. die Gefahr, dass umweltgefährdende Stoffe aufgrund von Korrosionserscheinungen an Anlagenteilen oder Rohrleitungen in den Boden gelangen, so müssen der rechtliche bzw. tatsächliche Sachherrschaftsinhaber des Grundstücks geeignete Maßnahmen zur Gefahrenabwehr ergreifen[280]. Folglich ergänzt § 4 Abs. 2 BBodSchG den § 4 Abs. 3 S. 1 BBodSchG um das Element der Gefahr, so wie § 4 Abs. 1 BBodSchG die Sanierungsverantwortlichkeit für den Handlungsstörer ergänzt[281].

Die Haftung des Grundstückseigentümers bzw. Inhabers der tatsächlichen Gewalt über ein Grundstück, des Zustandsstörers, ist – auch nach dem BBodSchG – prinzipiell unbegrenzt. Doch ist die Haftung des Zustandsstörers nun – seit der Entscheidung des *BVerfG*[282] über die Verfassungsmäßigkeit dieser Haftung nach dem Polizei- und Ordnungs- bzw. Si-

---

278 Bickel 2002, S. 68 f. (§ 4 Rn. 4); allerdings will *Bickel* die Haftung auf aktives Tun beschränken, *m. E.* ist jedoch kein Grund ersichtlich, warum das in Abs. 1 geforderte Verhalten hierauf zu beschränken ist; vgl. auch Sanden/Schoeneck 1998, S. 126 (§ 4 Rn. 9).

279 Bickel 2002, S. 68 (§ 4 Rn. 4).

280 Queitsch 1999, S. 46 (Rn. 89).

281 Queitsch 1999, S. 46 (Rn. 90).

282 Beschluss v. 16. 2. 2000, BVerfGE 102, 1 = NJW 2000, 2571 = DVBl. 2000, 1275 = BB 2000, 1369.

cherheitsrecht (4. Kapitel) – ebenfalls einschränkend auszulegen[283]. Demgemäß ist die Verantwortlichkeit des Grundstückseigentümers für Altlasten grundsätzlich auf den Verkehrswert des Grundstücks zu beschränken, wobei Gesichtspunkte des Einzelfalls (z. B. Naturereignis, Eigenheim, Kenntnis von der Kontamination) zu berücksichtigen sind. Das Bedürfnis nach einer Haftungslimitierung des Zustandsstörers war schon seit langem, insbesondere unter Hinweis auf die Opferposition des Eigentümers, bekannt und wurde zwar im Gesetzgebungsverfahren diskutiert, aber nicht befriedigt. So führte die Regierungsbegründung zum Entwurf des BBodSchG aus, dass eine Opferposition vorliegen solle, wenn der Grundstückseigentümer, der weder Verursacher der Kontamination sei noch beim Erwerb des Grundstücks von der Bodenbelastung Kenntnis hatte oder hätte haben können, auch dann noch verantwortlich bleibe, wenn die Kosten der Maßnahmen, unter Zugrundelegung einer wirtschaftlichen Betrachtung, die Nutzung des Grundstücks ausschließen[284]. Diese Forderung fand Niederschlag in § 25 Abs. 2 des Regierungsentwurfs zum BBodSchG[285]. Hiernach sollte die Opfergrenze des Eigentümers erreicht sein, wenn die zur Durchführung erforderlichen Kosten den Verkehrswert des Grundstücks unter Berücksichtigung der durchgeführten Maßnahmen übersteigen. Jedoch wurde diese Vorschrift aufgrund von Bedenken der Länder gestrichen, die wohl eine zu hohe eigene Belastung fürchteten, wenn mögliche Sanierungsopfer so weitgehend verschont würden. Der Bundesrat verlangte daher eine stärkere Differenzierung nach der wirtschaftlichen Leistungsfähigkeit des Eigentümers, um einerseits den „Häusle-Bauer" zu verschonen, andererseits aber nicht auch das „größere Unternehmen mit mehreren Firmenstandorten" zum Nachteil der Landeskassen[286]. Er schlug deshalb vor, den Behörden sachgerechte Einzelfallentscheidungen innerhalb eines richtungsweisenden Entscheidungsrahmens zu überlassen[287]. Eine derartige gesetzliche Umsetzung hätte jedoch die Einfügung einer Vielzahl von unbestimmten Rechtsbegriffen (wirtschaftliche Leistungsfähigkeit, besondere Härte, wesentlicher Teil des Vermögens) erforderlich gemacht. Da diese den gesetzlichen Vollzug belasten,

---

[283] So auch Knoche 2000, S. 450; Müggenborg 2001; Klüppel 2001.

[284] Begründung zum Regierungsentwurf (Gesetz zum Schutz des Bodens), BT-Drucksache 13/6701 (v. 14. 1. 1997), S. 46.

[285] Regierungsentwurf (Gesetz zum Schutz des Bodens), BT-Drucksache 13/6701 (v. 14. 1. 1997), S. 14.

[286] Stellungnahme des Bundesrats (Gesetz zum Schutz des Bodens, BT-Drucksache 13/6701 (v. 14. 1. 1997), S. 58.

[287] Stellungnahme des Bundesrats (Gesetz zum Schutz des Bodens), BT-Drucksache 13/6701 (v. 14. 1. 1997), S. 59.

lehnte die Bundesregierung diesen Bundesratsvorschlag ab[288]. Auf Betreiben des Vermittlungsausschusses wurden schließlich beide Vorschläge gestrichen[289].

Dieser kurze Überblick über den Gesetzgebungsprozess zeigt, dass die wohlbekannten Argumente zur Haftung des Zustandsstörers auch die dieser Haftung gleichstehende Verantwortlichkeit des Eigentümers bzw. Sachherrschaftsinhabers eines sanierungsbedürftigen Grundstücks gem. § 4 Abs. 3 S. 1, Abs. 2 BBodSchG prägten. Trotzdem wurde die „reine" Zustandshaftung des MEPolG übernommen, so dass auch auf die Sanierungsverpflichtung des tatsächlichen oder rechtlichen Sachherrschaftsinhabers nach dem BBodSchG die Ausführungen zur ökonomischen Analyse der Zustandshaftung uneingeschränkt übertragen werden können.

### 3.3 Neue Sanierungsverpflichtete

Der Kreis der bislang bekannten Handlungs- und Zustandsstörer wurde darüber hinaus durch § 4 Abs. 3 BBodSchG um weitere Sanierungsverpflichtete erweitert, bzw. es wurde die umstrittene Haftung mancher Personen klargestellt[290]. So ist die vormals fragliche Haftung des Gesamtrechtsnachfolgers des Verursachers (z. B. der Erbe gem. § 1922 BGB oder das Nachfolgeunternehmen, wenn nach den §§ 2 ff. Umwandlungsgesetz eine Unternehmensverschmelzung stattgefunden hat, die nach § 20 Abs. 1 Nr. 1 Umwandlungsgesetz zur Gesamtrechtsnachfolge führt[291]) nun gesetzlich entschieden (§ 4 Abs. 3 S. 1 BBodSchG)[292].

Aus § 4 Abs. 3 S. 4 Alt. 1 BBodSchG ist ferner die natürliche Person verpflichtet, die aus handelsrechtlichem oder gesellschaftsrechtlichem Rechtsgrund für eine juristische Person einzustehen hat, der ein kontaminiertes Grundstück gehört. Diese Vorschrift soll eine Durchgriffshaftung auf die Gesellschafter bzw. die Muttergesellschaft vor allem wegen Unterkapita-

[288] Gegenäußerung der Bundesregierung (Gesetz zum Schutz des Bodens), BT-Drucksache 13/6701 (v. 14. 1. 1997), S. 67.

[289] Beschlussempfehlung des Vermittlungsausschusses (Gesetz zum Schutz des Bodens), BT-Drucksache 13/9637 (v. 14. 1. 998), S. 5.

[290] Vgl. Spieth/Wolfers 1999.

[291] Einzelheiten bei *Becker* [Becker 1999, S. 136].

[292] Zum Meinungsstand den polizeirechtlichen Handlungsstörer betreffend, vgl. Würtenberger/Heckmann/Riggert 1999, S. 155 ff. (Rn. 310 ff.).

lisierung und bei sog. qualifizierter Konzernabhängigkeit stärker in das Bewusstsein der Behörden rücken[293].

Eine Haftungsentziehung durch Dereliktion ist nun zweifelsohne durch § 4 Abs. 3 S. 4 Alt. 2 BBodSchG vereitelt[294].

Eine neue Problematik ergibt sich aus § 4 Abs. 6 BBodSchG. Nach dieser Regelung bleibt auch ein früherer Eigentümer zur Sanierung verpflichtet, wenn er sein Grundstück nach dem 1. 3. 1999 übertragen hat und er die schädliche Bodenveränderung hierbei kannte oder kennen musste, es sei denn, er hatte beim Erwerb des Grundstücks in schutzwürdiger Weise darauf vertraut, dass dieses nicht kontaminiert sei[295]. Da diese Vorschrift keine Verjährung vorsieht, wirft sie aufgrund ihrer „Ewigkeitshaftung" verfassungsrechtliche Bedenken auf[296]. Nach allgemeinem Polizeirecht endet die Zustandsverantwortlichkeit mit dem Eigentumsübergang.

## 3.4 Haftungsrestriktion aufgrund Legalisierungswirkung

Die Legalisierungswirkung einer Genehmigung kann – gemäß dem Urteil des *BVerwG*[297] – der öffentlich-rechtlichen Störerhaftung entgegenstehen (2.1.4). Während sich der MEPolG nicht zu der Problematik der Legalisierungswirkung einer Genehmigung äußerte, stand der Gedanke der Legalisierungswirkung Pate für § 4 Abs. 5 S. 2 BBodSchG[298]. § 4 Abs. 5 S. 2 BBodSchG entbindet „denjenigen" von der Störer-Pflicht, der „zum Zeitpunkt der Verursachung auf Grund der Erfüllung der für ihn geltenden gesetzlichen Anforderungen darauf vertraut hat, daß solche Beeinträchtigungen nicht entstehen werden, und sein Vertrauen unter Berücksichtigung der Umstände des Einzelfalles schutzwürdig ist". Hierdurch wurde festgeschrieben, dass eine derartige Begrenzung der Sanierungspflicht *jedem* Verantwortlichen zugute kommen kann. So auch *Bickel*[299], der ausführt, dass die Begrenzung der Sanierungspflicht in § 4 Abs. 5 S. 2 BBodSchG keinen Adressaten habe: „Das Wort „denjenigen" be-

---

293 *Vierhaus* weist darauf hin, dass ein Haftungsdurchgriff gegen einen GmbH-Gesellschafter wegen eines öffentlich-rechtlichen Zahlungsanspruchs bereits im Jahre 1984 von dem Bundessozialgericht bejaht wurde, weil die Gesellschaft erheblich unterkapitalisiert war [Vierhaus 1998, S. 1265].

294 Bender/Sparwasser/Engel weisen darauf hin, dass diese Neuregelung Bedenken hinsichtlich des Rückwirkungsverbots aufwirft [Bender/Sparwasser/Engel 2000, S. 342 (Rn. 7/222)]

295 Vgl. hierzu: Schlemminger/Friedrich 2002.

296 Würtenberger/Heckmann/Riggert 1999, S. 337 (Rn. 610); Bender/Sparwasser/Engel 2000, S. 343 f (7/226).

297 BVerwG, Urteil v. 2. 12. 1977, BVerwGE 55, 118 = NJW 1978, 1818 = DVBl. 1978, 710.

298 Bender/Sparwasser/Engel 2000, S. 335 (Rn. 7/199).

299 Bickel 2002, S. 112 (§ 4 Rn. 58).

zieht sich auf niemanden, da im vorangegangen Satz, auf den sich Satz 2 bezieht, keine Person genannt ist.“ Der besagte § 4 Abs. 5 S. 1 BBodSchG beinhaltet nämlich eine Ausnahme vom Grundsatz der Gleichrangigkeit von Dekontaminations- und Sicherungsmaßnahmen, die dem Sanierungsverpflichteten obliegt, zugunsten einer vorrangigen Pflicht zur Dekontamination, wobei die schädlichen Bodenveränderungen oder Altlasten nach dem 1. 3. 1999 eingetreten sein müssen und die Dekontamination unter Berücksichtigung der Vorbelastung des Bodens verhältnismäßig ist[300]. Ein *Bickel* widersprechendes Verständnis der Auslegung des „denjenigen“ in § 4 Abs. 5 S. 2 BBodSchG würde daher keinen Sinn ergeben. Sonst würde sich der Verzicht auf die Sanierungsverpflichtung nur auf den sehr eingeschränkten Personenkreis beziehen, dem vorrangig eine Dekontaminierungspflicht obliegt.

Folglich ist festzuhalten, dass nach dem BBodSchG die Legalisierungswirkung von Genehmigungen die öffentlich-rechtliche Verantwortlichkeit ausschließt, soweit der Sanierungsverpflichtete (Störer) zum Zeitpunkt der Verursachung der schädlichen Bodenveränderungen aufgrund der Erfüllung der für ihn geltenden gesetzlichen Anforderungen darauf vertraut hat, dass solche Beeinträchtigungen nicht entstehen werden und sein Vertrauen unter Berücksichtigung der Umstände des Einzelfalls schutzwürdig ist[301].

### 3.5 Ausgleichsanspruch, § 24 Abs. 2 BBodSchG

Für diese Abhandlung ist insbesondere die Regelung des § 24 Abs. 2 BBodSchG von Bedeutung. Diese Norm sieht auf bundesgesetzlicher Ebene erstmalig einen Ausgleichsanspruch der Verpflichteten untereinander vor, der von ihrer Heranziehung durch die Behörde unabhängig ist. Hierdurch wurde vom Gesetzgeber für die vom BBodSchG erfassten Fälle die Schwierigkeit gelöst, dass ein Verantwortlicher von der Behörde herangezogen wird, aber wegen fehlender Ausgleichsansprüche keinen Regress gegen weitere Personen geltend machen kann, die zwar materiell-rechtlich die Voraussetzungen der Störerhaftung erfüllen, aber von der Verwaltung nicht in Anspruch genommen wurden (2.2.3).

Die Verpflichtung zum Ausgleich hängt gem. § 24 Abs. 2 S. 2 Hs. 1 BBodSchG davon ab – soweit nichts anderes vereinbart wird -, inwieweit die Gefahr oder der Schaden von dem einen oder dem anderen Teil verursacht worden ist. § 24 Abs. 2 S. 2 Hs. 2 BBodSchG

---

300 Sanden/Schoeneck 1998, S. 133 (§ 4 Rn. 28).
301 So auch Bickel 2002, S. 82 (§ 4 Rn. 21).

verweist sodann auf die entsprechende Anwendung des § 426 Abs. 1 S. 2 BGB, d. h. wenn von einem Verpflichteten der auf ihn entfallende Betrag nicht erlangt werden kann, so ist der Ausfall von den übrigen zur Ausgleichung verpflichteten Verantwortlichen (Störern) zu tragen. Ob es sich bei diesem Regressanspruch um einen bürgerlich-rechtlichen oder öffentlich-rechtlichen Anspruch handelt[302], kann letztlich dahinstehen, da für Streitigkeiten über den Ausgleich jedenfalls der Rechtsweg vor den ordentlichen Gerichten eröffnet ist (§ 24 Abs. 2 S. 6 BBodSchG). Demgemäß kann eine von der zuständigen Behörde gem. §§ 4, 10 BBodSchG beschiedene Person, gegen weitere nicht in Anspruch genommene Verpflichtete (§ 4 BBodSchG), vor den Zivilgerichten auf Ausgleich klagen. Wie die dargestellte bisherige polizeirechtliche Rechtslage zeigt, besteht aus Gerechtigkeitsempfindungen ein großes Bedürfnis für einen derartigen Ausgleich (vgl. die Zusammenfassungen 2.2.1.2 und 2.2.3).

*M. E.* werden die hiermit verbundenen rechtsdogmatischen Schwierigkeiten bislang jedoch übersehen[303]. Dies soll an einem Beispielsfall[304] illustriert werden. Auf einem Grundstück wurde erst eine Tankstelle, später eine chemische Reinigung betrieben. Die hierdurch verursachten Mineralöl- und CKW- Verunreinigungen können nicht getrennt saniert werden. Das Grundstück steht im Eigentum des E, das dieser an den Tankstelleninhaber T und den Betreiber der chemischen Reinigung C verpachtete. E wird nun von der zuständigen Behörde zur Sanierung verpflichtet. E kann nun im Regress sowohl T als auch C in Anspruch nehmen. Hierbei ist Folgendes zu beachten. Die Behörde muss zumindest berücksichtigt haben, dass neben E auch weitere Personen verantwortlich waren. Sie muss ihr Ermessen ausüben, da es sich bei der Ermächtigungsgrundlage zum Erlass dieses den E belastenden Bescheids um eine sog. „Kann"- Vorschrift handelt (§ 10 Abs. 1 S. 1 BBodSchG), anderenfalls wäre der Verwaltungsakt wegen Ermessensnichtgebrauchs gem. § 40 VwVfG rechtswidrig. Wird nun davon ausgegangen, dass der den E belastende Bescheid rechtmäßig ist, weil es „effizient" war, ihn heranzuziehen, so wäre er nach „altem" Recht auf den Sanierungskosten sitzen geblieben – jetzt kann er vor dem Zivilgericht seine früheren Pächter T und C auf Ausgleich in Anspruch nehmen. Es obliegt nun dem Zivilgericht zu prüfen, ob die beklagte Person die tatbestandlichen Voraussetzungen des § 4 BBodSchG erfüllt; nach den Regeln des Zivilprozesses obliegt dem Kläger (E) hierüber die Darlegungs- und Beweislast. Darüber hinaus entfällt gegenüber

---

302 Vgl. zum Streitstand: Schlette 2000, S. 50 in Fn. 41 mit 14 (!) Nachweisen zur unterschiedlichen Beurteilung in der juristischen Literatur (womit vor allem aufgezeigt wird, dass die Literaturfülle zur praktischen Relevanz der Frage ein nicht gerade proportionales Maß aufzeigt).

303 Obwohl der störerinterne Ausgleichsanspruch die Literatur ersichtlich bewegt, wie mittlerweile rund 50 hierzu erschiene Aufsätze demonstrieren.

304 Angelehnt an Bickel 2002, S. 227 (§ 24 Rn. 9).

den Beklagten (T und C) eine Ermessensentscheidung, denn nach dem insoweit eindeutigen Wortlaut des § 24 Abs. 2 BBodSchG ist der Ausgleich nicht von einer vorherigen behördlichen Inanspruchnahme *der Beklagten* abhängig[305]. Sie können zur Verantwortung gezogen werden, ohne dass eine Zweckmäßigkeitsüberprüfung stattgefunden hat; wäre es aus Rechtmäßigkeitsgesichtspunkten, z. B. dem Grundsatz der Verhältnismäßigkeit, nicht möglich, einen eigentlich Verpflichteten heranzuziehen, so dürfte das Zivilgericht dem Ausgleichsbegehren des Klägers jedoch nicht entsprechen. Diese Konsequenz mag erwünscht sein. Es soll aber darauf hingewiesen werden, dass sich die Haftung des Störers durch den Ausgleichsanspruch des § 24 Abs. 2 BBodSchG jedenfalls gegenüber den nicht beschiedenen Sanierungsverpflichteten in eine gebundene Entscheidung verwandelt. So führt auch *Bickel*[306] aus, dass die Regelung des § 24 Abs. 2 BBodSchG kraft Gesetzes zu einem Gesamtschuldverhältnis der Sanierungsverpflichteten, aber nicht notwendig auch der durch Verwaltungsakt Belasteten, führt. Dieses Gesamtschuldverhältnis hat zur Konsequenz, dass es kein Auswahlermessen gibt. „Denn das Auswahlermessen stellte ja einen Kompromiß zwischen den Interessen der Behörde auf zügige Schadensbeseitigung oder Gefahrenabwehr und dem rechtsstaatlichen Gebot der materiellen Gerechtigkeit dar, daß möglichst der letztlich Verpflichtete auch herangezogen wird, weil der tatsächlich Herangezogene bisher ja keinen Ausgleichsanspruch nach § 426 BGB hatte. Jetzt kann der materiellen Gerechtigkeit außerhalb des Heranziehungsverfahrens ausreichend genüge getan werden. [...] Vorher konnte nur ein Gesamtschuldverhältnis kraft Verwaltungsaktes erzeugt werden, indem mehrere Verpflichtete als Gesamtschuldner im Tenor des Heranziehungsbescheides aufgeführt wurden und jeder den Bescheid zugestellt bekam.“[307]

Zusammenfassend ist demnach festzuhalten, dass der Ausgleichsanspruch des § 24 Abs. 2 BBodSchG eine – wenn auch erst auf Betreiben des beschiedenen Störers zivilrechtlich verfolgte - Inanspruchnahme sämtlicher Personen ermöglicht, die zur Sanierung verpflichtet sind (§ 4 BBodSchG). Diese Regelung ist insbesondere unter Gerechtigkeitsgesichtspunkten erfreulich, jedoch verbleiben auch Fragen. So beschränkt sich das Auswahlermessen der Behörde, d. h. die Entscheidung der Behörde, welchen Sanierungsverantwortlichen sie heranzieht, auf eine „effektive“ Feststellung eines zweifelsfreien und solventen Störers. Gegenüber allen weiteren sanierungspflichtigen Personen ergeht keine Ermessensent-

---

[305] Vgl. zu dem Problemkreis, ob auch der Anspruchsgläubiger des § 24 Abs. 2 BBodSchG behördlicherseits in Anspruch genommen werden müsste, *Knoche* (bejahend) [Knoche, 1999], erwidernd *Schönfeld* (verneinend) [Schönfeld 2000]; Frenz 2000a, S. 648.

[306] Bickel 2002, S. 225 (§ 24 Rn. 8).

[307] Bickel 2002, S. 226 (§ 24 Rn. 8).

scheidung, sondern – vorausgesetzt der beschiedene Störer nimmt sie auf Regress in Anspruch – eine gebundene Feststellung ihrer Verantwortlichkeit durch das Zivilgericht. Dem von der Behörde Verpflichteten obliegt dann die Last, diese zu ermitteln, da ihm zur Geltendmachung seines Regressanspruchs die Darlegungs- und Beweislast trifft. Außerdem trägt er natürlich das Insolvenzrisiko der weiteren nicht beschiedenen Sanierungspflichtigen. Diese Regelung ist - aus der Perspektive einer ökonomischen Anreizwirkung - begrüßenswert; diesen Nachweis führt das 8. Kapitel.

### 3.5.1 Verursachungsanteil

Der Ausgleichsanspruch des § 24 Abs. 2 BBodSchG regelt nicht nur den internen Störerausgleich, sondern er benennt auch das entscheidende Kriterium, nach dem sich dieser Innenausgleich bemessen soll. Der Ausgleichsanspruch der Sanierungsverpflichteten soll demnach davon abhängen, „inwieweit die Gefahr oder der Schaden vorwiegend von dem einen oder dem anderen Teil verursacht worden ist" (§ 24 Abs. 2 S. 2 Hs. 1 BBodSchG).

In diesem Zusammenhang ist zunächst daran zu erinnern, dass ein Verantwortlicher nur dann für die Kontamination haftbar gemacht werden kann, wenn er den Schaden *verursacht* hat. In dem geschilderten Beispielsfall sind T und C für die Sanierungskosten (voll) verantwortlich, da die von ihnen verursachten Schäden (Mineralöl- und CKW-Verunreinigungen) nicht getrennt saniert werden können. Sind die Mineralölverunreinigungen dagegen bereits beseitigt, so kann T für die von C verursachten CKW-Schäden selbstverständlich nicht mehr herangezogen werden, denn T hat diese auf der CKW-Verunreinigung beruhenden Schäden überhaupt nicht verursacht, er ist hinsichtlich der CKW-Verunreinigung kein Störer. „Es wäre aber mit rechtsstaatlichen Grundsätzen nicht vereinbar, einem Schädiger aufzugeben, den von einem Dritten verursachten Schaden zu beseitigen."[308]. Hingegen ist der Grundstückseigentümer E in beiden Fällen für die Schäden (voll) verantwortlich. Zwar hat er nicht „direkt" durch sein Verhalten den Schaden verursacht, daher ist er auch nicht Handlungsstörer (§ 4 MEPolG, § 4 Abs. 3 S. 1 BBodSchG), aber sein Grundstück stellt aufgrund der Kontamination eine Gefahr bzw. Störung für die öffentliche Sicherheit oder Ordnung, eine schädliche Bodenveränderung oder Altlast, dar. Von dem Grundstück des E geht diese Schädigung aus, und E hat als Eigentümer der schädigenden Sache hierfür einzustehen (§ 5 MEPolG, § 4 Abs. 3 S. 1 BBodSchG). Sowohl der Handlungs- als auch der Zustandsstörer

[308] Bickel 2002, S. 227 (§ 24 Rn. 9).

haben die schädliche Bodenverunreinigung oder Altlast verursacht, deshalb werden sie für diese haftbar gemacht (2.1.3).

Im Rahmen der Auseinandersetzung mit dem Begriff des maßgebenden Anteils an der Verursachung (§ 24 Abs. 2, S. 2 Hs. 1 BBodSchG) zur Bestimmung der Höhe des Haftungsanteils der Störer im Innenverhältnis, ist daher zu berücksichtigen, dass sowohl Handlungs- als auch Zustandsstörer die Schädigung verursachen, sonst wären sie keine Störer. Darüber hinaus muss jeder Störer auch für die volle Schädigung verantwortlich sein, sonst ist er auch nur für den auf ihn entfallenden Anteil zu bescheiden, so darf T im obigen Beispiel einer (möglichen) getrennten Sanierung nur für die Mineralölverunreinigung in Anspruch genommen werden; hingegen ist E in jedem Fall für den Schaden verantwortlich. Ist eine getrennte Sanierung nicht möglich, so haften T, C und E im Außenverhältnis gegenüber der Behörde für die Schädigung des Bodens, da jedem dieser Schaden voll zugerechnet wird. Nun sucht sich die Behörde einen dieser Störer heraus, der die gesamte Sanierungsverantwortung zu tragen hat (bspw. C). (Die Behörde hätte natürlich auch T oder E auswählen und auf den vollen Betrag in Anspruch nehmen können.) Dies ist auch gerechtfertigt, da sein Verhalten bzw. seine Sache die gesamte Schädigung verursacht hat. § 24 Abs. 2 S. 2 Hs. 1 BBodSchG soll nun die Frage beantworten, wie hoch die nicht beschiedenen Störer (T und E) im Innenverhältnis haften, wenn sie (von C) in Anspruch genommen werden. Die Haftung im Innenverhältnis bestimmt sich nach ihrem „Verursachungs-Anteil". Dieser Begriff des „Verursachungs-Anteils" ist vor einer Verwechselung mit dem Tatbestandsmerkmal der Verursachung nicht geschützt. So behauptet ein Großteil der juristischen Literatur[309], der Wortlaut des § 24 Abs. 2 S. 2 Hs. 1 BBodSchG („verursacht worden ist") solle zum Ausdruck bringen, dass der Grundstückseigentümer den Verursacher in Anspruch nehmen, umgekehrt der Verursacher seine Kosten aber nicht auf den Eigentümer abwälzen kann[310]. Diese Ansicht impliziert mithin, dass der Zustandsstörer E die Schädigung nicht verursacht – wie aber nachgewiesen wurde, löst die Sache des E die Bodenschädigung aus und E hat für diese Schädigung einzustehen. *M. E.* verwechselt diese Ansicht das sowohl für die Handlungs- als auch Zustandsverantwortlichkeit erforderliche Tatbestandsmerkmal der Verursachung mit dem Kriterium, welches die Haftung

[309] Vierhaus 1998, S. 1267; Pützenbacher 1999, S. 1140; Niewerth 1999, S. 560; Frenz 2000b, S. 2462; differenzierter *Sandner* [Sandner 2001], der zwar einen Ausgleichsanspruch eines Zustandsstörers gegen weitere Zustandsstörer noch bejaht, aber einen Anspruch des Zustandsstörers gegen den Handlungsstörer ablehnt, a. A. *Schlette* [Schlette 2000, S. 591], der Ausgleichs- und Regressansprüche des Neueigentümers gegen den Alteigentümer ablehnt; vgl. zum Meinungsstand auch *Fluck/Kirsch*, die sich ebenfalls nur für einen Regressanspruch des Handlungsstörers aussprechen, da nur dieser einen „eigenen Verursachungsbeitrag" leistet [Fluck/Kirsch 2000].

[310] So auch die Begründung zum Regierungsentwurf (Gesetz zum Schutz des Bodens), BT-Drucksache 13/6701 (v. 14. 1. 1997), S. 46.

der Störer im Innenverhältnis konkretisieren soll. Es ist daher *Bickel* zuzustimmen, der in seiner Kommentierung zu § 24 Abs. 2, S. 2 Hs. 1 BBodSchG ausführt, dass das Tatbestandsmerkmal „verursachen" in diesem Zusammenhang keinen öffentlich-rechtlichen Inhalt habe, sondern „Quantifizierbarkeit"[311] voraussetze[312]: „Es gibt Verursachungen, die den Gesamtschaden erst ermöglichen, aber konkret nichts Quantifizierbares zum Schaden beitragen, so z. B. die Überlassung eines Grundstücks an einen Gewerbetreibenden, der mit umweltgefährdenden Stoffen umgeht[313]. [...] Zwischen verschiedenen Störern kann es bei der Kostenverteilung eine Rolle spielen, dass der Eigentümer ein Grundstück mit besonders durchlässigem Boden für grundwassergefährdete Anlagen zur Verfügung gestellt hat, was schadenserhöhend wirkte."[314] Daher ist es durchaus möglich, dass in dem Beispielsfall der Handlungsstörer C, nicht nur den weiteren Handlungsstörer T, sondern auch den Grundeigentümer E in Anspruch nehmen kann, wenn dieser bspw. das Grundstück in Kenntnis einer potenziellen Kontamination teuer verpachtet hat. Zugegebenermaßen ist es Ziel der Ausgleichsregelung, dass in der typischen Konstellation der Heranziehung des gegenwärtigen Eigentümers dieser die Möglichkeit hat, vom Handlungsstörer die Erstattung von Sanierungskosten zu verlangen, doch ist dies nicht als ausschließliche Möglichkeit zu verstehen.

Zusammenfassend ist daher festzuhalten, dass der Begriff des Verursachungsanteils i. S. d. § 24 Abs. 2 S. 2, 1. Hs. BBodSchG die Haftungsanteile im Binnenverhältnis der Störer - sowohl für den Handlungs- als auch für den Zustandsstörer - bestimmen will. Es empfiehlt sich daher, von ihrem „Quantifizierungs-Anteil" am Schaden zu sprechen, um Verwechselungen vorzubeugen. Fraglich ist mithin, wie dieser Verursachungs-(Quantifizierungs-) Anteil zu bestimmen ist.

Die Haftung mehrerer Störer ist vergleichbar mit der Schädigung eines Opfers durch z. B. zwei Personen (§ 840 BGB). Beide haften als Gesamtschuldner vollständig für den einen Schaden des Opfers; das Opfer kann jede Person für den Gesamtschaden in Anspruch nehmen, inwieweit der Schaden im Innenverhältnis zwischen den Schädigern zu teilen ist, be-

---

311 Dieses Kriterium wird leider häufig übersehen, wie z. B. von *Sandner* [Sandner 2001, S. 2050].

312 Bickel 2002, S. 228 (§ 24 Rn. 11).

313 Vgl. BVerwG, Urteil v. 18. 10. 1991, BVerwGE 89, 138 = NVwZ 1992, 480 = DVBl. 1992, 308: Ein Grundstückseigentümer vermietete Lagerräume, in denen der Mieter umweltgefährdende Stoffe lagerte. Wegen Leistungsunfähigkeit des Mieters machte die Behörde die ihr durch Ersatzvornahme entstandenen Kosten gegenüber dem Vermieter geltend. „Eine Gefahr ging zwar zunächst nur von den vom Mieter in diese Räumlichkeiten eingebrachten Sachen aus, auf die sich die Sachherrschaft des Klägers [Eigentümers] nicht erstreckte. Darauf kommt es jedoch nicht entscheidend an. Der Kläger hat nämlich selbst die Möglichkeit einer störenden Grundstücksnutzung eröffnet, denn das Handeln des Mieters stand in unmittelbarem Zusammenhang mit der potentiell umweltgefährdenden gewerblichen Tätigkeit, zu deren Ausübung der Kläger ihm das Grundstück überlassen hatte." [144].

314 Bickel 2002, S. 228 (§ 24 Rn. 11).

stimmt sich nach § 426 BGB. Eine für die Gefährdungshaftung vergleichbare Regelung beinhaltet z. B. § 17 Abs. 1 StVG für die Ausgleichspflicht mehrerer Fahrzeughalter gegenüber einem Dritten, der ebenfalls normiert, dass der Umfang des von den Ersatzpflichtigen zu leistenden Schadenersatzes im Innenverhältnis davon abhängt, „inwieweit der Schaden vorwiegend von dem einen oder dem anderen Teil verursacht worden ist". Allein der Wortlaut dieser Norm zeigt schon seine beachtliche Parallele zum Ausgleichsanspruch gem. § 24 Abs. 2 S. 2 Hs. 1 BBodSchG auf[315]. Daher sei vorweg genommen, dass die Störerhaftung – soweit für den Zustandsstörer auf den Begriff des Halters abgestellt wird – der zivilrechtlichen Gefährdungshaftung vergleichbar ist. Daher bietet *m. E.* auch z. B. das Kriterium der Betriebsgefahr, nach dem sich die „Verursachungsanteile" der aus Gefährdungshaftung verantwortlichen Fahrzeughalter im Innenverhältnis bestimmen, einen hervorragenden Ansatzpunkt für eine Auslegung des maßgebenden Verursachungs-(Quantifizierungs-)Anteils gem. § 24 Abs. 2 S. 2 Hs. 1 BBodSchG. Das 5. Kapitel entwickelt sowohl für die Handlungs- als auch die Zustandshaftung die Parallele zur Gefährdungshaftung, insbesondere wird eine Zustandshaftung des Halters eingeführt; das 8. Kapitel widmet sich der Bestimmung eines effizienten Haftungsanteils bei mehreren Schädigern.

### 3.5.2 Reihenfolge der Inanspruchnahme

Das bereits im Beispielsfall angesprochene Auswahlermessen der Behörde, gegen welchen Schädiger sie den Sanierungsbescheid erlässt, erlebt durch das BBodSchG eine Wiederbelebung des altbekannten Arguments, ob dem Gesetz eine Reihenfolge der Inanspruchnahme zu entnehmen ist. So soll nach dem Willen des Gesetzgebers die Reihenfolge in der Aufzählung des § 4 Abs. 3 BBodSchG (Verursacher, dessen Gesamtrechtsnachfolger, Eigentümer, Inhaber der tatsächlichen Gewalt) im Regelfall auch die Reihenfolge der Verpflichtung bestimmen[316]. Allerdings kommt das vom Gesetzgeber Gewollte weder im Wortlaut des § 4 Abs. 3 BBodSchG noch des § 10 Abs. 1 BBodSchG zum Ausdruck, da der Gesetzgeber irgendeine Reihenfolge zwangsläufig wählen musste[317]. Ferner wird in der amtlichen Begründung zugleich auch auf den Vorrang der Effektivität der Störungsbeseitigung, nach den Grundsät-

[315] Vgl. zur Parallele des § 24 Abs. 2 BBodSchG mit § 17 Abs. 1 StVG (wenn auch nicht mit den hier gemachten Folgerungen): Wagner 2000b, S. 423.

[316] Begründung zum Regierungsentwurf (Gesetz zum Schutz des Bodens), BT-Drucksache 13/6701 (v. 14. 1. 1997), S. 35; so auch Bender/Sparwasser/Engel 2000, S. 345.

[317] Vierhaus 1998, 1266 (Fn. 47); zustimmend Würtenberger/Heckmann/Riggert 1999, S. 336; ebenso Schlette 2000, S. 43.

zen der Störerauswahl des allgemeinen Polizei- und Ordnungsrechts, verwiesen[318], die aber gerade auf eine Gleichrangigkeit der Verantwortlichen abstellen, so dass der Wille des Gesetzgebers als nicht eindeutig bezeichnet werden kann[319]. Dem ist *m. E.* – trotz der entgegenstehenden Begründung des Regierungsentwurfs – zuzustimmen. Würde die gesetzliche Reihenfolge nämlich die Rangfolge der Inanspruchnahme bestimmen, hätte dies zur Folge, dass sich diejenigen Verpflichteten, die sich ihrer Sanierungsverantwortung, durch bspw. Unterkapitalisierung der Gesellschaft oder Dereliktion zu entziehen versuchen, aufgrund ihrer Nennung erst in § 4 Abs. 3 S. 4 BBodSchG, an hinterer Stelle stünden. Darüber hinaus ist das Auswahlermessen, wie ausgeführt wurde, aufgrund des Ausgleichsanspruchs ohnehin auf die Inanspruchnahme des „erstbesten" Sanierungsverpflichteten beschränkt. Da diesem gegen die weiteren Sanierungsverpflichteten ein Regressanspruch zusteht, hat das Auswahlermessen - und daher auch eine es bestimmende Reihenfolge - ohnehin gegenüber der Rechtslage ohne das BBodSchG an erheblicher Bedeutung verloren. Vormals war dieses Ermessen von entscheidender Bedeutung, da durch die Entscheidung über die Sanierungspflicht auch die Kostentragung mitentschieden wurde, ohne dass dem Beschiedenen ein Regressanspruch zustand (2.3).

### 3.6 Zusammenfassung

Das BBodSchG bringt im Hinblick auf den öffentlich-rechtlichen Störer nach dem MEPolG nicht viel Neues. Der bekannte Handlungsstörer stand ebenso Pate für das neue Gesetz wie der heftig diskutierte Zustandsstörer. Für die in dieser Untersuchung vorgenommene Analyse bedeutet dies, dass ihre Ergebnisse ohne weiteres auch auf den sanierungspflichtigen Verursacher und Grundstückseigentümer bzw. Sachherrschaftsinhaber des § 4 Abs. 3 BBodSchG übertragen werden können. Dies zeigt darüber hinaus die Bedeutung dieser ökonomischen Analyse auch für neuere Gesetze und Gesetzentwürfe (Umweltgesetzbuch). Spannend ist der Ausgleichsanspruch des § 24 Abs. 2 BBodSchG, der daher im 2. Teil dieser Arbeit aus ökonomischer Perspektive betrachtet wird (8.2).

---

318 Begründung zum Gesetzentwurf (Gesetz zum Schutz des Bodens), BT-Drucksache 13/6701 (v. 14. 1. 1997), S. 35.

319 Schink 1999, S. 801.

# 4 Aktuelle Rechtsprechung des Bundesverfassungsgerichts zur Störerhaftung

Das *Bundesverfassungsgericht (BVerfG)* hat sich kürzlich - in seinem Beschluss vom 16. 2. 2000[320] - mit der Verfassungsmäßigkeit der polizeirechtlichen Zustandshaftung befasst. Durch diese Entscheidung zeigt sich nicht nur, dass auch die juristische Diskussion um die Haftung des Zustandsstörers noch immer nicht verstummt ist[321], sondern sie begrenzt auch die Zustandsstörerhaftung auf bisher ungeahnte Weise. Darum bereitet dieses Kapitel die aktuelle Rechtsprechung des *BVerfG* zur Störerhaftung auf, um ihre Auswirkungen in die ökonomische Betrachtung der öffentlich-rechtlichen Störerhaftung mit einfließen zu lassen.

## 4.1 Ausgangsfälle der *BVerfG*-Entscheidung

Der Entscheidung des *BVerfG* lagen zwei Fälle zugrunde, in denen Zustandsstörer behördlicherseits zu erheblichen Sanierungskosten herangezogen wurden.

In dem einen Fall erwarb die Beschwerdeführerin im Jahre 1982 eine ihrem Grundstück benachbarte Fläche im Wege der Zwangsversteigerung. Auf diesem Grundstück hatte ein Unternehmen bis in das Jahr 1981 Hutstoffe aus Kaninchenfellen hergestellt; dabei waren chlorierte Kohlenwasserstoffe verwendet worden. Ein Jahr nach dem Eigentumserwerb der Beschwerdeführerin wurden schwere Verunreinigungen von Boden und Grundwasser durch chlorierte Kohlenwasserstoffe festgestellt. Mit Bescheiden aus den Jahren 1984 und 1985 gab die zuständige Behörde der Beschwerdeführerin verschiedene Beseitigungsmaßnahmen auf. Für diese Sanierungsarbeiten wandte die Beschwerdeführerin bis 1998 Kosten von 1, 1 Millionen DM auf, denen ein Verkehrswert des Grundstücks zum Zeitpunkt des Schadensfalls von rund 350.000 DM gegenüber standen.

Im weiteren Fall sind die Beschwerdeführer Eigentümer umfänglicher forstwirtschaftlicher Flächen, die als Wasserschutzgebiet dienen. Im Jahre 1970 verpachteten sie eine Teilfläche an einen Verein zur Errichtung und Unterhaltung einer Tontauben-Schießanlage. Der Pachtvertrag wurde später aufgrund behördlicher Einstellung des Schießplatzbetriebs aufge-

[320] BVerfGE 102, 1 = NJW 2000, 2571 = DVBl. 2000, 1275 = BB 2000, 1369.
[321] Vgl. *Sparwasser/Geißler* zu den seit jeher bestehenden Bedenken gegenüber der Haftung des Eigentümers [Sparwasser/Geißler 1995].

löst. Eine Überprüfung des Geländes ergab, dass die oberste Bodenschicht nicht nur durch Bleischrot, sondern auch durch gelöstes Blei stark belastet war. Die zuständige Behörde forderte vom Verein die Sanierung des Geländes, doch wurde über dessen Vermögen der Konkurs eröffnet. Daraufhin nahm die Behörde die Beschwerdeführer in Anspruch. Diese ließen die geforderte Sanierung durchführen, die 1997 abgeschlossen wurde und Gesamtkosten von 5, 9 Millionen DM verursachten.

In beiden Fällen wurde der Eigentümer des kontaminierten Grundstücks von der zuständigen Behörde als Zustandsstörer herangezogen, da Verhaltensstörer nicht mehr existent oder solvent waren. Die Sanierungskosten überstiegen den Verkehrswert des Grundstücks (ohne Kontamination) nicht unerheblich. Dennoch hatten weder das *BVerwG*[322] bzw. der *VGH Baden-Württemberg*[323] noch der *Bayerische Verwaltungsgerichtshof*[324] bzw. das vorinstanzliche *VG*[325] Bedenken gegen die Inanspruchnahme der Beschwerdeführer.

## 4.2 Gründe der *BVerfG*-Entscheidung

Das *BVerfG* stellte fest, dass die Entscheidungen und die ihnen zugrunde liegenden Vorschriften über die Zustandsverantwortlichkeit den Schutzbereich des Art. 14 Abs. 1 S. 1 GG („Das Eigentum [...] wird gewährleistet.") berühren. Dem Eigentumsgrundrecht komme die Aufgabe zu, dem Träger des Grundrechts einen Freiheitsraum im vermögensrechtlichen Bereich zu sichern; es sei durch Privatnützigkeit und grundsätzliche Verfügungsbefugnis des Eigentümers über den Eigentumsgegenstand gekennzeichnet. Jedoch stellen weder die gesetzlichen Vorschriften über die Haftung des Zustandsverantwortlichen noch die Bescheide eine Enteignung im Sinne von Art. 14 Abs. 3 GG dar, sondern bestimmen grundsätzlich in zulässiger Weise Inhalt und Schranken des Eigentums. Sie seien daher an Art. 14 Abs. 1 S. 2 GG („Inhalt und Schranken [des Eigentums] werden durch die Gesetze bestimmt.") und Art. 14 Abs. 2 GG („Eigentum verpflichtet. Sein Gebrauch soll zugleich dem Wohle der Allgemeinheit dienen.") zu messen.

Laut *BVerfG* finde die Zustandsverantwortlichkeit in der Einwirkungsmöglichkeit auf die gefahrenverursachende Sache ihren legitimierenden Grund. Der Eigentümer könne über-

---

[322] BVerwG, Beschluss v. 14. 12. 1990, BVerwG 7 B 133/90.
[323] VGH Baden-Württemberg, Urteil v. 19. 7. 1990 – 5 S 2021/89.
[324] VGH Bayern, Beschluss v. 14. 1. 1999, 22 ZB 98.1067.
[325] VG Ansbach, Urteil v. 1. 9. 1997 AN 13 K 92.00120.

dies aus der Sache Nutzen ziehen. Daher begegne es keinen verfassungsrechtlichen Bedenken, die Vorschriften über die Zustandsverantwortlichkeit dahingehend auszulegen, dass der Eigentümer eines Grundstücks allein wegen dieser Rechtsstellung verpflichtet werden könne, von dem Grundstück ausgehende Gefahren zu beseitigen, auch wenn er die Gefahrenlage weder verursacht noch verschuldet habe.

Doch auch wenn die Zustandshaftung mit Art. 14 GG in Einklang stehe, so könne sie aber im Ausmaß dessen, was dem Eigentümer zur Gefahrenabwehr abverlangt werden dürfe, begrenzt sein. Hierbei habe der Grundsatz der Verhältnismäßigkeit eine besondere Bedeutung, da dieser nur erforderliche und im Hinblick auf den Zweck angemessene und zumutbare Grundrechtsbeeinträchtigungen zulasse. Grundsätzlich sei die Haftung des Zustandsstörers als Folge der Sozialbindung des Eigentums hinzunehmen, um eine effektive Beseitigung der von seinem Grundstück ausgehenden Gefahren zu ermöglichen. Eine *unzumutbare* Belastung des Eigentümers sei aber nicht mehr gerechtfertigt.

Zur Bestimmung der Zumutbarkeits-Schwelle sollen folgende Gesichtspunkte maßgebend sein:

- Ein Anhaltspunkt sei der Verkehrswert des Grundstücks nach Durchführung der Sanierung: Wird dieser Wert von den Sanierungskosten überschritten, entfalle in der Regel das Interesse des Eigentümers an einem künftigen privatnützigen Gebrauch des Grundstücks. Er könne darüber hinaus nicht einmal damit rechnen, die entstehenden Kosten durch Veräußerung des Grundstücks gedeckt zu halten. Das Eigentum könne damit für ihn gänzlich seinen Wert und Inhalt verlieren. Der Verkehrswert stelle allerdings nicht mehr als nur einen Anhaltspunkt dar, weil das individuelle Interesse des Eigentümers am Grundstück dessen Verkehrswert möglicherweise überschreite.
  [Eigentumsverletzung (+): Sanierungskosten > Verkehrswert]
- Wenn die von dem Grundstück ausgehende Gefahr aus Naturereignissen, aus der Allgemeinheit zuzurechnenden Ursachen oder von nicht nutzungsberechtigten Dritten herrühre, so dürfe die Sanierungsverantwortlichkeit nicht unbegrenzt dem alle Sicherungspflichten einhaltenden Eigentümer zur Last fallen. Sonst würden ihm im Übermaß Risiken aufgebürdet, die auf Umständen beruhen, die losgelöst von der Sachherrschaft über das Grundstück sind und jenseits seiner Verantwortungssphäre liegen.
  [Eigentumsverletzung (+): bei alleiniger Haftung wegen Naturereignissen / Gefahren der Allgemeinheit bzw. nicht nutzungsberechtigter Dritter]

- Bilde das zu sanierende Grundstück den wesentlichen Teil des Vermögens des Pflichtigen und stelle es die Grundlage seiner privaten Lebensführung einschließlich seiner Familie dar, so könne die Belastung mit Sanierungskosten bis zur Höhe des Grundstücksverkehrswerts unzumutbar sein. Übersteigen die Kosten die Vorteile aus der weiteren Nutzung des Grundstücks nach der Sanierung nicht, so sei die Grenze zur zumutbaren Belastung gewahrt. Demgegenüber könne die Grenze überschritten sein, wenn etwa der Eigentümer eines Eigenheims unter Berücksichtigung seiner wirtschaftlichen Lage das Grundstück nicht mehr halten könne.
  [Eigentumsverletzung (+): Sanierungskosten = Verkehrswert, wenn Grundstück den wesentlichen Teil des Vermögens bildet (Eigenheim)].
- Andererseits könne eine Kostenbelastung, die den Verkehrswert des sanierten Grundstücks übersteige, dann zumutbar sein, wenn der Eigentümer das Risiko der entstandenen Gefahr bewusst in Kauf genommen habe. Denn das freiwillig übernommene Risiko mindere die Schutzwürdigkeit des Eigentümers (z. B. Eigentumserwerb in Kenntnis der Altlasten, risikoreiche Nutzung des Grundstücks durch Deponiebetrieb). Dies gelte auch, wenn und soweit Risikoumstände beim Erweb eines Grundstücks oder bei der Nutzungsgewährung an Dritte zwar erkennbar waren oder im Verlauf der Nutzung hätten erkannt werden können, der Eigentümer aber in fahrlässiger Weise die Augen davor verschlossen habe; der Grad der Fahrlässigkeit könne für die Beurteilung der Zumutbarkeit erheblich sein. Die Zumutbarkeit könne ferner davon beeinflusst werden, ob der Eigentümer Vorteile aus dem Risiko – etwa durch einen reduzierten Kaufpreis oder einen erhöhten Pachtzins – erzielt habe.
  [Eigentumsverletzung (-): Sanierungskosten > Verkehrswert, falls: bewusste Inkaufnahme des Risikos; ebenso, falls: fahrlässiges Nichterkennen des Risikos]
- Doch selbst in Fällen, in denen eine Kostenbelastung über den Verkehrswert hinaus an sich zumutbar sei (also dann, wenn der Eigentümer das Risiko einer Grundstückskontamination schuldhaft in Kauf genommen habe), könne sie nicht auf die gesamte wirtschaftliche Leistungsfähigkeit des Eigentümers bezogen werden. Dem Eigentümer sei es nicht zumutbar, unbegrenzt für die Sanierung einzustehen, d. h. auch mit Vermögen, das in keinem rechtlichen oder wirtschaftlichen Zusammenhang mit dem sanierungsbedürftigen Grundstück

stehe. Dagegen könne es zumutbar sein, Vermögen zur Sanierung einzusetzen, das zusammen mit dem sanierungsbedürftigen Grundstück eine funktionale Einheit darstelle, etwa wenn dieses Bestandteil eines land- oder forstwirtschaftlichen Betriebes oder sonstigen Unternehmens sei.

## 4.3 Zusammenfassung der *BVerfG*-Entscheidung

Zusammenfassend lässt sich konstatieren, dass das *BVerfG* mit seiner Entscheidung die bisherige herrschende Ansicht zur öffentlich-rechtlichen Zustandshaftung ziemlich aufgewirbelt hat. Die Verwaltungspraxis wird nun die Zustandshaftung des Eigentümers regelmäßig auf den Verkehrswert des Grundstücks zu begrenzen haben, wobei Besonderheiten des Einzelfalls (z. B. Eigenheim) zu berücksichtigen sind. Allerdings kann die Kenntnis oder fahrlässige Unkenntnis des Grundstückseigentümers von der Kontamination eine übersteigende Kostenbelastung zumutbar machen. Doch auch in diesen Fällen kann die Zumutbarkeit und damit die Zulässigkeit einer Zustandshaftung nicht an der gesamten wirtschaftlichen Leistungsfähigkeit des Eigentümers gemessen werden. Im Übrigen bleiben die maßgebenden Kriterien so unbestimmt, dass es auf die Beurteilung des Einzelfalls ankommt[326].

Folglich hat das *BVerfG* – grob zusammengefasst – eine faktische Haftungsbeschränkung des Zustandsstörers auf die Höhe des Verkehrswerts seines Grundstücks eingeführt. Ferner hat es mit dem Hinweis auf die Kenntnis bzw. fahrlässige Unkenntnis das Element des Verschuldens in die bislang davon unabhängige öffentlich-rechtliche Verantwortlichkeit übernommen.

Bei der ökonomischen Analyse der Zustandshaftung werden auch die Auswirkungen dieser *BVerfG*-Entscheidung berücksichtigt; siehe zu der durch den Verkehrswert des Grundstücks festgesetzten Haftungshöchstgrenze 5.1.4.3 und zum Haftungsausschluss für höhere Gewalt 7.2.5.

---

[326] So auch Müggenborg 2001, S. 41; Klüppel 2001, S. 27 ff.

# 5 Parallele zur Gefährdungshaftung

Die öffentlich-rechtliche Störerhaftung soll ökonomisch analysiert werden, indem eine Parallele zur zivilrechtlichen Gefährdungshaftung gezogen wird. Das zivilrechtliche Haftungsrecht hat durch die ökonomische Theorie des Rechts eine umfangreiche Untersuchung erfahren. Diese Erkenntnisse zur ökonomischen Analyse des Haftungsrechts sollen - soweit möglich - übertragen werden. Hierzu wird die öffentlich-rechtliche Verantwortlichkeit in diesem Kapitel zunächst dem zivilrechtlichen Haftungsregime aus Gefährdung gegenübergestellt. Dabei soll untersucht werden, ob die Störerhaftung als Gefährdungshaftung betrachtet werden kann. Hierbei ist auf die unterschiedliche Ausgestaltung der Haftung für das eigene Verhalten, aber auch auf das Verhalten des Aufsichtspflichtigen bzw. Betreuers sowie des Geschäftsherrn Rücksicht zu nehmen (§ 4 MEPolG). Ferner ist die Zustandsverantwortlichkeit als Haftung für eine Sache zu betrachten, die an die rechtliche oder tatsächliche Sachherrschaft anknüpft, § 5 MEPolG. Im zweiten Teil der Arbeit wird dann die Analyse folgen, inwieweit eine derartige Ausgestaltung der Haftung, aus der Perspektive der ökonomischen Theorie des Rechts, sinnvoll erscheint (Kapitel 7).

Ausgangspunkt der Überlegungen bildet die Parallele der Störerhaftung zur Gefährdungshaftung. Diese basiert auf zwei Beobachtungen: Zum einen ist die öffentlich-rechtliche Verantwortlichkeit zweifelsfrei verschuldensunabhängig[327]. Ebenso ist das entscheidende Merkmal der Gefährdungshaftung im Gegensatz zur Verschuldenshaftung gerade die Freiheit vom Verschulden. Darüber hinaus zieht das juristische Schrifttum – wenn auch nicht ohne Widerspruch[328] – für die Störerhaftung gleichfalls die Parallele zur Gefährdungshaftung[329]. Selbst der *BGH* sah in der durch Bescheid konkretisierten Polizeipflicht eine Gefährdungshaftung, sonst hätte er nicht die Befürchtung geäußert, dass eine Haftungsausdehnung auf nicht beschiedene Störer eine „dem geltenden Recht fremde Erweiterung der Gefährdungshaftung über ihre gesetzlich enumerierten Anwendungsfälle hinaus bedeuten“[330] würde.

[327] Statt aller: Drews/Wacke/Vogel/Martens 1986, S. 293.
[328] Schwachheim 1988, S. 227.
[329] Gantner 1983, darauf aufbauend Koch 1985, S. 15 ff.; Kränz 1990, S. 139 f., der darüber hinaus auf § 228 BGB und seine Bedeutung für das Strafrecht hinweist, dessen Autoren die Gemeinsamkeiten zur öffentlich-rechtlichen Zustandsverantwortlichkeit erkannt haben; vgl. auch Binder 1991.
[330] BGH, Urteil v. 11. 6. 1981, DÖV 1981, 843 [844] = NJW 1981, 2457 = JuS 1982, 220.

## 5.1 Struktur der Gefährdungshaftung

Bevor die Struktur der Gefährdungshaftung sowohl der Verhaltensverantwortlichkeit als auch der Zustandsverantwortlichkeit gegenübergestellt werden kann, soll die Struktur der Gefährdungshaftung erörtert werden. Zunächst wird das Verständnis der ökonomischen Analyse des Rechts zur Gefährdungshaftung dargestellt (5.1.1); daran schließt sich ihre Ausgestaltung im geltenden Recht an (5.1.2).

### 5.1.1 Gefährdungshaftung aus ökonomischer Sicht

Die Gefährdungshaftung wurde durch die ökonomische Theorie des Recht umfangreich analysiert. Die vor allem auf *Shavell*[331] basierende Grundstruktur der ökonomischen Schadensanalyse legt ihr folgendes Schema zugrunde:

Das Verhalten einer Person → ist kausal → für einen Schaden (des Verletzten).

*Cooter/Ulen* führen hierzu aus, dass sich eine unerlaubte Handlung ("tort") aus drei wesentlichen Elementen zusammensetzt: "1. the plaintiff must have suffered harm; 2. the defendant's act or failure to act must cause the harm; and 3. the defendant's act or failure to act must constitute the breach of a duty owed to the plaintiff by the defendant."[332] Hingegen bedarf es für die Gefährdungshaftung ("strict liability") nicht des dritten Punktes. Statt einer Sorgfaltspflichtverletzung liegt der Grund der Haftung in "abnormally dangerous activities"[333]. Eine ungewöhnlich gefährliche Aktivität macht demnach eine Sorgfaltspflichtverletzung obsolet. Ein aus ihr resultierender Schaden ist ersatzpflichtig, auch ohne das Erheben eines Schuldvorwurfs gegen den Verantwortlichen.

### 5.1.2 Gefährdungshaftung im deutschen Recht

Die Gefährdungshaftung basiert im deutschen Recht[334] regelmäßig auf der Verwirklichung einer spezifischen Gefahr. So liegt eine Gefährdungshaftung vor, wenn die Haftung des Verantwortlichen lediglich davon abhängt, dass sich in dem in Frage stehenden Unfall eine be-

---

331 Shavell 1987, pp. 5 – 46 (Chapter 2).
332 Cooter/Ulen 2000, p. 291.
333 Cooter/Ulen 2000, p. 296.
334 Zu den Strukturmerkmalen der gesetzlichen Regelung der Gefährdungshaftung, s. a. Schäfer/Ott 2000, S. 189 f.; vgl. die Übersicht zur Gefährdungshaftung im deutschen Recht bei *Blaschczok* [Blaschczok 1993, S. 9 f.].

stimmte, von dem Verantwortlichen beherrschte, Gefahr verwirklicht hat. Der Zurechnungsgrund liegt in dem Umstand, dass eine Person ein spezifisches Risiko der Gefährdung anderer geschaffen hat, indem unter ihrer Kontrolle und Leitung eine bestimmte Anlage betrieben wurde (z. B. haftet der Betriebsunternehmer gem. § 1 HPflG aus Gefährdung für den Betrieb einer Schienenbahn), eine bestimmte Sache genutzt (Gefährdungshaftung für den Halter eines Kraftfahrzeugs, § 7 StVG) oder eine bestimmte Tätigkeit entfaltet wird (z. B. Haftung des Inhabers aus § 22 Abs. 2 WHG für eine bestimmte gefährliche Tätigkeit, wie den Betrieb einer Tankstelle[335])[336].

So liegt der Gefährdungshaftung rechtspolitisch die Entscheidung zugrunde, „daß bei den heutigen, durch die technische Entwicklung entscheidend beeinflußten Lebensverhältnissen bestimmte Tätigkeiten und Einrichtungen zwar unentbehrlich sind und daher zugelassen werden müssen, obgleich die davon ausgehende Gefährdung trotz Anwendung der erforderlichen Sorgfalt nicht gänzlich beherrscht und Schädigungen Dritter nicht immer vermieden werden können. Wer im Bewußtsein dieser Risiken eine solche Gefahrenquelle eröffnet, muß auch bereit sein, den daraus entstehenden Schaden zu ersetzen, ohne daß es darauf ankommen darf, ob im Einzelfall ein Verschulden nachweisbar ist. Dies ist dem Unternehmer eines solchen Betriebs umso eher zuzumuten, als er am ehesten in der Lage ist, die Risiken zu beurteilen und für etwaige Schadensfälle – insbesondere durch Versicherungen – vorzusorgen“[337].

Der Sinn der Gefährdungshaftung besteht aus Sicht der herrschenden juristischen Doktrin[338] demnach darin, einen Ausgleich für die Akzeptanz der Schaffung und Nutzung einer Gefahr durch eine verschuldensunabhängige Haftung zu schaffen. Ferner stehen in ihrem Mittelpunkt die Prinzipien der Gefahrveranlassung und Gefahrbeherrschung.

Demgemäß fordert die Lehre vom Schutzzweck der haftungsbegründenden Norm, muss sich gerade diejenige Gefahr verwirklicht haben, um derentwillen diese Haftung statuiert wurde[339]. Dies ist z. B. der Fall für Körper- und Sachschäden, die von durchgehenden und scheuenden Reitpferden verursacht werden. So ist durch ein solches Luxustier ein Schaden verursacht, wenn sich die durch die Unberechenbarkeit tierischen Verhaltens hervorgerufene

---

335 Kötz/Wagner 2001, S. 141 (Rn. 352) und S. 143 (Rn. 357).

336 Kötz/Wagner 2001, S. 134 (Rn. 333).

337 Begründung des Entwurfs eines Gesetzes zur Änderung schadensersatzrechtlicher Vorschriften, BR-Drucksache 777/75 (v. 19.12. 1975), S. 7.

338 Vgl. Larenz/Canaris 1994, S. 605 f. (§ 84 I 2) m. w. N. - Hiergegen wendet sich *Bälz*, der die Pflicht zum Schadensersatz darin sieht, dass auf den Schädiger diese Einbuße abzuwälzen ist, weil er sich unrechtmäßig verhalten hat; die „Gefährdungshaftung beruht dagegen auf einem unrechtmäßigen Zustand, der einen Ausgleich durch Abschöpfung eines auf Kosten des Betroffenen verwirklichten Vorteils erforderlich macht“ und daher für die verschuldensunabhängige Haftung eine Parallele zu §§ 812 ff. BGB zieht [Bälz 1992, S. 60, 63]; ausführlich zum Stand der Gefährdungshaftungslehren: Blaschczok 1993, S. 45 – 91.

339 Kötz/Wagner 2001, S. 143 (Rn. 359).

Gefährdung von Leben, Gesundheit und Eigentum Dritter verwirklicht hat[340], wie z. B. Scheuen, Durchgehen, Ausschlagen und Beißen der Pferde. Für diese Schäden haftet der Tierhalter des Luxustiers Reitpferd aus Gefährdungshaftung gem. § 833 S. 1 BGB. Hingegen ist das Vorliegen einer spezifischen Tiergefahr abzulehnen und damit eine Haftung zu verneinen, wenn etwa durch Kuhdung ein Abflusskanal verstopft und dadurch bei einem Gewitterregen der Keller eines Hauses überflutet wird[341]. Das Kennzeichen der Gefährdungshaftung ist demnach die Anpassung des Haftungsumfangs an den Haftungsgrund[342]. Verletzung und Schaden müssen sich als Verwirklichung der Gefahr darstellen, die Grund für die gesetzliche Einführung der Gefährdungshaftung war[343]. Sofern es am Risikozusammenhang fehlt, greift die Gefährdungshaftung nicht, z. B. wenn ein Fahrgast auf der Eisenbahn bestohlen wird, oder wenn ein Fußgänger gegen ein geparktes Fahrzeug läuft[344]. Diese Gefährdungshaftung soll – im Anschluss an *Deutsch*[345] - als „enge" Gefährdungshaftung bezeichnet werden.

Doch ist die Verwirklichung eines spezifischen Risikos nicht immer eine Voraussetzung der Gefährdungshaftung. Es gibt einige neuere objektive Haftungen, bei denen die Gefahr nicht tragender Grund, sondern nur Motiv der strengen Haftung ist[346]. Dies zeigt sich bspw. am Produkthaftungsgesetz (ProdHaftG), aber auch am Arzneimittelgesetz (AMG). Das ProdHaftG legt dem Hersteller eine Haftung für fehlerhafte Produkte auf, § 1 Abs. 1 ProdHaftG. Der Grund der Haftung ist die moderne Warenfertigung in der Industrie und die Lieferkette über zum Teil anonyme Weiterveräußerer, die einen Anspruch des Verbrauchers gegen den Hersteller erschweren[347]. Würde auch für das ProdHaftG die Verwirklichung einer spezifischen Gefahr gefordert werden, so würde dies Folgendes bedeuten: Da der Hersteller für den Fehler seines Produktes haftet, müsste der Fehler die spezifische Gefahr sein, die sich im Schaden verwirklicht. Ein Fehler ist aber keine einem Produkt innewohnende *spezifische* Gefahr, so wie die spezifische Tiergefahr in der Unberechenbarkeit des tierischen Verhaltens gesehen wird. *Deutsch*[348] bezeichnet daher das ProdHaftG als „erweiterte Gefährdungshaftung", bei der die erhöhte Gefahr nur haftungsauslösendes Motiv sei – im Gegensatz zur engen Gefährdungshaftung, deren spezifische Gefahr den Zurechnungszusammenhang zwischen

[340] BGH, Urteil v. 6. 7. 1976, BGHZ 67, 129 = NJW 1976, 2130 = JuS 1977, 190.
[341] Kötz/Wagner 2001, S. 144 (Rn. 360); vgl. auch LG Köln, Urteil v. 13. 7. 1960, MDR 1960, 924, hier wurde ein Verkehrsunfall-Schaden mittelbar durch tierische Ausscheidungen (Kuhdung) verursacht, eine Haftung des Tierhalters aus Gefährdungshaftung wurde jedoch abgelehnt.
[342] Deutsch 1992, S. 75.
[343] Deutsch 1992, S. 75.
[344] Deutsch 1992, S. 75.
[345] Deutsch 1992.
[346] Deutsch 1992, S. 75.
[347] Deutsch 1992, S. 76.
[348] Deutsch 1992.

Verletzung/Schaden einerseits und Gefahr andererseits bilde. Letztere entzieht die „unspezifischen Risiken" ihrer Haftung.

Zusammenfassend lässt sich festhalten, dass das Vorliegen einer spezifischen Gefahr der Gefährdungshaftung *zugrunde* liegt. Dieses Moment kann bei der sog. engen Gefährdungshaftung auch noch zu einer „Haftungseinschränkung" auf der Ebene der Kausalität führen, die aber, wie auch die Beispielsfälle zeigen, mangels Relevanz für diese Untersuchung außer Betracht bleiben kann.

### 5.1.3 Zusammenfassung

Das Verständnis der ökonomischen Theorie des Rechts zur zivilrechtlichen Gefährdungshaftung und die faktische Ausgestaltung derselben stimmen darin überein, dass bestimmtes (durch Rechtsnormen) konkretisiertes Verhalten zu einer Schadensersatzhaftung führt, ohne ein Verschulden zur Voraussetzung zu haben. Den Hintergrund dieser Haftung bildet die durch ein Verhalten bzw. den Umgang mit einer riskanten Sache ausgelöste besondere Gefährdung. Es besteht nur ein dahingehender Unterschied, dass die Rechtsnormen regelmäßig nicht auf ein besonders gefährliches Verhalten allein abstellen, sondern dieses erst durch die Bedienung einer Gerätschaft virulent wird. Selbstverständlich wird jedoch dieses Verhalten (z. B. Autofahren) auch von der Gefährdungshaftung erfasst, wie sie der rechtsökonomischen Analyse zugrunde liegt.

### 5.1.4 Gefährdungshaftung mit Annex

Die Ausgestaltung der Gefährdungshaftung im Zivilrecht ist regelmäßig verbunden mit einer Halterhaftung, einem Haftungsausschluss für Fälle höherer Gewalt und einer Haftungsbeschränkung durch Haftungshöchstgrenzen. Diesem „Annex" der Gefährdungshaftung wird nachgegangen. Es wird untersucht, was hinter diesen (Mit-)Regelungen steht und ob sie auch bei der Störerhaftung Berücksichtigung finden sollten.

*Deutsch*[349] beschreibt diese Regelungen als „Ausgleich für Einschränkungen durch Gefährdungshaftung". Grundsätzlich bilde die Gefährdungshaftung nach herrschender An-

---

[349] Deutsch 1992, S. 74.

sicht die Ausnahme von der generellen Verschuldenshaftung; dies werde aus der Haltung des Gesetzgebers abgeleitet, neben die allgemeine Schuldhaftung einzelne Tatbestände der Gefährdungshaftung zu setzen[350]. Weiterführend werde vertreten, die Gefährdungshaftung sei eine Ergänzung der Schuldhaftung[351].

Eine Haftungsergänzung durch Gefährdungshaftung sei im industriellen Zeitalter, durch die Umdefinition des Begriffs „Fahrlässigkeit", notwendig geworden. So habe früher gefahrvermeidendes Verhalten als Sorgfalt gegolten, während heute der sachgerechte Umgang mit der Gefahr als sorgfältig anzusehen sei. Die Zulassung gefährlichen Verhaltens durch die Umdefinition des Sorgfaltsbegriffs machte jedoch für besonders gefährliche Unternehmungen eine objektive Haftung – die Gefährdungshaftung – notwendig. Die Gefährdungshaftung stelle einen „merkwürdig limitierten Ausgleich" dar: „Zwar wurde die Verschuldenshaftung eingeschränkt, der Einzelausgleich wurde jedoch regelmäßig auf den materiellen Schaden begrenzt, oft im Falle höhere Gewalt überhaupt nicht gewährt und schließlich ebenso regelmäßig der Höhe nach beschränkt."[352]

In Bezug auf die Gewährung von Schmerzensgeld hat sich zum 1. 8. 2002 durch das Zweite Schadensersatzrechtsänderungsgesetz[353] eine beachtliche Neuerung ergeben. Während zuvor der immaterielle Schaden nur in den Fällen des § 833 S. 2 BGB (Haftung des Halters von Luxustiere) und § 53 Abs. 3 LuftVG (Haftung für Militärflugzeuge) ersetzt wurde, besteht nun grundsätzlich ein Anspruch auf Ersatz des immateriellen Schadens im Falle der Verletzung von Rechtsgütern und Rechten. Dies ergibt sich im Grunde schon aus der Verschiebung des Schmerzensgeldanspruchs (§ 847 BGB a. F.) in das Allgemeine Schuldrecht (§ 253 Abs. 2 BGB n. F.), doch wird auch in den Sondergesetzen zur Gefährdungshaftung der Anspruch auf Ersatz des immateriellen Schadens durchweg klargestellt (§ 11 S. 2 StVG, § 6 S. 2 HPflG, § 8 S. 2 ProdHaftG, § 36 S. 2 LuftVG, § 35 Abs. 5 S. 2 GenTG, § 87 Abs. 2 AMG, § 13 S. 2 UmweltHG, § 29 Abs. 2 AtG). Diese Neuerung ist – insbesondere auch aus der Perspektive der ökonomischen Theorie des Rechts – sehr erfreulich. So führt *Wagner*[354] aus, dass das bisher geltende Prinzip - das bei der Gefährdungshaftung grundsätzlich nur der materielle Schaden zu ersetzen war – zu Fehlanreizen führte. Denn die Gefährdungshaftung könne die ihr zugedachte präventive Wirkung nur entfalten, wenn dem Schädiger auch tatsächlich alle entstanden Schäden zugerechnet werden. Falle dagegen ein erheblicher Teil der durch die

350 Deutsch 1992, S. 74 und Fn. 4 m. w. N.
351 Deutsch 1992, S. 74 und Fn. 6 m. w. N.
352 Deutsch 1992, S. 74 m. w. N.
353 Zweites Gesetz zur Änderung schadensersatzrechtlicher Vorschriften, BR-Drucksache 358/02 (v. 10.05.2002), das gem. Art. 13 am 1. 8. 2002 in Kraft tritt; hierzu: Wagner 2002.
354 Wagner 2002, S. 2053.

gefährliche Aktivität verursachten Nutzeneinbußen dem Geschädigten zur Last, so werde der Betreiber dieser Aktivitäten seinen Sorgfaltsaufwand absenken und sich zudem im Übermaß in der gefährlichen Aktivität engagieren. Eine optimale Verhaltenssteuerung der schädigenden Akteure kann nämlich nur erreicht werden, wenn diese – durch Haftungsrecht – dazu veranlasst werden, sämtliche Schäden in ihr Kosten-Nutzen-Kalkül einzubeziehen, d. h. es zu einer vollständigen Internalisierung der externen Effekte kommt (Kapitel 6).

#### 5.1.4.1 Halterhaftung

Die Gefährdungshaftungstatbestände stellen regelmäßig auf den Halter (§ 833 S. 1 BGB, § 7 Abs. 1 StVG, § 33 LuftVG) oder Betreiber bzw. Inhaber (§ 32 GenTG, §§ 1, 2 Abs. 1 HPflG, § 22 Abs. 2 S. 1 WHG, § 25 AtG, § 1 UmweltHG) ab, um zu normieren, wer für den Schaden haftet, also der Verantwortliche ist. Diese Person muss nicht identisch sein mit dem „direkten" Verursacher des Schadens. Eine Person ist bspw. Halterin eines Pkws, den sie einem Dritten für eine Fahrt überlässt. Passiert während dieser Fahrt ein Unfall, so haftet der Fahrer aus straßenverkehrsrechtlichen Vorschriften gem. § 18 StVG nur für vermutetes Verschulden, während die Halterin einer Gefährdungshaftung aus § 7 StVG unterliegt. Die Definition des „Halters" weist auf den Hintergrund dieser Regelung hin. So ist nach der Rechtsprechung des *BGH* Kraftfahrzeughalter, „wer das Kraftfahrzeug für eigene Rechnung in Gebrauch hat und die Verfügungsgewalt besitzt, die ein solcher Gebrauch voraussetzt"[355]. Tierhalter ist, wer die Bestimmungsmacht über das Tier hat, aus eigenem Interesse für die Kosten des Tieres aufkommt, den allgemeinen Wert und Nutzen des Tieres für sich in Anspruch nimmt und das Risiko seines Verlustes trägt[356]. Halter ist sonach wer die „gefährliche" Sache für eigene Rechnung in Gebrauch hat und die Verfügungs- bzw. Bestimmungsmacht über den Gebrauch dieser Sache ausübt. Dieser *kann* (muss aber nicht) mit dem Eigentümer der Sache identisch sein - auf die rechtliche Zuweisung der Sache wird gerade nicht abgestellt. Denn häufig ist z. B. eine Bank, die ein durch Sicherungsübereignung geschütztes Darlehen für den Kauf eines Kfz gewährte oder ein Leasinggeber Eigentümer des Pkw, doch Halter ist in diesen Fällen der Darlehensnehmer oder der Leasingnehmer. Denn der eigentliche Eigentümer besitzt nicht die Verfügungsgewalt über den Gebrauch des Kfz. Diese Verfügungsgewalt hat der Darlehens- bzw. Leasingnehmer inne. Er ist als Halter verpflichtet, das Kfz zu versichern (§ 1 PflVG).

---

[355] BGH, Urteil v. 29. 5. 1954, BGHZ 13, 351 [LT 1].
[356] BGH, Urteil v. 19. 1. 1988, NJW-RR 1988, 655.

Der Zurechnungsgrund der Halterhaftung ist daher darin zu sehen, dass erst durch das Betreiben der Anlage bzw. das Halten der Sache (z. B. des Kfz) die (spezifische) Gefahr für den Verkehr eröffnet wird[357].

Es kann resümiert werden, dass durch die Halterhaftung die Person zur Verantwortung für eine gefährliche Sachnutzung herangezogen wird, die die Sache für eigene Rechnung in Gebrauch hat und die Verfügungs- bzw. Bestimmungsmacht über diese ausübt. Diese Haftung ist häufig mit einer Versicherungspflicht verbunden.

Aus der Perspektive der ökonomischen Analyse des Rechts wird die Schadensverlagerung auf den Betreiber der gefährlichen Aktivität bzw. Halter der gefährlichen Sache dadurch gerechtfertigt, dass die soziale Nützlichkeit der fraglichen Aktivität fortlaufend überprüft und gewährleistet wird – und zwar durch deren Betreiber bzw. Halter selbst[358]. Eine Belastung des Inhabers (Betreibers, Halters) mit sämtlichen Schadenskosten ermöglicht eine umfassende Kosten-Nutzen-Analyse[359]. Die hiervon ausgehenden Anreize können in zwei gegensätzliche Richtungen wirken: Entweder wird der Inhaber investieren, um das Schadenspotenzial auszuweiten, oder er wird die Aktivität soweit reduzieren, wie es erforderlich ist, um einen Nettogewinn zu erzielen bzw. sie ganz einstellen[360]. Schließlich sei seit 1888 bekannt, dass die Gefährdungshaftung eine betriebswirtschaftliche Prävention bewirkt: Können die Kosten des Risikos für den Dritten nicht wirtschaftlich aufgebracht werden, wird der Betrieb auf Dauer unterbleiben[361].

Daneben ist zu berücksichtigen, dass eine bessere Versicherbarkeit der Schäden durch den Inhaber selbst besteht[362].

Die Darstellung der Haftung des Halters zeigt eine große Übereinstimmung zwischen ihrer juristischen Begründung und ihrer ökonomischen Interpretation. Dies wird für den weiteren Fortgang der Arbeit im Blick behalten.

---

357 Kötz/Wagner 2001, S. 134 f. (Rn. 333).
358 Schäfer/Ott 2000, S. 192.
359 Schäfer/Ott 2000, S. 192.
360 Schäfer/Ott 2000, S. 192.
361 Deutsch 1992, S. 75 unter Berufung auf Mataja: Das Recht des Schadensersatzes vom Standpunkt der Nationalökonomie (1888).
362 Schäfer/Ott 2000, S. 192.

5.1.4.2 Haftungsausschluss durch höhere Gewalt

Ferner gibt es Fälle, bei denen trotz Gefährdungshaftung der Geschädigte keinen Schadensersatz erhält. Dies ist der Fall, wenn der eigentlich Haftende beweisen kann, dass der Unfall durch „höhere Gewalt“ (§ 7 Abs. 2 StVG[363], §§ 1 Abs. 2 S. 1, 2 Abs. 3 Ziff. 3 HPflG, § 4 UmweltHG, § 22 Abs. 2 S. 2 WHG) verursacht worden ist. Eine Haftungsentlastung des Schädigers wegen „höherer Gewalt“ ist möglich, „wenn der Unfall auf einem betriebsfremden, von außen durch elementare Naturkräfte oder durch Handlungen dritter Personen herbeigeführten Ereignis beruht, das nach menschlicher Einsicht und Erfahrung unvorhersehbar war, mit wirtschaftlich erträglichen Mitteln auch durch äußerste Sorgfalt nicht verhütet oder unschädlich gemacht werden konnte und auch nicht wegen seiner Häufigkeit in Kauf zu nehmen ist“[364]. Durch diesen Haftungsausschluss wird der eigentlich Haftende von Schäden befreit, die für ihn nicht erkennbar und beherrschbar waren, es sei denn, sie sind wegen ihrer Häufigkeit von ihm zu tragen, was aber dem Schädiger die Möglichkeit eröffnet, diese in seine Schadensberechnung einzubeziehen. Ein derartiger Haftungsausschluss ist der Störerhaftung unbekannt. Sollten daher zumindest diese Fälle der höheren Gewalt der öffentlich-rechtlichen Verantwortlichkeit entzogen werden?

Interessanterweise verneint der *BGH* auch die Haftung des „Störers“ gem. § 1004 BGB, wenn die Beeinträchtigung ausschließlich auf Naturkräfte zurückgeht. Lösen Naturkräfte eine von einem Grundstück ausgehende Störung aus, so ist dessen Eigentümer als Störer gem. § 1004 BGB dem Eigentümer des Nachbargrundstücks nur verpflichtet, wenn er oder sein Voreigentümer sie durch eigene Handlungen oder pflichtwidriges Unterlassen (mit-) verursacht hat[365].

Die ökonomische Analyse des Rechts liefert eine augenfällige Begründung für den Haftungsausschluss der „höheren Gewalt“. Der Schädiger kann nur Schäden, die für ihn erkennbar und beherrschbar sind, in seine Kosten-Nutzen-Überlegung einbeziehen. Nur diese Schäden sind für ihn steuerbar. Muss der Schädiger hingegen auch für Schäden einstehen, die für ihn nicht vermeidbar waren, so hat diese Haftungslast nur eine kostenverursachende Umverteilung zur Folge (7.2.5).

---

[363] Durch das Zweite Schadensersatzrechtsänderungsgesetz (Zweites Gesetz zur Änderung schadensersatzrechtlicher Vorschriften) [BR-Drucksache 358/02 (v. 10. 5. 2002)] wurde der Haftungsausschluss des „unabwendbaren Ereignisses“ in § 7 Abs. 2 StVG a. F. durch den der „höheren Gewalt“ (§ 7 Abs. 2 StVG n. F.) ersetzt; hiermit soll für die straßenverkehrsrechtliche Gefährdungshaftung der Anschluss an die Dogmatik der übrigen Gefährdungshaftungstatbestände hergestellt und dem Fahrzeughalter in sachgerechter Weise das Risiko zugewiesen werden [Wagner 2002, S. 2060 f.].

[364] Wagner 2002, S. 2061 m. w. N.

[365] BGH, Urteil v. 7. 7. 1995, NJW 1995, 2633 = BB 1995, 1927 = JZ 1995, 1024; Palandt-Bassenge 2002, S. 1316 (§ 1004 Rn. 19); a. A. E. Herrmann 1994 und 1997.

### 5.1.4.3 Haftungsbegrenzung durch Haftungshöchstgrenzen

Hinzu kommt, dass die Gefährdungshaftung häufig mit einer Haftungshöchstgrenze kombiniert ist, wie sich z. B. aus § 12 StVG für den Kraftfahrzeughalter ergibt (vgl. auch § 10 ProdHaftG, §§ 9 f. HPflG, § 15 UmweltHG, §§ 37, 46 LuftVG, § 33 GentG, § 31 AtG)[366].

*Kötz*[367] weist nach, dass eine Haftungslimitierung der Gefährdungshaftung bis zum Kraftfahrzeuggesetz von 1909 unbekannt war. Seitdem wurden die Gefährdungshaftungen grundsätzlich mit einer Haftungshöchstgrenze verbunden. Die zugunsten einer Haftungshöchstsumme vorgebrachten Argumente (z. B. Versicherbarkeit) seien allerdings nicht stichhaltig. Daher spricht er sich im Ergebnis gegen eine Haftungslimitierung bei der Gefährdungshaftung aus[368]. So kenne die einzige im BGB geregelte Gefährdungshaftung, die Tierhalterhaftung für Luxustiere, gem. § 833 S. 1 BGB keine Haftungshöchstgrenze.

Die ökonomische Theorie des Rechts steht Haftungsobergrenzen ebenfalls kritisch gegenüber; hierauf geht der zweite Teil dieser Arbeit ein (7.2.7). Der Frage nach der Effizienz von Haftungshöchstgrenzen kommt durch die Entscheidung des *BVerfGs*[369] eine neue Brisanz zu. Denn – wie im 4. Kapitel erarbeitet wurde – eine verfassungsgemäße Auslegung der öffentlich-rechtlichen Zustandshaftung erfordert nunmehr, dass die Haftungshöhe des Zustandsstörers regelmäßig auf den Grundstückswert beschränkt wird. Diese Rechtsprechung reduziert damit faktisch die Sanierungsverantwortlichkeit für ein kontaminiertes Grundstück auf den Verkehrswert desselben. Die Begrenzung der Haftung des Zustandsstörers auf den Verkehrswert des Grundstücks ist indessen nichts gänzlich Neues. Sowohl der Kommissionsentwurf zum Umweltgesetzbuch[370] als auch der Regierungsentwurf zum BBodSchG (§ 25 Abs. 2)[371] sehen eine Regelung vor, die die Zustandshaftung des gutgläubigen Erwerbers eines Altlastengrundstücks auf den Verkehrswert nach Sanierung begrenzt. Eine derartige Haftungsbegrenzung des Zustandsstörers hatte auf landesgesetzlicher Ebene auch Hessen in seinem Altlastengesetz[372] (§ 12) umgesetzt.

---

366 Die Haftungshöchstbeträge wurden durch das Zweite Gesetz zur Änderung schadensersatzrechtlicher Vorschriften (Zweites Schadensersatzrechtsänderungsgesetz) beibehalten, jedoch erhöht [BR-Drucksache 358/02 (v. 10. 5. 2002].

367 Kötz 1970, S. 37.

368 Kötz 1970, S. 37 – 40.

369 Beschluss v. 16. 2. 2000, BVerfGE 102, 1 = NJW 2000, 2571 = DVBl. 2000, 1275 = BB 2000, 1369.

370 § 348 Abs. 5 UGB-KomE = Entwurf der Unabhängigen Sachverständigenkommission zum Umweltgesetzbuch beim Bundesministerium für Umwelt, Naturschutz und Reaktorsicherheit [Bundesministerium für Umwelt, Naturschutz und Reaktorsicherheit 1998, S. 245].

371 Gesetzentwurf der Bundesregierung (Gesetz zum Schutz des Bodens), BT-Drucksache 13/6701 (v. 14. 1. 1997), S. 14.

372 Hessisches Gesetz zur Neuordnung des Altlastenrechts (Hessisches Altlastengesetz) v. 20. 12. 1994, GVBl. I, 764.

### 5.1.5 Gefahr bzw. Störung und Schaden

Bevor der Vergleich zwischen der öffentlich-rechtlichen Störerhaftung zu der zivilrechtlichen Gefährdungshaftung gezogen werden kann, ist noch ein weiterer Gesichtspunkt zu berücksichtigen. So fordert die zivilrechtliche Gefährdungshaftung einen Schaden beim Opfer. Hingegen muss zur Haftung des polizeirechtlich Verantwortlichen eine Gefahr bzw. eine Störung der öffentlichen Sicherheit oder Ordnung vorliegen. Dies wirft mehrere Probleme auf.

Zunächst ist fraglich, ob der Begriff des Schadens mit der Voraussetzung einer Gefahr bzw. Störung der öffentlichen Sicherheit oder Ordnung (2.1.5) gleichgesetzt werden darf. Der zivilrechtliche Schaden wird als unfreiwillige Vermögenseinbuße definiert[373]. Hingegen bezeichnet der Begriff der Gefahr nur die hinreichende Wahrscheinlichkeit der Schädigung eines polizeilichen Schutzgutes. Ein Schaden muss also noch nicht eingetreten sein. Dennoch erlässt die Behörde gegenüber dem Störer schon jetzt einen Bescheid mit dem Inhalt, die Gefahr für die öffentliche Sicherheit oder Ordnung zu beseitigen. So wird in einem Fall z. B. dem Eigentümer eines kontaminierten Grundstücks aufgegeben, geeignete Maßnahmen zur Sanierung zu ergreifen, um die öffentliche Wasserversorgung vor einer Verschmutzung zu bewahren. Demgemäß ist zwar noch kein Schaden für die öffentliche Sicherheit eingetreten – im Beispielsfall ist die Wasserversorgung noch nicht beeinträchtigt – aber ein konkreter Haftungsumfang (z. B. die Kosten für die erforderlichen Sanierungsmaßnahmen) wurde gegenüber dem Störer festgestellt. So führt also bereits das Vorliegen einer Gefahr zu einem „zivilrechtlichen" Schaden – einer unfreiwilligen Vermögenseinbuße – beim Störer.

Im Falle einer Störung der öffentlichen Sicherheit oder Ordnung stellt sich dieses Problem überhaupt nicht. Denn die Störung wird als verwirklichte Gefahr definiert. Daher entspricht sie zweifelsohne einem Schaden.

Um - für den Vergleich der Gefährdungshaftung mit der Störerhaftung - die Parallele des Begriffs einer Gefahr bzw. Störung für die öffentliche Sicherheit oder Ordnung mit dem des zivilrechtlichen Schadens hervorzuheben, wird im Folgenden der Begriff „Gefahr bzw. Störung für die öffentliche Sicherheit oder Ordnung" regelmäßig durch den des Störungs-Schadens ersetzt.

Hiervon zu unterscheiden ist die Frage nach der Bestimmung des Begriffs der Gefahr und welche ex ante Anforderungen an diese Prognose zu stellen sind. Die Diskussion, wann es ökonomisch sinnvoll ist ex ante zu regulieren bzw. den Schaden eintreten zu lassen, wird Gegenstand des zweiten Teils (9. Kapitel) sein.

---

[373] Vgl. Palandt-Heinrichs, S. 275 (Vor § 249 Rn. 7).

Eine Parallele zwischen zivilrechtlichem Deliktsrecht und Störerhaftung besteht hinsichtlich der Beschränkung der geschützten Rechte. So postuliert ersteres regelmäßig nur einen Schadensersatz für die Verletzung von Rechtsgütern und Rechten, jedoch nicht für das Vermögen. Auch das Polizeirecht schützt „nur" die polizeilichen Schutzgüter (2.1.6). Der Begriff der öffentlichen Sicherheit steht für die objektive Rechtsordnung, die subjektiven Rechte und Rechtsgüter des Einzelnen und für den Bestand des Staates und seiner Einrichtungen. Die Definition der öffentlichen Ordnung ist zwar weitaus nebulöser, dafür aber ohne praktische Relevanz.

## 5.2 Vergleich mit Verhaltensverantwortlichkeit

Die Struktur der Gefährdungshaftung wird nun der öffentlich-rechtlichen Haftung aus Verhaltensverantwortlichkeit gegenübergestellt. Eine Verhaltensverantwortlichkeit gem. § 4 Abs. 1 MEPolG bedeutet, dass eine Person, die durch ihr Verhalten eine Gefahr bzw. Störung für die öffentliche Sicherheit oder Ordnung (einen Störungs-Schaden) verursacht, die Kosten der Beseitigung derselben zu tragen hat. Diese Person ist für ihr (unmittelbar) kausales Verhalten verantwortlich.

Diese öffentlich-rechtliche Verantwortlichkeit ist unabhängig vom Handlungswillen, von der Deliktsfähigkeit, Strafmündigkeit und Geschäftsfähigkeit[374]. Dies schließt ein, dass es unerheblich ist, ob die polizeipflichtige Person ein (privatrechtliches oder strafrechtliches) Verschulden, d. h. Vorsatz oder Fahrlässigkeit trifft[375]. Sowohl Strafmündigkeit als auch Geschäftsfähigkeit haben gleichfalls keinen Einfluss auf die zivilrechtliche Gefährdungshaftung. Ebenso ist auch die Deliktsfähigkeit nach §§ 827, 828 BGB nicht von Bedeutung, da nach dieser erst im Rahmen der Verschuldensfähigkeit gefragt wird. So kann resümiert werden, dass sich das Verständnis von Gefährdungshaftung und Störerhaftung insoweit entsprechen.

Die Struktur der Verhaltensverantwortlichkeit gestaltet sich folgendermaßen:
Das Verhalten einer Person → ist kausal → für einen Störungs-Schaden.

---

[374] Drews/Wacke/Vogel/Martens 1986, S. 293.
[375] Drews/Wacke/Vogel/Martens 1986, S. 293.

Wenn gegen diese Person – die Entscheidung obliegt dem Ermessen der Behörde – ein Behördenbescheid mit dem Inhalt ergeht, die Gefahr bzw. Störung zu beseitigen, hat sie die Kosten dieser Gefahrbeseitigung zu tragen.

Wird der Begriff der Gefahr bzw. Störung für die öffentliche Sicherheit oder Ordnung durch den des Störungs-Schadens ersetzt, so ergibt sich, dass das Verhalten einer Person kausal ist für einen (Störungs-) Schaden. Dies zeigt, dass die Voraussetzungen des § 4 Abs. 1 MEPolG mit der Struktur der Gefährdungshaftung, wie sie der ökonomischen Analyse des Rechts zugrunde liegt, völlig übereinstimmen (5.1.1). Ferner wurde ausgeführt, dass letztere mit der rechtlichen Ausgestaltung der Gefährdungshaftung vergleichbar ist (5.1.3). Die öffentlich-rechtliche Handlungshaftung entspricht mithin einer Gefährdungshaftung. Besonders plastisch zeigt sich dies an der Handlungshaftung gem. § 22 Abs. 2 WHG im Vergleich zu der öffentlich-rechtlichen Handlungshaftung (§ 4 MEPolG), worauf bereits *Koch*[376] hinwies. Sonach kommt diese Arbeit zu demselben Ergebnis wie die eingangs genannte Literatur und Rechtsprechung[377]. Daraus folgt, dass die Verhaltensverantwortlichkeit mithilfe des Analyseinstrumentariums der ökonomischen Theorie des Rechts zur Gefährdungshaftung beurteilt werden kann. Diese Untersuchung ist Inhalt des zweiten Teils (7. Kapitel).

Die öffentlich-rechtliche Handlungshaftung normiert in § 4 MEPolG nicht nur eine Haftung des eigentlich Handelnden, sondern sie macht diesen in bestimmten Fällen auch für das Verhalten Dritter haftbar. Durch § 4 Abs. 2 MEPolG wird bestimmt, dass sowohl der Aufsichtspflichtige über Kinder als auch der Betreuer für den ihm übertragenen Aufgabenkreis auch aus Verhaltensverantwortlichkeit haften. Eine derartige Haftung besteht auch für den Geschäftsherren bezüglich seines Verrichtungsgehilfen (§ 4 Abs. 3 MEPolG). Diese Haftung des Aufsichtspflichtigen, Betreuers oder Geschäftsherrn wird als Zusatzhaftung bezeichnet. Die Kinder bzw. unter Betreuung stehenden Personen sowie der Verrichtungsgehilfe haften ihrerseits aus Handlungshaftung gem. § 4 Abs. 1 MEPolG. Der Aufsichtspflichtige, Betreuer oder Geschäftsherr haftet *zusätzlich* neben diesen Personen, die eigentlich die Gefahr bzw. Störung verursacht haben. Für die „zu behütenden" Personen wird eine Gefährdungshaftung § 4 Abs. 1 MEPolG statuiert. Dies ist unproblematisch, da ausgeführt wurde, dass diese Haftung unabhängig ist von Deliktsfähigkeit, Strafmündigkeit und Geschäftsfähigkeit. Fraglich ist jedoch, wie die Zusatzhaftung zu beurteilen ist. Hier ist nämlich nicht das Verhalten des haftenden „Behüters" kausal für den Schaden, sondern das Verhalten des Kindes, des Betreu-

[376] Koch 1985, S. 20.
[377] Vgl. Fn. 63 und Fn. 64.

ers oder Verrichtungsgehilfen. Für den Zusatzhaftenden wird eine Gefährdungshaftung für eine schuldlos verursachte Gefahr bzw. Störung der öffentlichen Sicherheit oder Ordnung eines Dritten statuiert. Auf die ökonomische Würdigung dieser Haftung geht diese Arbeit unter 7.2.3.1 ein.

## 5.3 Vergleich mit Zustandsverantwortlichkeit

Die Zustandsverantwortlichkeit nach § 5 MEPolG stellt auf die von einer Sache ausgehende Gefahr ab. Der Eigentümer der Sache bzw. der Inhaber der tatsächlichen Gewalt über die Sache ist für diese Gefahr verantwortlich.

Anknüpfungspunkt für diese Haftung ist die von der Sache, aufgrund ihrer Beschaffenheit oder Lage im Raum, ausgehende Gefahr. Dem Inhaber der tatsächlichen oder rechtlichen Sachherrschaft wird die Verantwortlichkeit hierfür zugewiesen.

Eine Struktur der Zustandsverantwortlichkeit kann wie folgt beschrieben werden:
Der Zustand einer Sache → ist kausal → für einen Störungs-Schaden.

Verantwortlich für den Störungs-Schaden ist der Sachherrschaftsinhaber. Demnach wird nicht an ein Verhalten angeknüpft, sondern eine rechtliche oder tatsächliche Zuweisung ist maßgebend. Auch der Zustandsverantwortliche aus § 5 MEPolG wird durch eine Ermessensentscheidung der Behörde konkretisiert.

Eine derartige Haftungsausgestaltung ist der zivilrechtlichen Gefährdungshaftung nicht fremd. Wie sich schon aus den oben geschilderten Beispielen zu diesem Haftungsregime ergibt, basiert die Gefährdungshaftung häufig nicht auf einem verschuldensunabhängig verursachten Verhalten einer Person, sondern auf dem Einstehenmüssen für die von einer Sache ausgehende (Betriebs-)Gefahr. Verantwortlich ist in diesen Fällen der Halter oder Betreiber bzw. Inhaber der Sache (§ 833 S. 2 BGB, § 7 Abs. 1 StVG, §§ 1, 2 HPflG, § 22 Abs. 2 WHG, § 25 AtG, § 32 GenTG, § 33 LuftVG). Es wird also nicht an das Eigentum an einer Sache oder die tatsächliche Herrschaftsgewalt über eine Sache angeknüpft, sondern an den Halter der Sache. Nicht selten ist der Eigentümer bzw. der Inhaber der tatsächlichen Sachherrschaft auch der Halter der Sache. Dies muss jedoch nicht so sein, z. B. bei Leasing, Sicherungsübereignung. Um daher für die Zustandsverantwortlichkeit zu differenzieren, inwieweit sie der zivilrechtlichen Gefährdungshaftung entspricht, wird eine Zustandshaftung des Halters eingeführt[378]. Diese Zustandshaftung des Halters (oder auch des „betreibenden Sachherrschaftsinhabers") soll einem (rechtlichen oder tatsächlichen) Sachherrschaftsinhaber gleichstehen, der die Definition des Halters im zivilrechtlichen Deliktsrecht erfüllen würde (5.1.4.1). Folglich wird der Eigentümer ausgenommen, der *„nur" das Eigentum* über die Sache inne hat, *ohne auch die Sache für eigene Rechnung in Gebrauch zu haben und die Verfügungs- bzw. Bestimmungsmacht über die Sache auszuüben.* Des Weiteren wird der tatsächliche Sachherrschaftsinhaber ausgenommen, der nur im Zeitpunkt des Unfalls (zufällig) Gewahrsam über die Sache hat, aber nicht die Halter-Eigenschaft erfüllt.

Dem Polizeirecht ist ein Abstellen auf die Verfügungsmacht über eine Sache nicht ganz fremd. Gem. § 5 Abs. 2 S. 1 MEPolG entfällt die Zustandsverantwortlichkeit, wenn der Inhaber der tatsächlichen Gewalt über eine Sache diese *ohne* den Willen des Eigentümers oder Berechtigten ausübt. Allerdings soll nur in Fällen, in denen dem Eigentümer die tatsächliche Gewalt über seine Sache durch Diebstahl, aber auch durch hoheitliche Beschlagnahme und dergleichen entzogen ist, die Verfügungsmacht über die gefahr- bzw. störungsverursachende Sache fehlen[379]. Folglich sieht die bisherige juristische Literatur und Rechtsprechung durchaus, dass das Moment der Verfügungsmacht ein maßgebender Ansatzpunkt für eine Haftungsbeschränkung sein kann, sie zieht jedoch nicht die Parallele zur zivilrechtlichen Gefährdungshaftung. Stattdessen belässt sie die Fälle der fehlenden Verfügungsmacht auf Diebstähle und Beschlagnahme beschränkt.

Die - mit dieser Arbeit eingeführten – Zustandshaftung des Halters soll sich mit der Interpretation der Halterhaftung im geltenden Zivilrecht decken. Für die Zustandshaftung des Halters wird durch § 5 MEPolG eine Gefährdungshaftung normiert. Wie auch im geltenden Zivilrecht, knüpft diese Vorschrift an das Verhalten des Haftenden im Zusammenhang mit einer Sache an. Dies zeigt sich plastisch an der „parallelen" Haftung des Kraftfahrzeughalters für den Fahrer nach StVG zu der Haftung aus öffentlich-rechtlicher Verantwortlichkeit: Der Halter haftet gem. § 7 StVG für einen Unfall des Fahrers (dieser haftet aus § 18 StVG), so wie der Halter des Fahrzeugs aus § 5 MEPolG für polizeiwidriges Verhalten neben dem Verursacher einer polizeilichen Störung haftet, z. B. für den vom Fahrer verkehrswidrig abgestellten Pkw[380]. In dieser Klarheit führte auch das OVG Bremen aus: „Diese *Zustandshaftung des*

---

378 Wenn auch dem Kontext etwas entrissen: „This makes sense." [Mas-Colell/Whinston/Green 1995, p. 186].
379 VGH Baden-Württemberg, Urteil v. 11. 10. 1985, NVwZ 1986, 325 [326] = DÖV 1986, 249; Götz 1995, S. 84 f. (Rn. 218).
380 VG Münster, Urteil v. 23. 12. 1986, DÖV 1988, 87.

*Halters stellt eine Parallele zu der zivilrechtlichen Gefährdungshaftung dar*, die § 7 StVG dem Halter - unabhängig von der Haftung des Fahrzeugführers (§ 18 StVG) - auferlegt."[381]

Ein Unterschied zwischen diesen Haftungen liegt lediglich darin, dass im zivilrechtlichen Haftungsrecht eine Verantwortlichkeit nur für den Betrieb besonders gefährlicher Sachen auferlegt wird, während bei der Zustandsverantwortlichkeit jede Sache, also auch per se ungefährliche, durch einen Unfall (nach einem Tanklastwagenunfall läuft Öl auf einem harmlosen Grundstück aus) zu einer gefährlichen mutieren kann. Allerdings liegt in der von der Sache ausgehenden besonderen Gefahr vor allem die Begründung – also die Motivation des Gesetzgebers - für die Statuierung einer Gefährdungshaftung statt einer grundsätzlich üblichen Verschuldenshaftung. Die besondere Gefährlichkeit der Sache ist nicht unabdingbare Voraussetzung für eine Gefährdungshaftung, sondern die Entscheidung des Gesetzgebers für diese, eine solche zu statuieren. Dies zeigt z. B. das Gegenbeispiel des ProdHaftG: Wenn jedes Produkt eine anormale Gefahr aufweist, was bleibt dann noch übrig? Aber auch wenn im Rahmen der engen Gefährdungshaftung (§ 7 Abs. 1 StVG, § 833 S. 1 BGB) auf das spezifische Risiko abgestellt wird, ergibt sich nichts anderes. Denn dieses soll nur unübliche Kausalverläufe aus der Haftung entnehmen. Üblicherweise verwirklicht sich im Schaden die spezifische Gefahr. Folglich kann für die Zustandsverantwortlichkeit resümiert werden, dass sie eine Gefährdungshaftung auferlegt, soweit für den Halter eine Zustandshaftung bestimmt wird. Für die verbleibenden Fälle ist dies nicht der Fall. Auf die ökonomische Würdigung beider Möglichkeiten geht das 7. Kapitel ausführlich ein.

## 5.4 Ergebnis

Sowohl die Rechtsprechung als auch ein Teil der juristischen Literatur haben schon des Öfteren einen Vergleich zwischen der öffentlich-rechtlichen Störerhaftung mit der zivilrechtlichen Gefährdungshaftung gezogen. Diese Untersuchung hat bestätigt, dass die zivilrechtliche Gefährdungshaftung, sowohl in ihrer konkreten Ausgestaltung als auch in ihrer Struktur, wie sie der ökonomischen Analyse des Rechts zugrunde liegt, der öffentlich-rechtlichen Störerhaftung im Wesentlichen entspricht. Dies trifft vollumfänglich auf die Verhaltensverantwortlichkeit gem. § 4 MEPolG zu. Hier bleibt die sog. Zusatzhaftung aber besonders zu berücksichtigen. Eine Einschränkung ist jedoch hinsichtlich der Zustandsverantwortlichkeit (§ 5 MEPolG)

---

[381] OVG Bremen, Urteil v. 17. 12. 1985, DAR 1986, 159 [160] *(Hervorhebungen d. Verf.)*.

zu machen. Soweit der aus § 5 MEPolG haftende Sachherrschaftsinhaber dem zivilrechtlichen Begriff des Halters entspricht – die Arbeit bezeichnet dies als Zustandshaftung des Halters – ist eine Parallele zwischen der Zustandshaftung und der Gefährdungshaftung gegeben. In den anderen Fällen, wenn z. B. der rechtliche Sachherrschaftsinhaber „nur" Eigentümer ist, aber die Sache nicht für eigene Rechnung in Gebrauch hat und ihm auch nicht die Verfügungs- oder Bestimmungsmacht über die Sache obliegt, trifft dies nicht zu. Dies gilt entsprechend für eine Person, die nur die tatsächliche Sachherrschaft über eine Sache ausübt, ohne die Voraussetzungen des Halter-Begriffs zu erfüllen.

# 2. Teil: Ökonomische Beantwortung

## 6 Ökonomische Theorie des Haftungsrechts

Im vorausgegangenen Kapitel (5) wurde die Parallele zwischen der zivilrechtlichen Gefährdungshaftung und der öffentlich-rechtlichen Verantwortlichkeit - aus juristischer Sicht – aufgezeigt. Im zweiten Teil dieser Analyse soll nun die öffentlich-rechtliche Verantwortlichkeit ökonomisch betrachtet werden. Hierzu werden zunächst die Grundlagen der ökonomischen Theorie des Haftungsrechts dargestellt. Dies ist Gegenstand dieses Kapitels. Im sich anschließenden 7. Kapitel wird die Verhaltens- und Zustandsverantwortlichkeit ökonomisch analysiert. Die Haftung mehrerer Störer nebeneinander wird im 8. Kapitel untersucht. Das 9. Kapitel hat den Ex ante-Ansatz des Polizeirechts zum Gegenstand.

### 6.1 Ausgangspunkt

Die ökonomische Theorie des Haftungsrechts sowie die Grundzüge der Umweltökonomik basieren auf folgendem Hintergrund: Die Mikroökonomik zeigt, dass durch den Marktmechanismus knappe Güter zu ihrer optimalen Verwendung kommen können. Allerdings erfordert eine effiziente Allokation unter anderem, dass es sich bei den Gütern um private Güter handelt, während Umweltgüter jedoch häufig „öffentliche" (Misch-)Güter (6.1.1.2) sind. Daher versagt bei Umweltgütern der Markt; es kommt zu externen Effekten. Die Möglichkeiten ihrer Internalisierung – mit dem Ziel eines funktionierenden Marktes – sind nur theoretisch lösbar. Die umweltpolitische Praxis sucht daher nach umsetzbaren Konzepten, die sich möglichst weitgehend an dem Referenzsystem des „reinen" Marktes orientieren.

### 6.1.1 Marktversagen durch externe Effekte

Zunächst wird das Versagen des Marktes anhand von Umweltgütern illustriert (6.1.1.2), da sich die hier auftretenden externen Effekte sehr plastisch darstellen lassen. Im Rahmen der Grundlagen (6.2) wird diese Argumentation auf das zivilrechtliche Haftungsrecht übertragen.

#### 6.1.1.1 Markt als Allokationsmechanismus

Der Marktmechanismus dient als Instrument der Zuweisung knapper Ressourcen auf alternative Verwendungen („Allokationsmechanismus")[382]. Eine idealtypische „reine" Marktwirtschaft mit vollkommener Information, in der vollständige Konkurrenz herrscht und keine staatlichen Eingriffe vorgenommen werden, befriedigt mit den zur Verfügung stehenden knappen Mitteln die unbegrenzten Bedürfnisse der Menschen bestmöglich und sorgt für optimale Allokation.

Die Verteilung knapper Güter erfolgt über Märkte durch den Preismechanismus. Die Preise repräsentieren die relativen Knappheiten der Güter und spiegeln damit den Verzicht wider, den die Konsumenten der Gesellschaft aufbürden. Denn die Konsumenten bewirken durch ihren Konsum, dass das von ihnen nachgefragte Gut für andere Verwendungsrichtungen nicht mehr zur Verfügung steht. Folglich kommt durch den Preis eines Gutes seine gesellschaftliche Wertschätzung zum Ausdruck.

Auf der anderen Seite spiegeln die Preise die Grenzkosten[383] ihrer Herstellung wider, da das Gewinnmaximierungskalkül dazu führt, dass Unternehmen die Produktion eines Gutes so weit ausdehnen, bis die Grenzkosten dem Preis entsprechen. Da die Marktpreise die gesellschaftliche Wertschätzung der Güter repräsentieren, fließen die Ressourcen zur Herstellung der Güter folglich in die Verwendung, in der sie den meisten Nutzen stiften.

Die Preise passen sich so an, dass Angebot und Nachfrage übereinstimmen, d. h. dass die Märkte im Gleichgewicht sind. Sofern sämtliche Konsequenzen im Umgang mit knappen Gütern in den Kosten berücksichtigt sind, verwirklicht der Markt folglich eine effiziente Allokation: Die betreffenden Güter fließen in jene Verwendungsrichtungen, in denen sie den größten Nutzen stiften.

---

[382] Endres 1985, S. 3; *Endres* bietet einen guten Einstieg in die Zusammenhänge zwischen Marktsystem und Umwelt und verweist auf ausführliche Erörterungen in mikro- und wohlfahrtsökonomischen Lehrbüchern [Endres 2000, S. 1 – 22].

[383] Grenzkosten sind die zusätzlichen Kosten, die eine Unternehmung dadurch trägt, dass sie die Produktion um eine (marginale) Einheit ausweitet. Ein gewinnmaximierendes Unternehmen wird die Produktion so lange ausweiten, wie diese zusätzlichen Kosten den Grenzerträgen (zusätzlichen Umsätzen) entsprechen.

Das Erste Theorem der Wohlfahrtsökonomie besagt, dass Marktgleichgewichte stets (*Pareto-*) effizient sind[384]. Der hier gewählte Begriff der Effizienz[385] beruht auf dem wohlfahrtsökonomischen Effizienzkriterium der *Pareto*-Effizienz. Ein Zustand ist *Pareto*-optimal bzw. *Pareto*-effizient, wenn es keinen anderen Zustand gibt, den mindestens ein Individuum vorzieht und den alle anderen zumindest nicht ablehnen. Das *Pareto*-Kriterium definiert den optimalen erst-besten Zustand. Es wird zum Vergleich für die durch die verschiedenen Regulierungen erreichten Allokationen herangezogen. Es kann somit gemessen werden, wie groß die Wohlfahrtsverluste aus einer bestimmten Regulierung im Vergleich zum erst-besten, also *Pareto*-optimalen Zustand sind. Wenn eine *Pareto*-optimale Allokation aufgrund von z. B. externen Effekten (6.1.1.3) nicht erreichbar ist, so ist diejenige Allokation zu wählen, die die geringsten Wohlfahrtsverluste verursacht. Das *Pareto*-Kriterium ist mithin ein Bewertungskriterium zwischen verschiedenen Handlungsalternativen. Dieses Kriterium wurde nach seinem Erfinder *Vilfredo Pareto* (1848 – 1923) benannt[386]. Es hat seine typische Anwendung im System des Marktmechanismus. Wenn bspw. zwei Personen miteinander einen (Kauf-)Vertrag schließen, dann verhält es sich offenbar so, dass beide von dieser freiwilligen Transaktion (Ware gegen Geld) profitieren. Anderenfalls hätten sie den Vertrag nicht abgeschlossen. Durch die Zulassung von Handel bzw. Vertragsabschlüssen, ermöglicht die Rechtsordnung diese Transaktionen, die zu *Pareto*-optimalen Ergebnissen führen. Die Intuition, dass der Marktmechanismus zu einem optimalen Ergebnis führen kann, wurde erstmalig von *Adam Smith* im 18. Jahrhundert zum Ausdruck gebracht. Dieser Mechanismus wurde von der Wohlfahrtsökonomik dann im Einzelnen erforscht. Hiernach führt ein ideal funktionierender Marktmechanismus zu einem effizienten Gleichgewichtszustand: Die Position irgendeines Marktteilnehmers lässt sich nur noch dadurch verbessern, dass sich gleichzeitig diejenige eines anderen verschlechtert.

Ein reiner Marktmechanismus kommt zwar in der Realität nicht vor, jedoch dient er als Bezugs- und Referenzsystem[387].

---

[384] Vgl. hierzu Varian 1999, S. 496. Ferner bildetet jede *Pareto*-effiziente Allokation bei entsprechender Ausstattung ein Marktgleichgewicht, dies beinhaltet das Zweite Theorem der Wohlfahrtsökonomie [vgl. Varian 1999, S. 500].

[385] Die Darstellung dieses Absatzes beruht auf Eidenmüller 1998, S. 47 f; *Eidenmüller* [Eidenmüller 1998, S. 47 – 57] stellt auch die weiteren Effizienzkriterien „Kaldor/Hicks-Krtierium" und „Reichtumsmaximierungsprinzip" dar.

[386] Die Wohlfahrtstheorie und die Theorie der Sozialwahl bzw. Kollektiventscheidung ("social choice") gehen im Wesentlichen auf die Arbeiten von *Pareto*, *Robbins*, *Bergson*, *Samuelson*, *Arrow*, *Rawls* und *Sen* zurück; vgl. Schäfer/Ott 2000, S. 23 f., in Fn. 1 mit ausführlichem Nachweis der einschlägigen Werke.

[387] Schäfer/Ott 2000, S. 83.

#### 6.1.1.2 Umwelt als öffentliches Gut

Für viele Umweltgüter existieren trotz ihrer Knappheit keine Märkte und keine Preise. Sie weisen wesentliche Elemente von öffentlichen Gütern (Kollektivgütern) auf. Öffentliche Güter sind Güter, die sich von privaten Gütern durch die Merkmale Nichtrivalität im Konsum und Versagen des Marktausschlussprinzips unterscheiden[388].

Nichtrivalität im Konsum bedeutet, dass nicht nur eine, sondern mehrere Personen ein öffentliches Gut nutzen können, ohne dass dessen Nutzwert für einen bestimmten Benutzer dadurch absinkt. Ein Leuchtturm ist bspw. ein öffentliches Gut, denn alle vorbeifahrenden Schiffe haben den gleichen Nutzen; im Gegensatz dazu ist ein Stück Kuchen ein privates Gut, denn der Konsum des einen macht den Konsum des anderen unmöglich. Zwar lässt sich ein Stück Kuchen zwischen mehreren Personen aufteilen, aber dann erhält, anders als beim Leuchtturm, jeder nur einen Teil[389].

Güter können nicht über den Markt angeboten werden, wenn es unmöglich ist, diejenigen, die für die Nutzung nicht zahlen, von der Nutzung auszuschließen (Nicht-Exklusivität). Ein Beispiel für ein Versagen des Marktausschlussprinzips ist das Straßennetz[390].

In der Realität finden sich nur selten Güter, auf die beide Kollektivguteigenschaften in vollem Umfang zutreffen („prototypische Kollektivgüter"). So rechnen auch die Umweltgüter zu den „Quasikollektivgütern" bzw. „Mischgütern", da sie sowohl Kollektivgütereigenschaften als auch Kennzeichen privater Güter besitzen.

Bei den Umweltgütern besteht Rivalität im Konsum. Ihre Nutzung durch ein Individuum beeinträchtigt die Nutzungsmöglichkeiten anderer in der Weise, dass sie vom Gebrauch des Gutes völlig ausgeschlossen werden oder beim Gebrauch Nutzeneinbußen und Kostenaufwendungen hinnehmen müssen. Wird etwa ein Wasserreservoir als Aufnahmemedium für Schadstoffe benutzt, muss entweder auf den Konsum von Trinkwasser vollständig verzichtet werden, oder es entstehen für Trinkwasserkonsumenten als Folge der Qualitätsminderung Nutzeneinbußen oder Aufwendungen für die Kosten der Aufbereitung.

Hingegen versagt bei Umweltgütern oft das Marktausschlussprinzip. Das Fehlen des Marktausschlussprinzips führt die Wirtschaftssubjekte bei einzelwirtschaftlicher Rationalität in eine Dilemmasituation. Sie begehen Handlungen, die ihnen zwar unmittelbare Vorteile versprechen, aber der Gesamtheit und damit letztlich ihnen selbst schaden. So wird den Individuen durch die Möglichkeit zur kostenlosen Inanspruchnahme des knappen Kollektivgutes

---

[388] Hartwig 1995, S. 132 m. w. N.

[389] Schäfer/Ott 2000, S. 96.

[390] Schäfer/Ott 2000, S. 96; zu jedem Grundsatz gibt es natürlich auch eine Ausnahme, wie sich bspw. anhand der französischen Autobahnen zeigt.

eine „Trittbrettfahreroption“ eröffnet. Die Individuen verschleiern ihre wahren Präferenzen in der Hoffnung, dass andere für die Bereitstellung des Gutes aufkommen, von dem sie dann, möglichst zum Nulltarif, profitieren können. Verhalten sich die anderen ebenso – und das ist zu erwarten -, kommt keine den tatsächlichen Wertschätzungen entsprechende Marktnachfrage zustande (strategisches Marktnachfrageverhalten). Für potenzielle Anbieter von Kollektivgütern lassen sich unter solchen Bedingungen kaum kostendeckende Preise erzielen. Ein privatwirtschaftliches Angebot wird sich daher häufig erst gar nicht bzw. nicht im gewünschten Umfang einstellen[391]. Bei vorhandenen öffentlichen Gütern besteht auch das Problem der Überbeanspruchung, da die Nutzer überhaupt nicht oder nicht in vollem Umfang mit den tatsächlichen Kosten ihrer Handlungen konfrontiert werden. Für den einzelnen Nachfrager ist es lohnend, sie in möglichst großem Umfang und möglichst intensiv einzusetzen. Einzelwirtschaftlich nicht rational sind demgegenüber Anstrengungen, schonend mit dem Kollektivgut umzugehen oder sogar etwas zu seiner Bereitstellung oder Sicherung beizutragen. Beide Aktivitäten verursachen nämlich für das betreffende Individuum Kosten, die in keiner Relation zu seinem daraus resultierenden Ertrag stehen[392]. Der Dilemmasituation können die Individuen nur entrinnen, wenn alle zugleich ihren unmittelbaren Vorteil zurückstellen und sich im Interesse der Gesamtheit verhalten. Da aber jeder dem anderen zu Recht misstraut, kann dies nicht gelingen. Die Spieltheorie[393] bezeichnet eine solche Situation als Gefangenendilemma[394]. Für die Analyse des Umweltproblems relevant sind Situationen, die als soziales Dilemma bezeichnet werden, und die in ihrer Struktur dem Gefangenendilemma entsprechen. Dies zeigt sich bspw. an der Entscheidung der Autofahrer zur Rushhour[395]. Jeder trägt zur Verstopfung der Straße, zu Lärm- und Luftbelastung bei, verliert Zeit und ist genervt. Durch den Verzicht auf sein Fahrzeug würde er andere und sich von Kosten entlasten. Gleichzeitig entstünden ihm jedoch Nutzeneinbußen durch den Verlust von Bequemlichkeit, Beweglichkeit usw. Verzichtet er allein auf sein Auto und benutzt sein Fahrrad oder öffentliche Verkehrsmittel, wird sich die Umweltsituation kaum spürbar verbessern, während die Nutzenein-

---

[391] Hartwig 1995, S. 132.

[392] Hartwig 1995, S. 133.

[393] Die Spieltheorie versucht, das rationale Entscheidungsverhalten in sozialen Konfliktsituationen abzuleiten, in denen der Erfolg des Einzelnen nicht nur vom eigenen Handeln, sondern auch von den Aktionen anderer abhängt [Gabler 1997, S. 3512 „Spieltheorie“].

[394] Das Gefangenendilemma ist ein berühmtes Beispiel des spieltheoretischen Konzepts. Es zeigt, dass eine Kooperation zwischen den Spielern beide besser stellen würde; da jeder Spieler aber aus rationalegoistischen Motiven handelt, findet eine Kooperation nicht statt, mit der Folge, dass sich beide Spieler im Ergebnis schlechter stellen. Darstellungen des Gefangenendilemmas finden sich in spieltheoretischen Darstellungen (Nachweise z. B. Cooter/Ulen 2000, S. 35 Fn. 13; in der hier weiter zitierten Literatur z. B. Weimann 1995, S. 60 ff.; Varian 1999, S. 470 f.).

[395] Ausführliche Schilderung dieses Beispiels eines sozialen Dilemmas (mit technischer Begründung) bei *Weimann* [Weimann 1995, S. 66 ff].

bußen für ihn sofort in vollem Umfang anfallen. Das Beste für ihn wäre, wenn alle anderen Verkehrsteilnehmer auf ihr Auto verzichten würden, nur er selbst nicht. Er käme dann in den Genuss einer sauberen Umwelt und könnte sich ohne Stau- und Parkplatzsorgen ungestört mit seinem Fahrzeug bewegen. Da alle vor dieser gleichen Überlegung stehen, treffen sie sich immer im Stau wieder.

#### 6.1.1.3 Externe Effekte

Bei öffentlichen Gütern versagt das Ausschlussprinzip des Marktes. Ihre Nutzer verwenden sie, ohne für die Gesamtheit der damit verbundenen Kosten aufzukommen. Die von den Konsumenten nicht getragenen Kosten müssen andere in Form von Nutzeneinbußen oder Aufwendungen übernehmen. Solche nicht durch Markttransaktionen gedeckten Beeinträchtigungen Dritter werden als negative externe Effekte bzw. als soziale Zusatzkosten bezeichnet. Sie resultieren aus den insgesamt anfallenden „sozialen" Kosten und den von den eigentlichen Verursachern (Verwendern) getragenen „privaten" Kosten. Externe Effekte entstehen dadurch, dass der Marktpreis eines Gutes nur dessen private Kosten- und Nutzenelemente beinhaltet. Sie treten auf, wenn die wirtschaftlichen Aktivitäten eines Individuums die Nutzen-, Produktions-, Gewinn- oder Kostenfunktionen Dritter beeinflussen, ohne dass zwischen den Beteiligten eine marktliche Übereinkunft im Preis getroffen wurde. Der Initiator wird durch den Markt nicht belastet oder kompensiert. Der externe Effekt entfaltet seine Wirkung am Preismechanismus vorbei; er beruht auf einem „Organisationsfehler des Marktes".[396] Der Begriff des „externen Effektes" oder der Externalitäten bezieht sich also nicht auf den einzelnen Produzenten oder Konsumenten, außerhalb dessen Einfluss der Effekt liegt, sondern auf das Preissystem, das auf bestimmte Effekte nicht reagiert[397]. So liegt ein negativer externer Effekt im Konsum vor, wenn ein Restaurantbesucher durch den vom Nachbartisch herüberziehenden billigen Zigarrenrauch belästigt wird oder der Zuschauer eines Kinofilms durch Kartoffelchips knabbernde Besucher gestört wird[398]. Die Tätigkeit eines Imkers kann sich fördernd auf den Ertrag einer benachbarten Obstplantage auswirken, was einem positiven externen Effekt in der Produktion entspricht[399].

---

[396] Hartwig 1995, S. 134 ff.
[397] Weimann 1995, S. 30 f.
[398] Weimann 1995, S. 31.
[399] Weimann 1995, S. 31.

Umweltschäden sind bspw. derartige negative externe Effekte: Knappe natürliche Ressourcen wie z. B. Luft und Wasser werden für die Güterproduktion in Anspruch genommen, aber die Kosten für die Inanspruchnahme (z. B. durch Verschmutzung) werden auf unbeteiligte Dritte überwälzt. Aus wohlfahrtsökonomischer Sicht hat dies zu niedrige Produktionskosten zur Folge. Die entsprechenden Produkte werden zu zu geringen Preisen angeboten, damit in einer zu hohen Menge nachgefragt und somit auch produziert. Die Preise der Produkte spiegeln nicht die gesamten (gesellschaftlichen) Kosten ihrer Herstellung wider. Folglich sind resultierende Gleichgewichte nicht (mehr) effizient. Die Gesellschaft wäre besser gestellt, wenn die Produktion des Gutes zurückgefahren werden würde, da die „Nutzeneinbußen" der vom externen Effekt Betroffenen größer sind, als die zusätzlichen Gewinne der Produzenten und Konsumenten des Produkts.

#### 6.1.1.4 Zusammenfassung

Die Umweltökonomik interpretiert Umweltprobleme als Probleme negativer externer Effekte. So verursacht z. B. der Emittent eines Schadstoffs bei unbeteiligten Dritten Kosten, ohne diese Kosten in seinem Optimierungskalkül über das Ausmaß und die Qualität seiner wirtschaftlichen Aktivität zu berücksichtigen. Werden externe Effekte verursacht, so erreicht der unkorrigierte Marktmechanismus auch unter ansonsten günstigen Bedingungen (insbesondere vollständige Konkurrenz, Verzicht des Staates auf effizienzmindernde Eingriffe) keine volkswirtschaftlich optimale Allokation der knappen Ressourcen.

### 6.1.2 Internalisierung externer Effekte

Die Kollektivguteigenschaften der Umweltgüter ermöglichen Externalitäten, die ihre effiziente Allokation über Märkte verhindern. Sie werden überbenutzt; dies spiegelt sich in einer Überproduktion umweltschädigender Güter wider, da sie in Relation zu umweltschonend hergestellten Produkten zu billig sind, aber zu viele Produktionsfaktoren binden. In diesem Fall wird von Marktversagen gesprochen, und es ist zu prüfen, ob staatliche Maßnahmen zu besseren Resultaten führen. Aus ökonomischer Sicht wäre das Beste, was der Staat erreichen kann, dass die knappen Umweltressourcen in jene Verwendungsrichtung fließen, in der sie die größte Nutzenwirkung entfalten. Dazu muss der Staat die Verwender der Umweltgüter mit den tatsächlichen Kosten ihrer Handlungen konfrontieren. Gelingt es, den Verursachern neben ihren privaten Kosten auch ihre externen Kosten zuzurechnen (Internalisierung), werden sie alle Folgen ihrer Aktivitäten in ihren individuellen Entscheidungskalkülen berücksichtigen.

Ziel aller Internalisierungsstrategien ist es, die Lücke zwischen privaten und sozialen Grenzkosten beim Verursacher zu schließen. Die Belastung der Verursacher negativer externer Effekte mit allen Kosten ihrer Handlungen löst dann entsprechende Anpassungsreaktionen aus, in deren Folge ein wohlfahrtsoptimales Niveau erreicht wird. In der ökonomischen Theorie existieren zwei Lösungsansätze zur Internalisierung externer Effekte: Die *Pigou*-Steuer und die Verhandlungslösung im Sinne von *Coase*. Die *Pigou*-Steuer bildet die Grundlage der Umweltabgaben (z. B. die „Öko-Steuer"), während sich das Modell der Umweltzertifikate (z. B. die im Kyoto-Protokoll enthaltene Möglichkeit zum $CO_2$-Emissionshandel) auf die *Coase*-Tradition zurückführen lässt[400].

#### 6.1.2.1 Pigou-Steuer

Zur Berücksichtigung externer Effekte seitens der Verursacher schlägt *Pigou* ("The Economics of Welfare", 1920)[401] eine Steuer vor, die diese in Höhe der Differenz zwischen privaten und sozialen Grenzkosten belastet. Eine so ausgestaltete Steuer signalisiert dem Verursacher den durch seine Aktivitäten entstandenen Umweltschaden und veranlasst ihn auf diese Weise, die Knappheit der Umweltgüter in sein privatwirtschaftliches Kalkül einzubeziehen. Um die effiziente Lösung zu erreichen, ist der Steuersatz so zu bemessen, dass er genau den externen Zusatzkosten entspricht, die als Differenz zwischen den sozialen und den privaten Grenzkosten bei optimaler Güterversorgung entstehen. Die *Pigou*-Steuer ist ein Ersatz für den Marktpreis der Umweltnutzung und simuliert jenen Fall, der eintritt, wenn die Märkte alle Kosten über den Preismechanismus verrechnen.[402]

Das Kernproblem der *Pigou*-Lösung liegt in der Ermittlung und monetären Bewertung der Umweltschäden. Nur wenn die marginalen Zusatzkosten einer umweltschädigenden Aktivität bekannt sind, lässt sich der optimale Steuersatz ermitteln. Hierzu reicht es nicht aus, die (Umwelt-)Schäden zu kennen. Hinzu kommen müssen Informationen über den gesamten Verlauf der privaten und sozialen Grenzkosten sowie der Nachfrage nach umweltschädigenden Gütern. Diese Informationen sind in den meisten Fällen nicht verfügbar.[403]

---

[400] *Bonus* stellt die Entwicklung dieser beiden Konzepte in der Umweltökonomie vor [Bonus 1994].
[401] Pigou 1924.
[402] Hartwig 1995, S. 139.
[403] Hartwig 1995, S. 140.

#### 6.1.2.2 Verhandlungslösung

Anstelle eines staatlichen Eingriffs in Form einer Steuer zeigt *Coase* ("The Problem of Social Cost", 1960)[404], dass auch eine Verhandlungslösung zu einer Internalisierung externer Effekte und damit zu einem effizienten Ergebnis führt. Diese Lösung erfordert u. a. wohlspezifizierte Eigentums- bzw. Verfügungsrechte ("Property Rights") und die Abwesenheit von Transaktionskosten[405]. In diesem Falle werden die Verhandlungen zwischen konkurrierenden Umweltgüternutzern immer zu *Pareto*-optimalen Ergebnissen führen – und zwar unabhängig davon, wem die Rechtsordnung ein Verfügungsrecht gewährt (sog. *Coase*-Theorem). Die Darstellung des *Coase* – Theorems soll an folgendem Beispiel illustriert werden[406]: Eine Stahlfabrik leitet ihre Abfälle in einen Fluss. Flussabwärts leben Fischer von ihrem täglichen Fang. Die Abwässer der Stahlfabrik reduzieren die Gewinne der Fischer. Die Stahlfabrik kann ein Filtersystem installieren, um ihre Schadstoffe im Abwasser zu reduzieren, die Fischer können für den Bau einer Wasserreinhaltungsanlage aufkommen (Kosten: € 200). Ohne Filter und Wasserreinhaltungsanlage beträgt der Gewinn der Stahlfabrik € 500 und die Fischer erzielen nur einen Gewinn von € 100 wegen des verschmutzten Wassers. Der Gesamtgewinn beträgt folglich € 600. Dieser Gesamtgewinn würde auch erzielt mit Filter und Reinhaltungsanlage (Fabrik : € 300, Fischer: € 300). Hingegen betrüge der Gewinn mit Filter, aber ohne Wassereinhaltungsanlage für die Fabrik € 300 und die Fischer € 500, also insgesamt € 800; im Falle der Errichtung einer Wasserreinhaltungsanlage, aber keines Filters erwirtschaftet die Fabrik € 500 und die Fischer € 200 (Gesamtgewinn: € 700). Die effiziente Lösung maximiert den Gesamtgewinn der Beteiligten. Dieser beträgt € 800 und liegt vor, wenn die Fabrik das Filtersystem installiert, aber die Fischer auf die Errichtung der Wasserreinhaltungsanlage verzichten. Das *Coase*-Theorem beinhaltet, dass eine Verhandlungslösung zu diesem *Pareto*-effizienten Ergebnis führt – unabhängig davon, wem die Rechtsordnung ein Verfügungs- bzw. Eigentumsrecht gewährt. Es ist folglich gleichgültig, ob die Fabrik ein Verschmutzungsrecht hat oder ob die Fischer ein Recht auf sauberes Wasser haben. Eine Verhandlungslösung zwischen den Beteiligten wird den Gesamtgewinn maximieren. Wenn der Stahlfabrik das Verschmutzungsrecht zusteht, so erzielt sie einen Gewinn von € 500, während die Fischer von einem Gewinn von € 100 leben müssen. Würde die Fabrik jedoch einen Filter installieren, so könnten die Fischer ihren Gewinn um € 400 auf € 500 erhöhen. Mit der Installation eines Filters würde

404 Coase 1960 ^ 1993.

405 Unter Transaktionskosten werden die Kosten der Information, der Koordination bei der Übertragung und Durchsetzung von Rechten, letztlich die Kosten der Nutzung des Marktes verstanden [Schäfer/Ott 2000, S. 90].

406 Pindyck/Rubinfeld 1998, S. 806 f.

sich der Gewinn der Stahlfabrik jedoch nur von € 500 auf € 300 reduzieren. Sie dürfte dementsprechend bereit sein, einen Filter zu einem Preis zwischen € 200 und € 400 zu installieren. Hingegen werden die Fischer keinen Anreiz mehr haben, auch eine Wasseraufbereitungsanlage zu installieren, da ihren Kosten von € 200 nur eine Gewinnsteigerung von € 100 gegenübersteht. Zu diesem Verhandlungsergebnis kommt es auch, wenn den Fischern ein Recht auf sauberes Wasser zusteht. In diesem Fall werden die Fischer fordern, dass die Fabrik den Filter installiert. Jedoch werden sie sich ihr Recht auf Errichtung der Wasserreinhaltungsanlage von der Stahlfabrik abkaufen lassen. Mit dieser Anlage könnte der Gewinn der Fischer nämlich nur um € 100 erhöht werden, sie verursacht jedoch Kosten von € 200. Daher werden die Fischer bereit sein, sich ihr Recht auf sauberes Wasser von der Fabrik zu einem Preis zwischen € 100 und € 200 abkaufen zu lassen. Allerdings liegen gerade in den Bedingungen des *Coase*-Theorems – u. a. keine Transaktionskosten - die Schwierigkeiten seiner Anwendung.

## 6.2 Grundlagen

Bei den für das Haftungsrecht[407] relevanten Lebenssachverhalten scheidet eine Verhandlungslösung genau aus diesem Grunde – der zu hohen Transaktionskosten - aus. Das Haftungsrecht statuiert Regeln zum Ausgleich zwischen Personen, die nicht im marktlichen Kontakt zueinander stehen[408].

So ist es bspw. dem Halter eines Pkws nicht möglich, mit jedem Verkehrsteilnehmer einen Vertrag über einen potenziellen Unfall zu schließen, bevor das Auto gestartet wird. Eine Verhandlungslösung ist hier wegen der prohibitiv hohen Transaktionskosten nicht möglich. Verursacht der Autofahrer einen Unfall und fügt einer Person hierdurch einen Schaden zu, bedeutet dies – zunächst -, dass der Verursacher eine Ressource des Geschädigten in Anspruch genommen hat, ohne diese in seine Kosten-Nutzen-Überlegung über die Autofahrt mit einbezogen zu haben. Wird der Verursacher nun mithilfe des Haftungsrechts zum Ersatz dieses Schadens herangezogen – und hat auch Kenntnis von dieser Haftung bei Fahrtantritt -, so wird er den an den Geschädigten zu leistenden Schadensersatz in seine Überlegungen, wie viel ihm die Autofahrt wert ist, mit einbeziehen. Das Autounfall-Haftungsrecht übernimmt damit die Funktion der Internalisierung der bei der Autofahrt entstehenden externen Effekte.

[407] Einen Einstieg in die ökonomische Theorie des Haftungsrechts bietet *Brown* [Brown 1998], allerdings findet *Calabresi* in dieser Darstellung keine Berücksichtigung.

[408] Brown 1973.

Hätten der Schadensverursacher und der Geschädigte vor der Autofahrt Kenntnis vom Schaden, so würde eine Verhandlungslösung zu einem effizienten Ergebnis kommen: Bringt die Autofahrt mehr Nutzen als die Ressource des Geschädigten, so wird sie unternommen, gegebenenfalls - wenn das Gesetz einen Schadensersatz vorsieht - wird der Schädiger dem Opfer seinen Schaden ersetzen. Ist hingegen der Nutzen, dem die Autofahrt dem Schädiger spendet, geringer als der Schaden des Opfers, so wird der Fahrer sie nicht durchführen.

*Cooter/Ulen*[409] bringen Dargelegtes prägnant auf den Punkt: "The economic essence of tort law is its use of liability to internalize externalities created by high transaction costs."

Aus ökonomischer Sicht ist das Haftungsrecht eine Strategie zur Internalisierung externer Effekte. Der Verletzer soll durch die Haftung für den Schaden des Opfers, diesen in die Entscheidung über seine Handlung einbeziehen und z. B. seine Aktivitäts- bzw. Sorgfaltsstandards entsprechend ausrichten. Hierdurch sollen die Rahmenbedingungen für diesen Entscheidungsträger gerade derart geändert werden, dass das Ergebnis seiner individuellen Gewinn- und Nutzenmaximierung (Gleichgewicht) möglichst mit dem volkswirtschaftlichen Optimum übereinstimmt[410]. Dieses optimale Niveau einer Aktivität liegt vor, wenn die Differenz zwischen sämtlichen aus der Aktivität entstehenden Nutzen und Kosten maximal ist. Aus diesem ökonomischen Verständnis wird die Definition der Anreiz- und Abschreckungsfunktion des zivilrechtlichen Deliktsrechts gefolgert, die beinhaltet, individuelles Verhalten zu steuern, mit dem Ziel, schadensträchtige Aktivitäten zu reduzieren oder schadensvermeidendes Verhalten zu fördern; im Mittelpunkt steht die Orientierung am Effizienzziel[411].

Diese Gedanken wurden bspw. durch das Umwelthaftungsgesetz[412] aufgegriffen. So normiert § 1 UmweltHaftG eine Gefährdungshaftung für Sach- und Personenschäden, die über einen Umweltpfad durch bestimmte Anlagen verursacht wurden. Die Gesetzesbegründung führt hierzu aus: „Schließlich führt die Belastung umweltgefährdender Produktionsprozesse mit einer strengen Umwelthaftung tendenziell zu einer Verteuerung der betroffenen Produkte und Dienstleistungen am Markt: Die Unternehmer müssen mögliche Ersatzleistungen für umweltbedingte Schäden in ihre Kostenrechnung einstellen und versuchen, diese Kosten über den Preis auf Dritte abzuwälzen. Hierdurch werden umweltgefährdende Produktionsprozesse zurückgedrängt und schadensvermeidende Maßnahmen dort getroffen, wo sie am kostengünstigsten sind. Das Umwelthaftungsrecht kann somit über den Preis- und Marktme-

---

[409] Cooter/Ulen 2000, p. 290.
[410] Endres 1991, S. 2 f.
[411] Ott/Schäfer 1999.
[412] Vgl. zum Verhältnis von privatem Umwelthaftungsrecht, insbesondere des Umwelthaftungsgesetzes und öffentlichem Gefahrenabwehrrecht: Selmer 1991.

chanismus dazu beitragen, daß die knappen ökologischen Ressourcen möglichst effizient eingesetzt werden."[413] Hier fehlt, worauf *Lehmann* zutreffend hingewiesen hat, „eigentlich nur der zusammenfassende Schlußsatz: Dieses Umwelthaftungsgesetz soll einen Beitrag zur Internalisierung von negativen externen Effekten leisten"[414]. In der Gesetzesbegründung wird insbesondere auch der Präventionsgedanke hervorgehoben: Das Umwelthaftungsrecht dient „aber auch der Verhinderung von Schäden. Das Risiko künftiger Schadensersatzleistungen soll den einzelnen zu einem vorsichtigen, schadensvermeidenden Verhalten veranlassen. Dabei kommt der Gefährdungshaftung eine größere Präventivwirkung zu als der Verschuldenshaftung, da der Geschädigte kein Verschulden des Schädigers nachweisen muß. Durch die Einführung einer Gefährdungshaftung werden potentielle Umweltschadensverursacher dazu veranlaßt, schadensvermeidende Maßnahmen zu ergreifen, die darauf gerichtet sind, schädliche Umwelteinwirkungen so gering wie möglich zu halten. Diese indirekte verhaltenssteuernde Wirkung der Haftungsvorschriften rechtfertigt es, dem Umwelthaftungsrecht die Funktion der Umweltvorsorge zuzusprechen."[415].

Die ökonomische Analyse des Rechts hebt aufgrund ihrer Intention der sozial optimalen Verhaltenssteuerung ausschließlich auf die Präventionsfunktion[416] des Haftungsrechts ab und damit auf die Person, die in der Lage ist, den Schaden zu steuern. Folglich ist die Grundlage des Haftungsrechts aus ökonomischer Perspektive, dass der Verletzer den Schaden durch steuerbares Verhalten *verursacht* hat. *Shavell* führt hierzu aus: "A fundamental characteristic of tort liability is that a party must have caused harm in a relevant sense to be liable for it."[417]

## 6.3 Exkurs: Verursacherprinzip

Wie ausgeführt, liegt der ökonomischen Theorie des Haftungsrechts zugrunde, die Person haften zu lassen, die den Schaden verursacht, da nur sie in der Lage ist, den Schaden zu vermeiden. Folglich ist die Verursachung des Schadens das entscheidende Moment für die Präventiv- bzw. Steuerungsfunktion des Haftungsrechts. Gleichzeitig wird das Verursacherprin-

---

[413] BT-Drucksache 11/7104 (v. 10. 5. 1990), S. 14.
[414] Lehmann 1991, S. 83.
[415] BT-Drucksache 11/7104 (v. 10. 5. 1990), S. 14.
[416] Zur Präventionsfunktion des Zivilrechts: *Schäfer/Ott* [Schäfer/Ott 1999] kommentiert von *Blaschczok* [Blaschczok 1999].
[417] Shavell 1998, p. 211.

zip von der Literatur zur ökonomischen Analyse des Rechts als „Leerformel“ kritisiert. Wie ist diese – scheinbare - Widersprüchlichkeit zu verstehen?

Der Exkurs erlaubt sich eine wahrgenommene Begriffsverwirrung in der rechtsökonomischen Literatur ein Stück weit aufzuarbeiten und hofft, durch eine differenzierte Darstellung ein besseres Verständnis zu wecken[418].

Im 2. Kapitel wurde bereits der gefahrenabwehrrechtliche Begriff der Verursachung erläutert. Es wurde ausgeführt, dass sich das Polizeirecht einer normativen Kausalitätstheorie – der Theorie der unmittelbaren Verursachung - bedient, um den Verursacher einer Gefahr bzw. Störung für die öffentliche Sicherheit oder Ordnung zu bestimmen. Ausgehend von dieser öffentlich-rechtlichen Zurechnungstheorie hat sich das Verständnis des „Verursacherprinzips“ in der Rechtswissenschaft entwickelt. Daher ist der Begriff Verursacherprinzip auch im Umweltrecht durch eine normative Zurechnung geprägt.

Weiter wurde ausgeführt, dass sich das umweltrechtliche Verständnis des Verursacherprinzips von diesen öffentlich-rechtlichen Wurzeln ableitet, die Wirtschaftswissenschaft jedoch gleichfalls dieses Prinzip (mit-)begründet hat.

In diesem Abschnitt wird zunächst die wirtschaftswissenschaftliche Sichtweise des Verursacherprinzips erörtert (6.3.1). Ferner wird dargelegt, wie die Arbeit von *Coase* zu einer Erschütterung des Verursacherprinzips führte. Trotzdem hat das Verursacherprinzip zwar vor allem in der politischen, aber teilweise auch in der wissenschaftlichen Diskussion Karriere gemacht als einer der hehren Grundsätze der Umweltökonomie und Umweltpolitik, der nur in wohldefinierten Ausnahmefällen verlassen werden sollte. So wird das Verursacherprinzip zunehmend auch ökonomisch begründet. Denn die theoretische Umweltökonomie soll nachgewiesen haben, dass das Verursacherprinzip effizient sei. Jedoch zeigt *Feess*[419] auf, dass – im Unterschied zu diesen populären Vorstellungen – „mit der ökonomischen Theorie nichts derartiges wie ein Verursacherprinzip begründet werden kann oder begründet werden soll“. Das Verursacherprinzip erweist sich – aus Sicht der ökonomischen Theorie des Rechts – „als Leerformel“[420]. Im Ergebnis gibt es „kein ökonomisches Verursacherprinzip, das sich dann als effizient erweist, sondern es gibt ein Effizienzprinzip, das zur Belastung des physischen Verursachers führen *kann*“[421].

---

418 Vgl. zu diesem Ziel auch Rehbinder 1973.
419 Feess 1998, S. 173.
420 So Adams 1989, folgend Feess 1998.
421 Feess 1998, S. 173 *(Hervorhebung von Feess).*

### 6.3.1 Wirtschaftswissenschaftliche Sichtweise

Die Wirtschaftswissenschaft definiert das Verursacherprinzip als „Grundsatz der Umweltpolitik, nach dem die gesamten sozialen Kosten einer ökonomischen Aktivität von denjenigen Wirtschaftssubjekten zu tragen sind, die sie verursacht haben"[422]. Das Verursacherprinzip im Umweltschutz besagt nichts anderes, als dass dafür gesorgt werden soll, die jeweiligen Handlungsträger voll mit den Kosten ihres Handelns zu belasten[423]. Dieses Prinzip fordert sonach eine Internalisierung der sozialen Kosten[424]. Das Verursacherprinzip wird folglich mit der Forderung nach einer Internalisierung der externen Effekte gleichgesetzt.

Wie weiter ausgeführt wurde liegt der Ökonomik zugrunde, dass aus allokations- und wohlfahrtstheoretischer Sicht eine Internalisierung der externen Effekte wirtschaftlicher Aktivitäten zur Realisierung der maximalen sozialen Wohlfahrt (*Pareto*-Effizienz) erforderlich ist. Demnach ist das Verursacherprinzip – im Sinne einer Forderung nach Internalisierung der externen Effekte – notwendig, um einen *Pareto*-effizienten Zustand zu erreichen. Dieses wirtschaftswissenschaftliche – theoretische – Verständnis des Verursacherprinzips entspricht mithin dem ökonomischen Effizienzprinzip.

### 6.3.2 Kritik

Die Kritik am Verursacherprinzip richtet sich nicht gegen die wirtschaftswissenschaftliche Sichtweise dieses Prinzips, sondern gegen die in der Rechtspraxis notwendige Bestimmung eines (physischen) Verursachers.

#### 6.3.2.1 Coase-Theorem

*Coase* hat mit seiner berühmten Arbeit[425] nicht nur aufgezeigt, dass unter bestimmten Bedingungen eine Verhandlungslösung zu einem effizienten Ergebnis führt (sog. *Coase*-Theorem, 6.1.2.2), sondern vor allem auch das Prinzip des physischen Verursachers ernsthaft erschüttert[426]. Der Anlass zu diesem Artikel bildete die aufgezeigte Frage nach der Internalisierung der sozialen Kosten. Dem liegt – wie ausgeführt (6.1.1) – das Problem zugrunde, dass im Zu-

[422] Gabler 1997, S. 4182 („Verursacherprinzip").
[423] Kirchgässner 1990, S. 1943.
[424] Gabler 1997, S. 4182 („Verursacherprinzip").
[425] Coase 1960 ^ 1993.
[426] Feess 1998, S. 174.

ge der Produktion eines bestimmten Gutes soziale (externe) Kosten entstehen, die der Produzent nicht in seine private (interne) Kostenrechnung einstellt.

Zur Lösung dieses Problems hatte *Pigou* zu Beginn des letzten Jahrhunderts vorgeschlagen, dem betreffenden Unternehmer eine Steuer aufzuerlegen, die kostenmäßig der Höhe des externen Effektes entspricht (sog. *Pigou*-Steuer, 6.1.2.1) [427]. *Pigou* hob entscheidend darauf ab, dass dem Produzenten, als dem physischen Verursacher des externen Effektes, diese Steuer aufzuerlegen ist. *Coase*, der sich mit seinem bedeutenden Werk vor allem gegen *Pigou* wandte[428], zeigte nun – mithilfe des später so bezeichneten *Coase*-Theorems -, dass es nicht effizient zu sein braucht, den physischen Verursacher (Unternehmer, Produzent) zu belasten.

### 6.3.2.2 Bestimmung des Verursachers

Die *Coase*sche Kritik am Verursacherprinzip wendet sich nicht nur gegen die Bestimmung des physischen Verursachers als den Haftenden, sondern weist auch darauf hin, dass dieses Prinzip ein trennscharfes Kriterium dafür voraussetzt, wer denn eigentlich als Verursacher zu bezeichnen ist[429]. So würden im obigen Fallbeispiel der Stahlfabrik und der Fischer (6.1.2.2), letztere keinen Schaden durch die Fabrikabwässer erleiden, wenn sie nicht ausgerechnet flussabwärts fischen würden. Hiermit wird das Problem der Reziprozität der Schadensverursachung angesprochen. Ein von *Coase* besprochener Beispielsfall[430] (Sturges v. Bridgman) verdeutlicht dieses Reziprozitäts-Problem: Ein Konditor verwendete für sein Geschäft zwei mechanische Mörser, wovon einer seit 60 Jahren, der andere seit 26 Jahren im Einsatz war. Später ließ sich in der Nachbarschaft ein Arzt nieder. Acht Jahre lang wurde ihm durch diese Geräte kein Schaden zugefügt. Dann baute der Arzt einen Behandlungsraum unmittelbar neben die Küche des Konditors. Der Lärm und die Erschütterungen der Geräte erschwerten es dem Arzt, den neuen Behandlungsraum zu benutzen; insbesondere konnte er dort seinen Patienten nicht die Brust abhorchen. Bei diesem Fall kann nun nicht mehr festgelegt werden, wer hier der physische Störer ist. Entscheidend ist, wie die Räume genutzt werden sollen: Besteht eine gewerbliche Nutzung, so hat der Konditor Abwehransprüche gegen den Arzt; anderenfalls verhält es sich genau umgekehrt. Es zeigt sich, dass die Bestimmung des Verursachers

---

[427] Pigou 1924 [zitiert nach Eidenmüller 1998, S. 59 (Fn. 8)].
[428] Vgl. Eidenmüller 1998, S. 59 f.
[429] Feess 1998, S. 174.
[430] Coase 1960, p. 79 = 1993, S. 140.

auf einer normativen Würdigung der Gesamtumstände beruht. Diese Würdigung hängt aber letztlich davon ab, wem der Schaden zugerechnet werden soll[431].

Die Problematik der Reziprozität der Schadensverursachung wird auch in der polizeirechtlichen Literatur nicht übersehen. So führt *Pietzcker* aus: „Vor allem aber versagt diese [Unmittelbarkeits-] Lehre vor dem Umstand, daß eine Gefahrenlage oft nicht von einer einzelnen Kausalkette, sondern von einer Situation, also mehreren zusammenlaufenden Kausalketten verursacht wird. Schweinemäster- und Tankstellenfall sind hier zu nennen, aber auch die Fälle der Pflicht zur Sicherung gefährlicher Gegenstände. Genaugenommen findet sich in jedem Fall diese Schwierigkeit: ohne Gefährdeten keine Gefahr, ohne Straße kein Tankwagenunfall, ohne wartende Fahrzeugkolonne kein Auffahrunfall mit der nachfolgenden Gefährdung des Verkehrs."[432] Hieran zeigt sich, dass auch die Rechtswissenschaft das Problem der Reziprozität der Schadensverursachung erkennt und daher den Schaden letztlich nur wertend einer Person zurechnen kann (2.1.3.3).

#### 6.3.2.3 Verursacherprinzip als Leerformel

Das Verursacherprinzip (im Umweltrecht) wird allerdings von *Adams*[433], dem *Feess*[434] folgt, „als Leerformel" kritisiert.

*Adams*[435] hebt – im Anschluss an *Coase* - auf die „Symmetrie der Verursachung" ab. Symmetrie der Verursachung bedeutet, dass stets beide Parteien, Verletzer und Geschädigter gleichermaßen zur Entstehung des Schadens beitragen. „Opfer und Schädiger sind somit *beide* „ursächlich", da der Schaden ohne die Anwesenheit beider Beteiligter nicht hätte entstehen können."[436] Als Lösung schlägt *Adams*[437] das Modell der „integrierten Person" vor. Das Modell der integrierten Person hat zum Inhalt, dass die auf verschiedene Personen verteilt anfallenden Vor- und Nachteile einzelner Handlungen durch das Schadensrecht wieder so zusammengefügt werden, dass alle diejenigen, die über Ausmaß und Anwendungsweise der schädigenden Handlungen zu entscheiden haben, nicht nur den Nutzen, sondern auch die Kosten ihrer Handlungen in ihren privaten Bilanzen wiederfinden müssen. Eine solche Festlegung der Haftungslasten ist dadurch gekennzeichnet, dass die jeweiligen Personen (Verletzer und Op-

---

[431] Feess 1998, S. 177.
[432] Pietzcker 1984, S. 458 f.
[433] Adams 1989.
[434] Feess 1998.
[435] Adams 1989, S. 787.
[436] Adams 1989, S. 787 *(Hervorhebung von Adams)*.
[437] Adams 1989, S. 788.

fer[438]) insoweit für die entstehenden Schäden verantwortlich gemacht werden, als sie von demjenigen Handlungsmuster abweichen, das eine Person gewählt hätte, die Verletzer und Opfer in einer Person gewesen wäre, also beiden Handlungen gleichzeitig nachgegangen wäre und hierbei einen Nutzen und Kosten ausbalancierenden Kompromiss bei der richtigen Mischung der beiden Handlungen hätte finden müssen. *Adams* verwendet auch den Begriff des Gesamteigentümers[439]. Anhand dieser integrierten Person soll die Problematik illustriert werden: Ein fiktiver Gesamteigentümer ist sowohl Eigentümer eines emissionsträchtigen Flughafens als auch Vermieter der angrenzenden lärmgeschädigten Mietwohnungen. Dieser Eigentümer wird daher versuchen, sein Einkommen aus Flughafen und Mietwohnungen - abzüglich der Lärmschäden und Lärmvorbeugungsmaßnahmen bei Flughafenbetrieb und Vermietung - möglichst groß zu gestalten. Das Gewinnmaximierungsziel des Gesamteigentümers ist mit dem Problem der Maximierung der sozialen Wohlfahrt identisch, da sich bei (der im Beispiel angenommenen) Abwesenheit weiterer externer Effekte die soziale Wohlfahrt als der in Einkommen ausgedrückte Nutzen aus der Differenz zwischen Flugbetrieb und Wohnaktivität und Schäden bzw. Kosten der präventiven Maßnahmen ergibt[440]. Dieser Gedanke diente bereits der Illustration der *Coase*schen Verhandlungslösung (6.1.2.2). Anhand des Gesamtgewinns von Stahlfabrik und Fischern zeigte sich, dass in der Maximierung des Gesamtgewinns die optimale Lösung liegt, zu der auch eine Verhandlung zwischen den Beteiligten führen wird.

### 6.3.2.4 Verursacherprinzip und Internalisierung externer Effekte

Die Kritik der ökonomischen Theorie des Rechts am Verursacherprinzip basiert auf der fälschlichen Gleichsetzung eines „physischen Verursacherprinzips" mit der aus dem Effizienzprinzip stammenden Forderung nach der Internalisierung der externen Effekte[441]. Der physische Verursacher wird mit dem Produzenten, der seine Kosten teilweise auf unbeteiligte Dritte bzw. natürliche Ressourcen abwälzt, gleichgestellt. Diese Parallele liegt nahe. Doch liegt ihr zugrunde, dass der physische Verursacher als „Verletzer" einseitig in Richtung auf ein „Opfer" wirkt.

---

[438] Diese Bezeichnung ist, wenn – wie hier – von einer Symmetrie der Verursachung ausgegangen wird, irritierend, da jede der Parteien zugleich Schädiger und Geschädigter ist, es gibt gerade keinen „Verletzer" und kein „Opfer"; sie wird aber von *Adams* verwandt, so dass sich auch diese Darstellung hieran anlehnt.

[439] Adams 1986, S. 141 f.

[440] Adams 1986, S. 142.

[441] Feess 1998, S. 173.

Nach *Adams*[442] könnte diese Vorstellung in einer graphischen Darstellung durch einen vom Verletzer auf den Geschädigten hinzielenden Pfeil veranschaulicht werden. Hierbei werde jedoch übersehen, dass bei einem mit Schäden verbundenen Ereignis stets beide Seiten, Verletzer und Opfer vorhanden sein müssen, da das schädigende Ereignis nicht hätte stattfinden können, wenn entweder der Verletzer oder das Opfer abwesend gewesen wäre.

Auf der unzutreffenden Gleichsetzung des physischen Verursacherprinzips mit der Internalisierung der externen Effekte beruht auch die Feststellung, dass das Verursacherprinzip (angeblich) effizient sei[443]. Jedoch ist das „einzige ökonomische Prinzip zur Internalisierung externer Effekte das *Effizienzprinzip*"[444]. Dies bedeutet, dass stets nur solche Akteure betrachtet werden müssen, die über (möglicherweise) effiziente Vermeidungsmaßnahmen verfügen[445]. „Es gibt also kein ökonomisches Verursacherprinzip, das sich dann als effizient erweist, sondern es gibt ein Effizienzprinzip, das zur Belastung des physischen Verursachers führen *kann*."[446] Demnach ist – *Feess*[447] folgend - nicht das Verursacherprinzip effizient, sondern es wird derjenige als (adäquat) kausaler Verursacher bezeichnet, der Schäden effizient vermeiden kann – „Ursache und Wirkung von Effizienz verhalten sich also genau umgekehrt, als dies vom Verursacherprinzip nahegelegt wird". Werden dieses Überlegungen auf das besprochene Fabrik-Fischer-Beispiel (6.1.2.2) übertragen, so zeigt sich, dass es volkswirtschaftlich sinnvoll ist, sowohl die Stahlfabrik als auch die Fischerei zu betreiben. Ferner ist es optimal, wenn die Fabrik eine Filteranlage installiert, während von der Errichtung einer Wasserreinigungsanlage durch die Fischer abzusehen ist. Daher sollte die Fabrik für die Kosten der Filteranlage einzustehen haben, wenn eine Verhandlungslösung aufgrund prohibitiv hoher Transaktionskosten ausscheidet. Es ist jedoch nicht effizient, der Fabrik auch die Kosten für die Wasserreinigungsanlage aufzuerlegen. Das Effizienzprinzip stimmt folglich nicht mit dem Verursacherprinzip überein – schließlich ist die Stahlfabrik der „physische Verursacher" der Flusswasserkontamination, sie müsste sonach sämtliche hierdurch ausgelösten Kosten tragen (Filter und Reinigungsanlage).

---

442 Adams 1989, S. 787.
443 Feess 1998, S. 173.
444 Feess 1998, S. 173 *(Hervorhebung von Feess)*.
445 Feess 1995, S. 96.
446 Feess 1998, S. 173.
447 Feess 1995, S. 96.

### 6.3.3 Ergebnis zum (rechts-)ökonomischen Verständnis

Die auf *Coase* zurückgehende Kritik am Verursacherprinzip basiert auf der Bestimmung des Verursachers als dem physischen Schädiger. Dies führt zu den zwei wesentlichen Kritikpunkten: Zum einen ist eine Bestimmung des physischen Verursachers häufig nur schwer oder gar nicht möglich. Hinzu kommt, dass es nicht effizient zu sein braucht, den physischen Verursacher zu belasten.

Es ist anzumerken, dass die ökonomische Kritik am juristischen Verursacherprinzip ausschließlich auf die Bestimmung des Verursachers als den physischen Schädiger abhebt. Das juristische Verständnis geht jedoch darüber hinaus. Eine Person muss demgemäß durch ihr Verhalten einen Schaden verursachen. Verhalten bedeutet jedoch nicht nur positives Tun, sondern auch Unterlassen; eine Person kann auch einen Schaden durch Unterlassen (von Sorgfaltsmaßnahmen) verursachen, wenn ihr eine besondere Rechtspflicht (Garantenstellung) obliegt (2.1.1)[448]. Allerdings ist nicht zu verkennen, dass auch die Bestimmung eines Verursachers durch Unterlassen auf einer Wertung basiert. Dieses Kapitel will zeigen, dass aus juristischer Sichtweise die Verursachung nur wertend bestimmt werden kann. Doch auch die Rechtsökonomik muss auf den Begriff der „Verursachung" abheben, da sonst eine Verhaltenssteuerung durch Haftung nicht erzielbar ist. Hingegen verwendet die ökonomische Theorie das Verursacherprinzip in einem anderen Sinne; sie will aufzeigen, dass es zur Verwirklichung einer effizienten Allokation der Internalisierung vorliegender externen Effekte durch ihren Verursacher bedarf. Wer aber Verursacher ist, kann ex ante nur unter der unrealistischen Bedingung vollkommener Information zweifelsfrei bestimmt werden.

Eine Verhandlungslösung nach dem *Coase*-Theorem (oder der „integrierten Person") führt zu einem effizienten Ergebnis. Diese Lösung erfordert aber u. a. keine oder geringe Transaktionskosten. Die beteiligten Personen müssen ex ante verhandeln, wer den Schaden vermeidet bzw. ob die (potenziell) schädigende Handlung stattfindet. Dies erfordert eine Fülle von Informationen. Wie ausgeführt wurde, gestalten sich die dem Haftungsrecht zugrunde liegenden Lebenssachverhalte aber gerade so, dass – wegen prohibitiv hoher Transaktionskosten - eine Verhandlung ex ante nicht stattfinden kann. (6.2). Es ist nur möglich ex post zu bestimmen, wer den Schaden trägt, um für die Zukunft möglichst optimale Handlungsanreize

[448] Vgl. VGH Bayern, Beschluss v. 26. 7. 1991, NVwZ 1992, 905: Hier wurden die Eigentümer eines kontaminierten Grundstücks als Handlungsstörer aus Garantenstellung für die von ihrem Verpächter verursachte Verseuchung herangezogen. Die Garantenstellung ergab sich aus dem Pachtvertrag, da dieser zu dem Zweck eines von den Pächtern betriebenen Sportschützenbetriebs abgeschlossen wurde. Es bestand die Gefahr einer Grundwasserverseuchung wegen gelösten Bleis, die durch den Betrieb ausgelöst wurde. Die Pächter wurden zwar zunächst als Handlungsstörer herangezogen, gingen aber Konkurs.

zu setzen. Ein Verhalten kann aber nur dann gesteuert werden, wenn dieses die Schädigung verursacht.

Folglich ist festzuhalten, dass auf das Prinzip der Verursachung für haftungsrechtliche Fälle – (auch und) gerade auch aus (rechts-) ökonomischer Sicht weiterhin abzustellen ist. Dies bedeutet nicht, dass nur der physische Schädiger den Schaden verursachen kann, auch eine Verursachung durch Unterlassen ist in Betracht zu ziehen. In beiden Fällen ist es aber nur möglich, die Zurechnung des den Schaden verursachenden Verhaltens *wertend* zu bestimmen. Dem „reinen" ökonomischen Verständnis des Verursacherprinzips liegt aber gerade keine Wertung zugrunde. Es formuliert, dass nur durch perfekte Internalisierung der externen Effekte durch den Verursacher eine effiziente Allokation erzielt werden kann. Dies ist jedoch allenfalls – bei vollständiger Information – ex post möglich. Nur dann kann aber das Verursacherprinzip mit dem Effizienzprinzip gleichgesetzt werden. Das rechtsökonomische Ziel des Haftungsrechts ist jedoch seine Präventionsfunktion. Durch die (potenzielle) Haftung soll das Verhalten der (potenziellen) Schädiger so gesteuert werden, dass sie ex ante optimale Kosten-Nutzen-Überlegungen anstrengen. Hierdurch soll eine sozial optimale Verhaltenssteuerung erzielt werden. Allerdings ist es nur möglich, die Zurechnung wertend zu bestimmen und eine Wertung impliziert natürlich Fehler. Die ökonomische Sichtweise des Verursacherprinzips – das Effizienzprinzip – kennt diese Fehler nicht, da es ex post und bei vollständiger Information festlegt, welcher Verursacher die externen Effekte zu internalisieren hat. Daher kann das Verursacherprinzip zur Bestimmung des Schädigers nicht mit dem Effizienzprinzip gleichgesetzt werden. Die wirtschaftswissenschaftliche Sichtweise des Verursacherprinzips, das Effizienzprinzip, bietet aber keine Lösungsmöglichkeit für die Behandlung von haftungsrechtlichen Lebenssachverhalten, sondern es zeigt nur die theoretische Struktur auf, an der sich das Haftungsrecht orientieren soll.

### 6.3.4 Umweltrechtliches Verständnis

Das Verursacherprinzip im Umweltrecht wird auf verschiedene wissenschaftliche Disziplinen zurückgeführt. Daher sei es – nach *Kloepfer*[449] - einerseits dazu prädestiniert, als eine Art „Brückenprinzip" für den gerade im Umweltschutz notwendigen interdisziplinären Dialog – insbesondere zwischen Rechts- und Wirtschaftswissenschaft – zu wirken, andererseits berge dies aber auch die Gefahr der Begriffsverwirrung und des Konturenverlustes.

[449] Kloepfer 1998, S. 179 (Rn. 32).

Nachdem im ersten Teil die juristische Sichtweise des Verursacherprinzips offen gelegt und soeben die Kritik der ökonomischen Theorie des Rechts vorgestellt wurde, soll nun das umweltrechtliche Verständnis des Verursacherprinzips noch etwas näher beleuchtet werden.

Das Verursacherprinzip hat im Umweltrecht große Bedeutung. Es wird sowohl in den Umweltberichten der *Bundesregierung*[450] als auch in der umweltrechtlichen Literatur[451] als eines – neben dem Vorsorge- und Kooperationsprinzip – der drei tragenden Prinzipien der Umweltpolitik bezeichnet. Europarechtlich wurde das Verursacherprinzip sogar nun in Art. 174 Abs. 2 EGV primärrechtlich verankert.

Das Schrifttum versteht das Verursacherprinzip weithin als bloßes Kostenzurechnungsprinzip bzw. als Kostentragungsgrundsatz. Der Verursacher einer Umweltbeeinträchtigung soll für deren Beseitigung aufkommen bzw. er habe die Kosten hierfür zu übernehmen[452]. So stellt auch der Umweltbericht der Bundesregierung (1990)[453] entscheidend auf das Verursacherprinzip als „Kostenzurechnungsprinzip" und seine Funktion als „ökonomisches Effizienzkriterium" ab: „Danach müssen grundsätzlich demjenigen die Kosten einer Umweltbelastung angelastet werden, der für ihre Entstehung verantwortlich ist. Das Verursacherprinzip entspricht damit dem Grundgedanken der Marktwirtschaft. Die Anwendung des Verursacherprinzips ist der entscheidende Anstoß für ökologisch wirksame und zugleich ökonomisch effiziente Maßnahmen. Auf diese Weise werden Eigeninitiative und Kreativität für umweltschonende und zugleich kostengünstige Techniken mobilisiert."

Der Umweltbericht zeigt *m. E.* deutlich, dass hier eine Vermischung des Effizienzprinzips zur Internalisierung der sozialen Kosten mit dem (physischen) Verursacherprinzip stattgefunden hat. Es bleibt völlig unberücksichtigt, dass die Heranziehung eines (physischen) Verursachers nicht effizient zu sein braucht. Undiskutiert bleibt weiter, wie der Verursacher zu bestimmen ist bzw. dass der Bestimmung des Verursachers eine wertende Betrachtungsweise zugrunde liegt. Das umweltrechtliche Schrifttum zitiert jedoch regelmäßig den Umweltbericht um darzulegen, dass es sich bei dem Verursacherprinzip um ein ökonomisch effizientes Kostenzurechnungsprinzip handelt[454].

Das Verursacherprinzip dient aber nicht nur als Regelungsmodell für die Kostenbelastung; es soll auch als Zurechnungsmodell für die materielle Verantwortlichkeit betrachtet

---

[450] Umweltbericht 1976, BT-Drucksache 7/5684 (v. 14. 7. 1976), S. 8 (3.); Umweltbericht 1990, BT-Drucksache 11/7168 (v. 3. 5. 1990), S. 26 (1.4 Prinzipien der Umweltpolitik).
[451] Vgl. Bender/Sparwasser/Engel 2000, S. 29 (Rn. 78) m. w. N.
[452] Kahl 1998, S. 83 (Rn. 4/32); vgl. auch Storm 1992, S. 19 (Tz. 17).
[453] Umweltbericht 1990, BT-Drucksache 11/7168 (v. 3. 5. 1990), S. 27 (1.4.2 Verursacherprinzip).
[454] Vgl. Hoppe/Beckmann/Kauch 2000, S. 27 (Fn. 231 f.); Breuer 1999, S. 442 (Fn. 28).

werden, mithin soll hierdurch der Adressat für die unmittelbare Inanspruchnahme durch Gebote, Verbote oder Auflagen ausfindig gemacht werden[455]. Insoweit wird abgestellt auf den öffentlich-rechtlichen Ursprung. Das Gefahrenabwehrrecht bietet die Ermächtigungsgrundlage(n) zu belastendem staatlichen Handeln durch Bescheid. Mit einem Bescheid können dem Störer Ge- und Verbote, aber auch Auflagen auferlegt werden (vgl. §§ 35, 36 VwVfG). Die polizeirechtliche Generalermächtigung setzt dabei voraus, dass der Adressat Störer ist, §§ 1, 3 i.V.m. §§ 4, 5 MEPolG. Der Störer muss die Gefahr bzw. Störung für die öffentliche Sicherheit oder Ordnung *verursacht* haben. Die Bestimmung der Verursachung erfolgt durch eine normative Betrachtungsweise, durch die Theorie der unmittelbaren Verursachung (wie im 2. Kapitel dargelegt wurde).

### 6.3.5 Juristische Intuition im Baurecht?

Im öffentlichen Baurecht wird indes eine Symmetrie der Verursachung zugrunde gelegt, ohne diese als solche zu benennen. So kann die Erweiterung eines im Außenbereich gelegenen Stahlbaubetriebs rücksichtslos sein, wenn dies zu unzumutbaren Störungen eines benachbarten Wohngebietes führen würde[456]. Hier ist der vermeintliche Verursacher – der Stahlbaubetrieb – auch der physische Verursacher. Doch kann auch die Errichtung eines Wohngebäudes am Ortsrand, das den Immissionen einer im Außenbereich gelegenen Schweinemastanstalt ausgesetzt wäre und dessen Eigentümer deshalb daraufhin immissionsschutzrechtliche Abwehransprüche gegenüber der Schweinemastanstalt geltend machen könnte, gleichfalls gegen das Gebot der Rücksichtsnahme[457] verstoßen[458] (vgl. § 15 Abs. 1 BauNVO). Dies zeigt, dass auch das Wohnhaus dieses Gebot verletzen kann. Eine Wohnbebauung kann grundsätzlich zu einer Beeinträchtigung des im Außenbereich gerade privilegierten Bereichs führen (§ 35 Abs. 1 BauGB). Demzufolge hebt die Rechtswissenschaft im Baurecht nicht auf ein Verursacherprinzip ab. Sonst wäre die Schweinemastanstalt hier als physischer Verursacher anzusehen. Das Baurecht legt – intuitiv? - eine reziproke Störung durch die unterschiedliche Nutzung zugrunde.

Wenn die Gemeinde einen Bauleitplan aufstellt (§ 2 BauGB), so entscheidet sie gem. § 2 Abs. 5 BauGB i.V.m. §§ 2 - 11 BauNVO über die Ausweisung von Baugebieten, z. B.

---

[455] Kloepfer 1998, S. 177 f. (Rn. 29); Hoppe/Beckmann/Kauch 2000, S. 44 (Rn. 144).
[456] BVerwG, Urteil v. 21. 1. 1983, NVwZ 1983, 609.
[457] Zum Gebot der Rücksichtsnahme, Dürr 1998, S. 162 ff. (Rn. 265 ff.).
[458] BVerwG, Urteil v. 10. 12. 1982, NJW 1983, 2460 = DVBl. 1983, 349.

Wohngebiet, Mischgebiet, Gewerbegebiet, Industriegebiet. Nach allgemeiner Ansicht bilden die Grundstückseigentümer im Plangebiet eine „bau- und bodenrechtliche Schicksalsgemeinschaft", d. h. der Vorteil des einen ist gleichzeitig der Nachteil eines anderen; das *BVerwG* spricht insoweit von einem „Austauschverhältnis"[459]. Dies hat u. a. zur Folge, dass jeder Grundstückseigentümer auf Erhaltung des Gebietscharakters klagen kann; liegt der Gebietscharakter fest, z. B. Wohngebiet, so darf jeder auf dieser Erhaltung bestehen, auch wenn er durch die Errichtung z. B. einer Fabrik nicht in seiner Eigentumsnutzung beeinträchtigt ist. Denn allein die Ausweisung des Baugebiets als Wohngebiet ist nachbarschützend, da die Eigentümer im Plangebiet diese Schicksalsgemeinschaft bilden. Aufgrund der Qualifizierung des Gebietscharakters als nachbarschützend, stehen jedem (Grundstücks-)Eigentümer eigene Klagerechte zu. Dieses Recht steht der Fabrik im Industriegebiet natürlich auch gegen die Wohnbebauung zu.

Hiermit soll verdeutlicht werden, dass das Baurecht jedenfalls von einer Reziprozität der Schadensverursachung ausgeht. Allerdings entspricht die Festlegung eines Baugebiets nicht einer *Pareto*-effizienten Verhandlungslösung, da es sowohl Gewinner als auch Verlierer einer derartigen Bestimmung gibt.

### 6.3.6 Ergebnis

Das umweltrechtliche Verständnis des Verursacherprinzips verknüpft das rechtliche Verständnis des Verursacherprinzips - im Sinne einer wertenden Zurechnung von schädigendem Verhalten - mit dem wirtschaftswissenschaftlichen Verständnis, im Sinne einer Internalisierung externer Effekte, wodurch es zu Fehlinterpretationen kommt. Denn die ökonomische Theorie besagt, dass es zwar effizient ist, den „Verursacher" eines externen Effektes zur Internalisierung desselben anzuhalten, aber sie kann nicht sagen, wie dieser im konkreten Fall zu bestimmen ist. Die Ökonomik kann diesen Verursacher nur bei vollständiger Information bestimmen bzw. oder setzt durch eine effiziente Verhandlungslösung (*Coase*) voraus, dass die Transaktionskosten null sind. Nur in diesen Fällen ist aber das Verursacherprinzip mit dem Effizienzprinzip gleichzusetzen. Bei den haftungsrechtlichen Lebenssachverhalten besteht jedoch gerade ein erhebliches Informationsproblem bzw. scheitert eine (effiziente) Verhandlungslösung an prohibitiv hohen Transaktionskosten. Dennoch soll durch das Haftungsrecht

---

[459] Urteil v. 28. 4. 1967, BVerwGE 27, 29 = NJW 1967, 1770; Urteil v. 14. 12. 1973, BVerwGE 44, 244 = NJW 1974, 811; Urteil v. 16. 9. 1993, BVerwGE 94, 151 = NJW 1994, 1548; Urteil v. 23. 8. 1996, NVwZ 1997, 384.

das Verhalten der Akteure gerade so gesteuert werden, dass ihr Verhalten dem sozialen Optimum entspricht, sie demnach dazu veranlasst werden, die durch ihr Verhalten ausgelösten externen Effekte zu internalisieren. Folglich darf ein Schaden nur derjenigen Person zugerechnet werden, die in der Lage war, diesen zu vermeiden. Die Bestimmung der maßgebenden Zurechnungskriterien kann aber nur normativ erfolgen. Mithin kann dieses normative Verursacherprinzip nicht effizient sein. Es ist jedoch für die praktische Lösung von haftungsrechtlichen Fällen unabdingbar, denn diese vermag das Effizienzprinzip nur theoretisch zu lösen. Das Verursacherprinzip darf daher nicht mit dem Effizienzprinzip im Sinne einer Internalisierung externer Effekte gleichgesetzt werden, es ist aber auch keine Leerformel, da es kein besseres Prinzip gibt, um einen potenziellen Schädiger zu einem optimalen Vermeidungsaufwand zu veranlassen (ex ante). Das (normative) Verursacherprinzip soll sich aber an dem Effizienzprinzip orientieren, da das Ziel des Haftungsrechts gerade darin besteht, externe Effekte zu internalisieren, auch wenn dies aufgrund von Informationsproblemen in der Praxis letztlich nur wertend (und damit fehlerbehaftet) möglich ist. Bei der Verwendung des Verursacherprinzips im Umweltrecht sollte daher berücksichtigt werden, dass es nicht nur auf rechts- und wirtschaftswissenschaftliche Ursprünge zurückgeführt werden kann, sondern auch ausgehend von diesen Wurzeln zu verstehen ist.

## 6.4 Figur des "cheapest cost avoider"

Der Exkurs hat ausgeführt, dass das auf *Coase* basierende Reziprozitätskonzept besagt, es gebe keine einseitige Schadenszufügung eines Täters auf ein Opfer, sondern es ist zu überlegen, wer in der Lage ist, den Schaden am effizientesten zu vermeiden. Derjenige, der in der Lage ist, einen potenziellen Schaden effizient zu verhüten, soll hierzu durch eine ihm drohende Haftung angehalten werden. Allerdings ist dies bei der Lösung praktischer Probleme aufgrund von Informationsproblemen und gewichtiger Transaktionskosten häufig selten zu leisten[460]. Nachdem ein Schaden entstanden ist, ist es daher oft sinnvoll zu fragen, wer seinen Eintritt mit dem geringsten Aufwand hätte verhindern können: der Schädiger, der Geschädigte oder ein Dritter[461]. Diese Person - "cheapest cost avoider" - sollte zum Abwehraufwand veranlasst und zum Schadensersatz herangezogen werden. Die Figur des "cheapest cost avoider"

460 Schäfer/Ott 2000, S. 211; Schäfer/Schönenberger 2000, pp. 607 – 608.
461 Schäfer/Ott 2000, S. 211; Schäfer/Schönenberger 2000, pp. 607 – 608.

wurde von *Calabresi* ("The Costs of Accidents", 1970)[462], gestützt auf Überlegungen von *Coase* und *Demsetz*, entwickelt[463]. Durch Bestimmung eines cheapest cost avoider wird aber erst nach Entstehung des Schadens bestimmt, welche Person geeigneten Schadensverhütungsaufwand hätte betreiben sollen. Dies bedeutet, dass der Schaden erst ex post zugewiesen wird. Dies geschieht aber mit der Intention, dass sich die Parteien in vergleichbaren Fällen ex ante überlegen, wer einen Schaden verhüten kann. Sicher hat das Haftungsrecht gerade die Fälle zum Gegenstand, in denen die Personen vorher in keiner (marktlichen) Beziehung zueinander standen. Allerdings hält die Figur des cheapest cost avoider dazu an, dass potenzielle Schädiger bzw. Geschädigte Überlegungen zu geeigneten Sorgfaltsmaßnahmen anstellen. So kann sich bspw. ein Produzent überlegen, ob er die Kosten eines Notstromaggregates für den Fall einer möglichen Stromunterbrechung investieren sollte[464].

# 7 Analyse der Verhaltens- und Zustandsverantwortlichkeit

Im Folgenden wird untersucht, ob die öffentlich-rechtliche Handlungs- und Zustandshaftung aus rechtsökonomischer Perspektive begrüßenswert ist.

## 7.1 Erkenntnisse der ökonomischen Analyse des Haftungsrechts

Die ökonomische Theorie des Rechts hat die zivilrechtlichen Haftungsregime intensiv analysiert. Die Grundlage für eine systematische Untersuchung schuf *Guido Calabresi* mit dem Werk "The Costs of Accidents" (1970)[465]. *Calabresi* postulierte die Ziele des Unfallrechts wie folgt: "First, it [the system of accident law] must be just or fair; second, it must reduce the

---

462 Calabresi 1970.

463 Schäfer/Ott 2000, S. 212.

464 Am Beispiel der bekannten „Stromkabel" -Fälle wird die Figur des cheapest cost avoider eingehend illustriert, Schäfer/Ott 2000, S. 212f.

465 Calabresi 1970; vgl. Cooter/Ulen 2000, p. 300.
Die folgende Darstellung basiert auf dieser Arbeit von *Calabresi*. Die Literatur zur ökonomischen Analyse des Rechts rezipiert dieses Werk, z. B. Cooter/Ulen 2000, Chapter 8, pp. 287 – 326; Schäfer/Ott 2000, Teil 2: Ökonomische Analyse des Schadensrechts, S. 109 – 364.

costs of accidents."[466] Im Folgenden führte er aus, dass eine Analyse der Gerechtigkeit sehr schwierig sei und es gemeinhin als einfacher gelte, Beispiele für Ungerechtigkeit aufzuzeigen. Daher setze seine Untersuchung bei der Analyse der Unfallkosten an, deren Ergebnisse anschließend einer Fairness-Kontrolle unterzogen werden[467].

Der Untersuchung des Unfallrechts liegt zugrunde, dass sich sein Ziel sowohl aus der Reduzierung der Kosten von Unfällen als auch der Aufwendungen zu ihrer Vermeidung zusammensetzt: "Apart from the requirements of justice, I take it as axiomatic that the principal function of accident law is to reduce the sum of the costs of accidents and the costs of avoiding accidents. (Such incident benefits as providing a respectable livelihood for a large number of judges, lawyers, and insurance agents are at best beneficent side effects.)"[468]

Die Unfallkosten gliederte *Calabresi*[469] wegweisend in drei Arten von Kosten: primäre, sekundäre und tertiäre Kosten. Die durch einen Unfall verursachten Schäden, die vernichteten Nutzwerte, werden als sog. primäre Kosten bezeichnet. Jedoch ist für die Unfallkosten nicht nur entscheidend, in welcher Höhe (Größe und Schwere) sie auftreten, sondern auch, wie sie verteilt sind. Ein Schaden, der über eine größere Anzahl von Personen bzw. einen längeren Zeitraum gestreut ist, ist leichter zu tragen, als wenn einer Person der Schaden umfassend aufgebürdet wird. Dieser Gedanke einer Risikostreuung basiert auf dem Gesetz vom abnehmenden Grenznutzen des Einkommens[470]. Sekundäre Kosten sind demgemäß die Differenz zwischen dem Nutzen bei versichertem Einkommen und dem Erwartungsnutzen bei unversichertem (wenn auch höherem) Einkommen[471]. Aufwendungen, die bei eingetretenem Schaden zur Abwicklung und Verteilung des Schadens entstehen, bilden die sog. tertiären Kosten.

Das Ziel der ökonomischen Theorie des Rechts ist eine Optimierung des Schadensrechts. Dieses Optimum wird erreicht, indem die Summe aus Schadensvermeidungskosten und primären, sekundären und tertiären Kosten minimiert wird[472]. Anders ausgedrückt: Die soziale Wohlfahrt soll erhöht werden, indem die Kosten des Unfalls und die zu seiner Verhinderung aufgewendeten Sorgfaltsanstrengungen minimiert werden.

---

466 Calabresi 1970, p. 24.
467 Calabresi 1970, pp. 24 – 26.
468 Calabresi 1970, p. 26.
469 Calabresi 1970, pp. 26 – 31; Primary Costs of Accident Losses (Chapter 5 and 6), Secondary Accident Cost Avoidance (Chapter 4).
470 Das Gesetz vom abnehmenden Grenznutzen des Einkommens liegt insbesondere der Theorie der Versicherung zugrunde, vgl. Schäfer/Ott 2000, S. 122 ff. m. w. N.
471 Schäfer/Ott 2000, S. 126.
472 Schäfer/Ott 2000, S. 129.

Allerdings stehen die primären, sekundären und tertiären Kosten in einem Spannungsverhältnis zueinander. Wenn z. B. die Steuerung primärer Unfallkosten und die zu ihrer Verhinderung aufzuwendenden Sorgfaltsanstrengungen kein durch Haftungsrecht zu verfolgendes Ziel wären, könnte eine Entschädigung über eine allgemeine Volksversicherung erfolgen, die sich durch Steuereinnahmen finanziert. Dies würde zu einer breiten Risikostreuung führen und folglich die sekundären Kosten reduzieren[473]. Möglich ist z. B. auch eine Minimierung der tertiären Kosten durch eine Haftungsregel, nach der der Geschädigte stets die Kosten tragen müsste (casum sentit dominus)[474]. Ein in diese Richtungen gehender Weg wurde für die Abwicklung von Straßenverkehrsunfallschäden z. B. in Australien, Neuseeland, der Provinz Quebec in Kanada, Israel und Schweden eingeschlagen[475]. Hier trägt jeder Verkehrsunfall-Geschädigte seinen Schaden selbst bzw. er meldet ihn nur seiner Versicherung. Folglich wurde die gemeinhin für Unfallschäden übliche "third-party liability" durch eine "first-party liability" ersetzt mit dem Ziel, die tertiären Kosten (z. B. Sachverständigen- und Gerichtskosten) zu reduzieren. Doch diese Versuche gingen mit einem erheblichen Anstieg der primären Unfallkosten einher[476].

Es muss daher eine optimale Mischung der divergierenden Kosten entwickelt werden. Um eine optimale Verhaltenssteuerung auszulösen, wird zunächst nach einem effizienten Maß für die vernichteten Nutzwerte (primäre Unfallkosten) gesucht. Diese sind nicht um jeden Preis zu vermeiden, sondern nur insoweit, als die Kosten bzw. der Nutzenentgang, der zur Schadensreduzierung notwendig ist, geringer bleibt als die vernichteten Nutzwerte.

Dieser Ausgangspunkt wird von der Literatur zur ökonomischen Theorie des Rechts durch eine Graphik plastisch dargestellt[477]. In einem Modell werden die Sorgfaltsanstrengungen zur Vermeidung eines Unfalls (Abszisse) und die volkswirtschaftlichen Kosten (Ordinate) gegeneinander abgebildet. Es werden die Sorgfaltskosten zur Vermeidung eines Unfalls ermittelt sowie die dem Sorgfaltsaufwand entsprechenden Unfallkosten. Durch Addition der Kosten der Sorgfalt und der erwarteten (primären) Unfallkosten erfolgt die Berechnung der erwarteten sozialen Kosten eines Unfalls. Zur Darstellung im Modell werden vereinfachende Annahmen zugrunde gelegt. Die Wahrscheinlichkeit eines Unfalls hängt von der Intensität der Sorgfalt ab: Je sorgfältiger gehandelt wird, desto geringer ist der Eintritt eines Unfalls. Die Kosten der Sorgfalt steigen linear an, weil eine Sorgfaltseinheit einen gewissen Preis hat, der

---

473 Calabresi 1970, p. 37, p. 6.
474 Schäfer/Ott 2000, S. 128 f.
475 Sloan 1998, p. 141 m. w. N.
476 Dewees/Duff/Trebilcock 1996, pp. 15 – 94 and pp. 114 – 115, die insbesondere empirische Daten für Quebec zugrunde legen.
477 Vgl. Cooter/Ulen 2000, p. 301; Schäfer/Ott 2000, S. 161 (und Einband).

sich bei Verdopplung der Sorgfalt demnach auch entsprechend verdoppelt. Hingegen nehmen die Unfallkosten mit steigender Sorgfalt ab; diese Kurve weist annahmegemäß eine konvexe Krümmung auf. Denn mit jedem Euro, der den Sorgfaltsanstrengungen zur Vermeidung eines Unfalls zufließt, sinkt die Wahrscheinlichkeit des Unfalleintritts. Die praktische Erfahrung lehrt allerdings – die Ökonomik spricht vom "law of diminishing returns" -, dass nicht jeder Euro die gleiche Wirksamkeit besitzt. Bei jeder unfallträchtigen Tätigkeit gibt es zunächst vergleichsweise billige Schutzmaßnahmen, die die Schadenswahrscheinlichkeit erheblich herabsetzen (z. B. Bremsen). Sind diese Handlungsalternativen ausgeschöpft, so verbleiben nur noch immer kostspieligere und damit ineffizientere Schutzmaßnahmen (z. B. ABS).[478]

Ferner wird angenommen, dass die Schäden vollständig ersetzbar sind und auch ersetzt werden, um dem *Pareto*- Kriterium zu genügen[479].

Der gesellschaftlich optimale Zustand entspricht dem Minimum der sozialen (volkswirtschaftlichen) Kosten. Dementsprechend kann auch das sozial effiziente Maß der Sorgfaltsanstrengung definiert werden; es ist dort effizient, wo die sozialen Kosten minimiert sind. Das Minimum der erwarteten sozialen Kosten entspricht daher dem effizienten Sorgfaltsaufwand. Die erwarteten sozialen Kosten setzen sich zusammen aus den Sorgfaltskosten und den Kosten des Unfalls. Bei effizienter Sorgfaltsanstrengung entsprechen demgemäß ihre Grenzkosten den Grenzkosten des erwarteten Unfalls.

Mithilfe dieses Modells kann nun bestimmt werden, welche Haftungsregeln einen Handlungsanreiz zu der so bestimmten effizienten Sorgfalt auslösen. *Steven Shavell*[480] führte dies in seinem Werk "Economic Analysis of Accident Law" (1987) grundlegend aus. Es wird differenziert zwischen den Haftungsregeln, z. B. keine Haftung, Gefährdungshaftung und Haftung aus Fahrlässigkeit; des Weiteren wird danach unterschieden, ob Schädiger oder/und Geschädigter Sorgfaltsanstrengungen unternehmen bzw. ihren Aktivitätslevel steuern können.

---

478 Schulz 1984, S. 610.

479 Arlen 2000, p. 683.

480 Der weiteren Darstellung liegen auch die Werke von *Shavell* [Shavell 1980; Shavell 1987] zugrunde. Durch die Literatur zur ökonomischen Analyse des Rechts wurden sie umfangreich rezipiert, z. B. Cooter/Ulen 2000, Chapter 8, II. An Economic Theory of Tort Liability, pp. 300 - 326; Schäfer/Ott 2000, Teil 2: Ökonomische Analyse des Schadensrechts, S. 109 – 364.

## 7.2 Ökonomische Analyse der Gefährdungshaftung im Hinblick auf die Störerhaftung

Die Abhandlung konzentriert sich auf die Ergebnisse der ökonomischen Analyse des privaten Haftungsrechts, die für die Untersuchung der öffentlich-rechtlichen Störerhaftung relevant sind.

Im 5. Kapitel wurde erarbeitet, dass die Haftung aus Verhaltensverantwortlichkeit gem. § 4 MEPolG mit der Gefährdungshaftung unproblematisch vergleichbar ist. Lediglich auf die sog. Zusatzhaftung ist ein besonderes Augenmerk zu richten. Hingegen entspricht die Zustandshaftung des § 5 MEPolG nur dann einer Gefährdungshaftung, wenn eine Zustandshaftung des Halters angenommen wird. Die verantwortliche Person muss Halterin der Sache sein, also die Verfügungs- bzw. Bestimmungsmacht über eine Sache ausüben, die eine unmittelbare Gefahr bzw. Störung für die öffentliche Sicherheit oder Ordnung verursacht. Eine Vergleichbarkeit zwischen Zustandshaftung und Gefährdungshaftung kann also nur für eine Zustandshaftung des Halters bejaht werden. Weitere Haftungen, die in § 5 MEPolG für den „nur“ tatsächlichen oder rechtlichen Sachherrschaftsinhaber normiert werden, können nicht gleichgesetzt werden.

Zunächst kann daher festgehalten werden, dass für die Störerhaftung allein die rechtsökonomische Analyse der Gefährdungshaftung eine Rolle spielt.

### 7.2.1 Bestimmung der „Art“ des Schadens

Die ökonomische Theorie der Gefährdungshaftung analysiert verschiedene Sachverhalte. So wird zunächst die Unterscheidung getroffen, ob der Schädiger und/oder der Geschädigte Sorgfaltsvorkehrungen treffen konnten.

Ist nur einer der Unfallbeteiligten in der Lage, Sorgfaltsvorkehrungen zur Verhinderung des Unfalls zu treffen, so handelt es sich um sog. unilaterale Schäden. Können Schädiger und Geschädigter Sorgfaltsanstrengungen unternehmen, dann liegt ein bilateraler Schaden vor. Gibt es gar mehrere Schädiger, handelt es sich um einen multilateralen Schaden, der im 8. Kapitel gesondert untersucht wird.

Die öffentlich-rechtliche Störerhaftung nennt als Schädiger den Störer, der Geschädigte ist die öffentliche Sicherheit oder Ordnung. Das relevante Schutzgut der öffentlichen Sicherheit wird (legal-)definiert als die Gesamtheit von objektiver Rechtsordnung, subjektiven Rechten und Rechtsgüter des Einzelnen und dem Bestand des Staates und seiner Einrichtungen. So ist die Geschädigte im Paradebeispiel des verunfallten Öltankwagens die öffentliche Wasserversorgung. Wie die Wasserversorgung können die polizeilichen Schutzgüter im Allgemeinen keine Sorgfaltsmaßnahmen zur Verhinderung von Störungs-Schäden ergreifen. Allerdings ist es der öffentlichen Hand möglich, notwendige Sorgfaltsanstrengungen zu unternehmen. Die Behörde kann bspw. durch entsprechende Beschilderung Gefahrguttransporte für bestimmte Wege verbieten. Ferner erteilt bspw. die Behörde die Genehmigung für den Betrieb einer chemischen Fabrik, der zur einer Kontamination führt. Eine derartige Genehmigung kann den Störer, aufgrund ihrer Legalisierungswirkung, von seiner Haftung für die Verunreinigung unter bestimmten Voraussetzungen befreien (2.1.4 und 3.4). Es stellt sich daher die Frage, ob es sich bei den Störungs-Schäden um uni- oder bilaterale Schäden im Sinne der ökonomischen Theorie des Haftungsrechts handelt. Zwar kann die öffentliche Hand, wie gerade gezeigt, Sorgfaltsmaßnahmen zum Schutz der polizeilichen Schutzgüter ergreifen, so dass ein bilateraler Schaden nahe liegt, aber der Hintergrund seiner Definition ist zu beachten: Sowohl für den Schädiger (z. B. ein Autofahrer) als auch den Geschädigten (z. B. ein Fahrradfahrer) implizieren die Sorgfaltsmaßnahmen Kosten (Zeit, Geld etc.). Beide streben rational-egoistisch[481] nach ihrem maximalen Nutzen. Daher hat der Geschädigte keinen Anreiz, Sorgfaltsanstrengungen zu unternehmen, wenn im Falle einer Gefährdungshaftung der Schädiger ihm den Schaden vollständig zu ersetzen hat – und auch annahmegemäß jede Schadensersatzleistung zu perfekter Kompensation führt. Diese Abhandlung untersucht jedoch die öffentlich-rechtliche Störerhaftung, bei der der Geschädigte die öffentliche Hand ist. Die öffentliche Hand strebt nach der Maximierung des Gemeinwohls. Die Behörde an sich hat weder mehr noch weniger Nutzen, wenn sie die gebotene Sorgfalt einhält. Sie entscheidet danach, ob z. B. das Aufstellen von Verbotsschildern oder die Erteilung der Genehmigung den Gesetzen und dem öffentlichen Wohl entspricht.[482] Der ökonomischen Theorie liegt zugrunde, dass sich die Interessen der öffentlichen Hand am Gemeinwohl orientieren. Demgemäß ist es der öffentlichen Hand möglich, Sorgfaltsanstrengungen zu ergreifen, doch ist es zu erwarten, dass diese aufgrund ihrer Gemeinwohlorientierung optimal sind, da dies ihrem nutzenmaximierenden Verhalten entspricht.

Die Differenzierung nach uni- oder bilateralen Schäden dient dem Zweck, Haftungsregeln danach zu analysieren, ob sie effiziente Handlungsanreize zur gebotenen Sorgfalt bei einem rationalen Nutzenmaximierer auslösen. Dieser büßt durch die für ihn mit Kosten verbundenen Sorgfaltsanstrengungen Nutzen ein, erhält also einen Anreiz, diese gegebenenfalls

---

[481] Vgl. zur Annahme des rational-egoistischen Menschen in der Ökonomie, Schäfer/Ott 2000, S. 56 ff.

[482] Vgl. Art. 14 Abs. 2 S. 2, Abs. 3 S. 1 GG, §§ 1 Abs. 5 S. 1, 24 Abs. 3 S. 1, 31 Abs. 2 Ziff. 1, 87 Abs. 1 BauGB: „Wohl der Allgemeinheit“.

zu unterlassen, wenn ihm dadurch kein größerer Nutzenentgang (z. B. Schadensersatz) aufgebürdet wird. Diese Anreizproblematik ist bei der öffentlichen Hand jedoch nicht gegeben. Daher liegt im Falle eines Störungs-Schadens ein unilateraler Schaden im Sinne der ökonomischen Theorie des Haftungsrechts vor.

Das Effizienz-Ziel der Wohlfahrtsmaximierung impliziert die Zielsetzung, die Summe von Schadensvermeidungskosten (Kosten der Sorgfaltsanstrengung) und die Kosten der vernichteten Nutzwerte, also der sozialen Kosten, zu minimieren. Dieses wird bei unilateralen Schäden erreicht, wenn eine zusätzliche Einheit an Schadensvermeidungsaufwand den erwarteten Schaden gerade um eine Einheit reduziert. Dies ist die „Marginalbedingung der unilateralen optimalen Sorgfalt".[483]

Es kann damit festgehalten werden, dass für die öffentlich-rechtliche Störerhaftung die Modelle der ökonomischen Theorie des Unfallrechts herangezogen werden können, die „unilaterale Schäden" zum Gegenstand haben. Der sozial gewünschte Zustand wird mithin erreicht durch Maximierung der sozialen Wohlfahrt, die dem Nutzen der Aktivität des Schädigers entspricht, abzüglich der Schadenskosten; die Schadenskosten setzen sich zusammen aus den Sorgfaltskosten und den vernichteten Nutzwerten (primäre Unfallkosten).

Die Analyse der unilateralen Schäden unterscheidet weiter, ob der Schädiger nur seine Sorgfaltsanstrengungen (z. B. Aufmerksamkeit im Straßenverkehr), sondern auch seinen Aktivitätslevel (z. B. Länge der Autofahrt) kontrolliert.

Die ökonomische Theorie des Haftungsrechts hat für unilaterale Schäden, bei denen nur der Sorgfaltsmaßstab vom Schädiger kontrolliert wird, erarbeitet, dass die Gefährdungshaftung zu einer effizienten Sorgfaltsanstrengung des Schädigers führt. Haftet der Verantwortliche aus Gefährdungshaftung, so muss er sämtliche durch ihn verursachte Schäden ersetzen. Er wird daher seine Kosten des Unfalls (Schadensvermeidungskosten und dementsprechende primäre Unfallkosten) möglichst minimieren. Dies ist sozial optimal, da die vom Schädiger einzubeziehenden Kosten des Unfalls den sozialen Kosten des Unfalls entsprechen.[484]

Die Gefährdungshaftung führt auch für den Fall, dass der Verantwortliche Sorgfalts- und Aktivitätslevel beherrscht, zu einem effizienten Ergebnis. Der Schädiger wählt den opti-

---

[483] Schäfer/Ott 2000, S. 118.

[484] Vgl. Shavell 1987, pp. 6 - 9 (2.1 Levels of Care the Only Determinant of Risk: Unilateral Accidents); *Shavell* zeigt auch die Bedeutung dieser „Fallgruppe" für weitere Haftungsregime auf.

malen Sorgfaltsmaßstab, da nur ein optimaler Sorgfaltsmaßstab zu einer Minimierung von Sorgfaltskosten und vernichteten Nutzwerten führt. Denn der Schädiger hat sämtliche Schadenskosten, also Sorgfalts- und primäre Unfallkosten, zu tragen. Des Weiteren wählt er auch den effizienten Aktivitätslevel, da sein Nutzen aus der Handlung dem sozialen Nutzen der Handlung (soziale Wohlfahrt) entspricht. Da der Schädiger sämtliche Kosten (Nutzeneinbußen) zu tragen hat, wird er ein optimales Aktivitätsniveau wählen.[485]

Mithin führt die Gefährdungshaftung zu vollständiger Internalisierung sämtlicher Kosten, die mit der Handlung verbunden sind. Hierdurch wird ein sozial effizientes Niveau der Handlung des Verantwortlichen ausgelöst, da externe Effekte ausgeschlossen werden.

Hingegen führt bspw. eine Fahrlässigkeitshaftung bei unilateralen Schäden zu Ineffizienzen. Ist nur der Sorgfaltsmaßstab für die Unfallkosten verantwortlich, so besteht ein Informationsproblem der Gerichte (Behörde). Bestimmen die Gerichte (Behörde) den effizienten Sorgfaltsmaßstab, so hat der Schädiger, wenn er fahrlässig oder gar vorsätzlich handelt, die primären Unfallkosten (und die noch aufgewendeten Sorgfaltskosten) zu tragen, die durch ein Sorgfaltsniveau ausgelöst werden, das dem effizienten Sorgfaltsniveau nicht genügt. Hält der Schädiger den gerichtlich bestimmten effizienten Sorgfaltsmaßstab ein, so muss er nur seine (effizienten) Sorgfaltskosten tragen, die primären Unfallkosten verbleiben beim Geschädigten. Folglich löst eine Fahrlässigkeitshaftung bei unilateralen Schäden, die ausschließlich von Sorgfaltsanstrengungen abhängen, nur dann optimale Schadenskosten aus, wenn der effiziente Sorgfaltsmaßstab gerichtlich (behördlich) bestimmbar ist[486]. Doch haben die Schädiger in der Regel mehr Informationen über ihren effizienten Sorgfaltsmaßstab, weshalb es deshalb auch besser ist, dass sie diesen – wie bei der Gefährdungshaftung - bestimmen[487]. Basieren die primären Unfallkosten nicht nur auf dem Sorgfaltsmaßstab, sondern auch auf dem Aktivitätsniveau des Schädigers, so treten bei unilateralen Schäden im Falle einer Fahrlässigkeitshaftung Externalitäten auf. Der Schädiger haftet aus Fahrlässigkeit nur dann, wenn er den gerichtlich (behördlich) bestimmten Sorgfaltsmaßstab nicht einhält, sein Aktivitätsniveau fließt in die Bewertung nicht mit ein. Jedoch erhöht sich sein Nutzen mit steigender Aktivität. Demgemäß kann der Schädiger diejenigen Unfallkosten, die durch sein Aktivitätsni-

---

[485] Vgl. Shavell 1987, pp. 21 - 26 (2.3 Levels of Care and Levels of Activity the Determinants of Risk: Unilateral Accidents); *Shavell* untersucht auch für diese „Fallgruppe“ sämtliche Haftungskonstellationen.

[486] Shavell 1987, p. 8.

[487] Vgl. auch *Cooter/Ulen* zu auftretenden Ineffizienzen bei vagen gerichtlichen Standards [Cooter/Ulen 2000, pp. 319 – 320].

veau ausgelöst werden, auf den Geschädigten externalisieren, so dass er ein Aktivitätsniveau wählen wird, das seinem privaten – aber nicht dem sozialen – Optimum entspricht[488].

### 7.2.2 Ergebnis zur „Art" des Schadens

Die rechtsökonomische Schadensanalyse differenziert zwischen dem Wer (uni-, bi-, multilateral) und Was (Aktivitäts- und Sorgfaltslevel) der Schadenssteuerung. Für die Analyse der öffentlich-rechtlichen Störerhaftung ergibt sich, dass es sich nach diesem Verständnis um unilaterale Schäden handelt. Bei unilateralen Schäden setzt die Gefährdungshaftung effiziente Anreize zur Schadenssteuerung, hinsichtlich einer Steuerung sowohl des Sorgfaltsniveaus als auch des Aktivitätsniveaus, da der Schädiger durch die Gefährdungshaftung gezwungen wird, sämtliche primäre Unfallkosten zu internalisieren.

### 7.2.3 Vergleich mit der Verhaltensverantwortlichkeit

Die öffentlich-rechtliche Verhaltensverantwortlichkeit entspricht einer Gefährdungshaftung (5.2). Ferner gilt für sie, dass es sich um allein vom Verantwortlichen zu steuernde (unilaterale) Schäden handelt. Die ökonomische Literatur hat hierzu den Nachweis erbracht, dass die Gefährdungshaftung bei unilateralen Schäden zu optimalen Anreizen führt. Dies gilt im Hinblick auf die Steuerung des Sorgfaltsmaßstabs des Schädigers als auch für die Steuerung seines Aktivitätslevels. Folglich ist die öffentlich-rechtliche Handlungshaftung – aus Sicht der ökonomischen Theorie des Rechts - optimal geeignet, ein effizientes Sorgfalts- und Aktivitätsniveau des (potenziellen) Störers zu steuern.

#### 7.2.3.1 Bedeutung für die Zusatzhaftung

Die öffentlich-rechtliche Handlungshaftung normiert in § 4 MEPolG nicht nur eine Haftung des eigentlich Handelnden, sondern macht eine Person in bestimmten Fällen auch haftbar für das Verhalten Dritter. Durch § 4 Abs. 2 MEPolG wird bestimmt, dass der Aufsichtspflichtige über Kinder bzw. der Betreuer für den ihm übertragenen Aufgabenkreis auch aus Verhaltensverantwortlichkeit haftet. Eine derartige Haftung besteht ebenfalls für den Geschäftsherrn

---

[488] Shavell 1987, pp. 23 – 24.

bezüglich seines Verrichtungsgehilfen (§ 4 Abs. 3 MEPolG). Diese Haftung des Aufsichtspflichtigen bzw. Geschäftsherrn wird als Zusatzhaftung bezeichnet. Die Kinder bzw. unter Betreuung stehenden Personen sowie der Verrichtungsgehilfe bleiben ihrerseits aus § 4 Abs. 1 MEPolG verantwortlich, wenn ihr Verhalten kausal ist für eine Gefahr bzw. Störung für die öffentliche Sicherheit oder Ordnung. Der Aufsichtspflichtige bzw. Geschäftsherr haftet (nur) *zusätzlich* neben diesen Personen, die eigentlich die Gefahr bzw. Störung verursacht haben.

Fraglich ist nun, wie diese Zusatzhaftung aus der Perspektive der ökonomischen Theorie des Rechts zu beurteilen ist. Wie ausgeführt wurde, ist es nur dann befriedigend, eine Haftung für Personen zu statuieren, wenn sie durch steuerbares Verhalten den Schaden verursachen. Daher könnte zunächst gemutmaßt werden, dass jede Haftung für fremdes Verschulden ineffizient sei. Die haftungsrechtliche Heranziehung eines Schädigers bezweckt eine Internalisierung der durch sein Fehlverhalten verursachten Kosten. Solange sich eine Person rational und nutzenmaximierend verhält, wird sie ihre Tätigkeit auf einem optimalen Sorgfalts- und Aktivitätsniveau ausüben. In einer Welt perfekter Information und solventer Schädiger bedürfte es daher keiner Haftung Dritter ("third-party liability"), da effiziente Verhaltensstandards für die schädigende Person gesetzt werden könnten[489]. Allerdings sind Schädiger häufig weder perfekt informiert noch solvent[490]. Darüber hinaus agieren bestimmte Schädiger (z. B. Kinder) nicht rational[491]. Eine Haftung für das Verhalten Dritter ist daher eine Möglichkeit, die haftungsrechtlichen Ziele zu erreichen, obwohl eine Eigenhaftung des Schädigers versagt[492].

Im Zivilrecht finden sich bspw. in §§ 278, 831, 832 BGB Regeln, die der öffentlichrechtlichen Zusatzhaftung ähneln; diese haben die Haftung eines Prinzipals für das Verhalten seines Erfüllungs- oder Verrichtungsgehilfen bzw. die Haftung der aufsichtspflichtigen Eltern zum Gegenstand. Aus einer ökonomischen Perspektive beleuchtete vor allem *Sykes*[493] die Haftung eines Geschäftsherrn für Verhalten seines Gehilfen. Die Haftung für das Verhalten Dritter (vicarious liability) wird der eigenen Haftung des Dritten (personal liability) gegenübergestellt, um zu untersuchen, ob es unter ökonomischen Gesichtspunkten sachgerecht ist, den Geschäftsherrn für Verhalten seines Gehilfen haftbar zu machen, oder ob vom Gehilfen verursachte Schäden von diesem selbst zu tragen sind. Hierbei geht *Sykes*[494] von den gleichen

[489] Kraakman 1998, p. 583.
[490] Kraakman 1998, p. 583.
[491] Kraakman 1998, p. 583.
[492] Kraakman 1998, p. 584.
[493] Sykes 1984, vgl. auch die weiteren Nachweise bei Kraakman 1998, pp. 587 – 588.
[494] Sykes 1984, fn. 4 (pp. 1231 – 1232): The rule of joint and several liability allows "the plaintiff to sue the principal, the agent, or both, and to collect his judgment from one or both defendants as he pleases, subject to the restriction that he cannot collect more than the total judgment."

Prämissen aus, die auch der Störerhaftung zugrunde liegen: Der Geschädigte kann bei der Geschäftsherrnhaftung sowohl gegen den Geschäftsherrn als auch gegen den Gehilfen oder beide gemeinsam vorgehen, er kann aber den Ersatz seines Schadens insgesamt nur einmal verlangen. Diese Prämissen entsprechen der öffentlich-rechtlichen Störerhaftung. Die Behörde kann gegen jeden Handlungsstörer vorgehen, sei es der „eigentliche" Verursacher oder der Zusatzhaftende, sie kann aber auch beide gemeinsam zur Gefahr- bzw. Störungsbeseitigung bescheiden. Die Analyse von *Sykes*[495] dient daher als Grundlage für die Untersuchung der Störerhaftung und wird im Folgenden vorgestellt. Hierbei sind für die Analyse der Störerhaftung nur diejenigen Ausführungen zu berücksichtigen, die sich auf das Haftungsrecht (involuntary creditors[496]) beziehen.

#### 7.2.3.1.1 Ökonomische Analyse der Haftung für das Verhalten Dritter

*Sykes*[497] führt zunächst aus, dass dem Geschäftsherrn – Gehilfen – Verhältnis ein Vertrag zugrunde liegt, oder - allgemeiner gesprochen - eine Prinzipal – Agenten[498]-Beziehung erfordert ein Abkommen. Die ökonomische Theorie postuliert, dass sämtliche Prinzipal – Agenten Abkommen - aus der Perspektive der Beteiligten (privat) - *Pareto*-optimal sind. Da Verträge jedoch negative Auswirkungen auf Dritte haben können[499], werden sie als "privately *Pareto* optimal" definiert. Für beide Parteien ist der Wert eines solchen Vertrages grundsätzlich ungewiss.

*Sykes* führt weiter aus, dass – empirisch betrachtet – der Prinzipal/Geschäftsherr gegenüber dem Agenten/Gehilfen regelmäßig der bessere Risikoträger ist. Die Gründe hierfür sind vielfältig. So ist der Agent, aufgrund seiner beschränkten finanziellen Leistungsfähigkeit, eher risikoavers, während der Prinzipal häufig vermögender ist. Darüber hinaus beschäftigt der Prinzipal nicht selten mehrere Agenten mit ähnlichen Verrichtungen, so dass diese größere Anzahl von Agenten zu einer Risikodiversifikation führt. Hinzu kommt, dass der eigentliche Prinzipal Aktionäre einer Gesellschaft sein können, wodurch sich das Risiko noch weiter streut. Unter der Voraussetzung, dass das Haftungsrisiko versicherbar ist, ist dies dem Prinzi-

---

495 Sykes 1984, pp. 1233 – 1259 (Part A – Economic Analysis).

496 Involuntary creditors are defined as "creditors whose claims do not relate to prior transactions with the principal-agent enterprise"; e. g. the victim of an agent's motor vehicle tort is usually an involuntary creditor. [Sykes 1984, p. 1233].

497 Sykes 1984, pp. 1233 – 1236.

498 "A principal is an individual or group of individuals who employs or contracts with another individual or group. The individuals so employed or under contract are agents." [Sykes 1984, fn. 1 (p. 1231)].

499 Zur negativen Auswirkungen von Verträgen (technisch externe und pekuniäre Effekte), vgl. Schäfer/Ott 2000, S. 366.

pal häufig preiswerter möglich. Zum einen kann er der Versicherungsgesellschaft möglicherweise einen Risikopool bieten; darüber hinaus werden aber auch - gegenüber der Situation einer Eigenversicherung jedes Agenten – Verwaltungskosten eingespart. *Sykes* kommt somit zu dem Schluss: "The theory of optimal risk sharing thus predicts that privately *Pareto* optimal agency agreements will often allocate the bulk of civil liability to business principals rather than to their agents."[500]

In Bezug auf die Effekte der Haftungsregel für die Ressourcenallokation führt *Sykes*[501] aus, dass "the choice of the liability rule is unlikely to affect resource allocation significantly if the agent is able to pay all judgments against him in full under a rule of personal liability and if the costs of allocating liability by contract are insubstantial. Concomitantly, the liability rule can significantly affect resource allocation if either of these conditions does not hold."[502] Sieht das Gesetz bspw. eine Haftung des Geschäftsherrn vor, ist es den Parteien ungenommen, die Haftung vertraglich dem Gehilfen zuzuweisen. Selbstverständlich kann eine gesetzlich geregelte persönliche Haftung des Gehilfen durch Vertrag auch dem Geschäftsherrn zugewiesen werden. Dieser *Coase*sche Ansatz hält aber nur für den Fall, dass der Gehilfe über ausreichende finanzielle Mittel verfügt, um den Schaden zu ersetzen und dass die Transaktionskosten zum Abschluss derartiger vertraglicher Verpflichtungen annähernd null sind. Daher ist sowohl das Problem der Insolvenz des Agenten als auch der Transaktionskosten weiter zu betrachten. Eine Insolvenz des Agenten kann sich auf die Ressourcenallokation auswirken, da sie die Schadenstragung zwischen dem Prinzipal-Agenten-Unternehmen und dem Geschädigten beeinflussen kann, durch z. B. „Flucht" des Unternehmens in die Insolvenz des Agenten.[503] Des Weiteren sind bei einer vertraglichen Haftungsallokation unterschiedliche Transaktionskosten zu berücksichtigen. Hier stehen zum einen die Verhandlungskosten im Raum, die auch die für eine Verhandlung notwendigen Informationen mit einbeziehen. Diese verringern den Wert des Prinzipal-Agenten-Vertrags. Darüber hinaus werden auch Durchsetzungskosten insbesondere dann relevant, wenn ein Geschäftsherr Ausgleichsansprüche gegen seinen Gehilfen geltend machen kann. Diese Transaktionskosten sind nicht unbeträchtlich, so dass eine gesetzliche Haftungsausgestaltung Einfluss auf die Ressourcenallokation hat.[504] Da sowohl die Insolvenz des Gehilfen als auch die Transaktionskosten von Bedeutung sind, wird im Folgenden untersucht, welches Haftungsmodell zu einer effizienten Risikoverteilung zwischen dem Geschäftsherrn und seinem Gehilfen führt.

---

[500] Sykes 1984, p. 1236.
[501] Sykes 1984, pp. 1239 – 1241.
[502] Sykes 1984, p. 1241.
[503] Sykes 1984, pp. 1241 – 1242.
[504] Sykes 1984, pp.1242 – 1243.

#### 7.2.3.1.1.1 Persönliche Haftung des Agenten

Bei einer persönlichen Haftung des Agenten führt seine potenzielle Insolvenz zu mehreren Ineffizienzen. Ist der Gehilfe insolvent, so erhält der Geschädigte seinen Schaden nur bis zur Vermögensgrenze des Gehilfen ersetzt. Darüber hinaus wird der Gehilfe nur diese Vermögensgrenze und nicht die Höhe des zu erwartenden Schadens in den Überlegungen über sein Sorgfalts- und Aktivitätsniveau berücksichtigen, was einen zu geringen Schadensvermeidungsaufwand auslöst. Dies kann sich das Prinzipal-Agenten-Unternehmen als solches zu nutzen machen und daher zu geringeren als den wahren ökonomischen Kosten produzieren. Darüber hinaus ist der Prinzipal, wie ausgeführt wurde, in einer Prinzipal-Agenten-Beziehung der bessere Risikoträger. Daher führt eine persönliche Haftung des Agenten zu einer übermäßigen Gefahrtragung des Agenten, wofür er großzügiger, als im Falle einer „idealen" Welt, zu entlohnen ist.[505]

#### 7.2.3.1.1.2 Haftung des Prinzipals für Verhalten des Agenten

Die Beurteilung einer Haftung des Prinzipals für das Verhalten seines Agenten hängt stark davon ab, ob der vom handelnden Agenten ausgeübte Schadensvermeidungsaufwand durch den Prinzipal beobachtbar ist. Dem liegt zugrunde, dass es der Agent vorteilhaft finden könnte, den Anweisungen des Prinzipals keine Folge zu leisten[506].

Kann der Prinzipal zu geringen Kosten das Verhalten des Agenten kontrollieren, so ist diese Haftungsregel als effizient zu beurteilen. Durch eine Haftung beider, also insbesondere des Prinzipals, ist das Risiko einer Insolvenz weitestgehend minimiert. Hierdurch wird das Unternehmen gezwungen, sämtliche Kosten zu internalisieren, was ein optimales Niveau z. B. seiner Produktion zur Folge hat. Darüber hinaus kann der Geschäftsherr den Gehilfen zu einem optimalen Schadensvermeidungsaufwand veranlassen, da dieser von ihm leicht zu beobachten ist. Trotzdem bleibt der Prinzipal, als der bessere Risikoträger, haftbar für (potenzielle) Schäden. Hierdurch wird das beschriebene Problem einer übermäßigen Haftung des Gehilfen vermieden, ohne dass ein optimaler Schadensvermeidungsaufwand durch ihn aufgegeben wird.[507]

Problematischer gestaltet sich die Beurteilung einer Haftung für das Verhalten Dritter in Situationen, in denen das Verhalten der Dritten nicht kontrollierbar ist. Hier stehen dem

---

[505] Sykes 1984, pp. 1243 – 1245.
[506] Sykes 1984, p. 1237.
[507] Sykes 1984, pp. 1245 – 1247.

Prinzipal letztlich nur die Möglichkeiten der Belohnung und Bestrafung des Agenten zur Verfügung, um ihn zu gehöriger Sorgfalt und Aktivität anzuhalten. Ansonsten sind die Anreize des Agenten zum Schadensvermeidungsaufwand bescheiden. Daher ist eine Geschäftsherrn – Gehilfen – Beziehung, die sich über einen längeren Zeitraum erstreckt und dementsprechend die besseren Anreize setzen kann, einer nur einmaligen Kooperation überlegen. Diese Überlegenheit wirkt sich auch auf die Transaktionskosten aus, da Anreizmuster besser und günstiger implementierbar sind. Trotzdem weist diese Haftungsregel, auch bei kurzfristigen Beziehungen, Vorteile gegenüber einer persönlichen Haftung des Gehilfen auf. Das Unternehmen wird angehalten, sämtliche Kosten zu internalisieren, wodurch es auf einem sozial erwünschten Niveau produzieren wird. Die Haftung bezieht den Prinzipal als den besten Risikoträger mit ein. Zusammenfassend kann daher festgehalten werden, dass diese Haftungsregel, wenn das Verhalten des Agenten unbeobachtbar ist, wesentlich unattraktiver wird, aber dennoch einer persönlichen Haftung des Agenten überlegen bleibt.[508]

Dementsprechend weisen auch *Newman/Wright* – mit technischen Ausführungen - nach, dass die Statuierung einer Gefährdungshaftung für den Prinzipal diesen dazu veranlasst, seinem Agenten einen Vertrag anzubieten, der zu einem sozial optimalen Niveau von Schadensvermeidung führt[509].

#### 7.2.3.1.2 Ergebnis zur Haftung für das Verhalten Dritter

Die ökonomische Analyse zur Haftung des Geschäftsherrn für das Verhalten seines Gehilfen hat ergeben, dass diese Haftungsregel einer persönlichen Haftung des Gehilfen grundsätzlich überlegen ist. Durch diese Haftung wird vor allem auch der Geschäftsherr herangezogen, was aufgrund seiner Stellung als besserer Risikoträger wünschenswert ist. Der Geschäftsherr wird außerdem gezwungen, sämtliche Schäden in seinem Kosten-Nutzen-Kalkül zu berücksichtigen, wodurch das Sorgfalts- und Aktivitätsniveau seiner Unternehmung auf einem sozial wünschenswerten Niveau betrieben wird. Die Regelung einer Haftung für das Verhalten Dritter ist auch bedeutsam, da aufgrund der potenziellen Insolvenz des Gehilfen und der nicht unbedeutenden Transaktionskosten eine effiziente Verhandlungslösung nur schwer erzielbar ist. Eine Haftung für das Verhalten Dritter ist folglich in den Fällen als effizient zu beurteilen,

---

508 *Sykes* unterscheidet dezidiert zwischen "one- and mulitperiod agencies"; Sykes 1984, pp. 1247 – 1255. *Sykes* [Sykes 1984, pp. 1255 – 1256] analysiert auch "The Optimal Liability Rule When Loss-Avoidance Behavior is Imperfectly Observable", auf die hier nur hingewiesen wird; *m. E.* genügt die Darstellung der Unbeobachtbarkeit des Agenten-Verhaltens, um entsprechende Schlussfolgerungen zu ziehen.

509 Newman/Wright 1990.

in denen der haftende Dritte - obwohl er den Schaden nicht „selbst" verursacht hat - in der Lage ist, geeigneten Schadensvermeidungsaufwand zu veranlassen und dadurch angehalten wird, die (primären) Unfallkosten zu internalisieren.

#### 7.2.3.1.3 Effizientes Haftungsregime für die Zusatzverantwortlichkeit

Die bisherige Untersuchung hat ergeben, dass eine Haftung des Prinzipals für Schäden des Agenten einer eigenen Haftung des Agenten überlegen ist. Nicht analysiert wurde, wie die Haftung des Prinzipals strukturiert sein soll. Der Prinzipal selbst kann sowohl einer Gefährdungshaftung unterliegen als auch nur aus Verschulden haften. Der Agent soll aus Gefährdungshaftung verantwortlich sein, denn für den Handlungsstörer gem. § 4 Abs. 1 MEPolG stellt dies die sozial optimale Verhaltensregel dar[510]. Der gemeinsam mit dem Agenten haftende Prinzipal kann seinerseits entweder aus Gefährdungshaftung verantwortlich sein, es ist aber auch zu diskutieren, ob der Prinzipal besseren Anreizstrukturen ausgesetzt ist, wenn er bspw. nur aus Verschulden haftet. Die erste Lösung entspricht der öffentlich-rechtlichen Zusatzhaftung. Fraglich ist, ob diese Gefährdungshaftung für das Verhalten Dritter optimal ist. Dieser Fragestellung sind *Arlen/Kraakman*[511] nachgegangen.

*Arlen/Kraakman* führen aus, dass eine Gefährdungshaftung des Prinzipals für das Verhalten seines Agenten nicht optimal ist. Stattdessen sollte eine Haftung des Prinzipals reduziert werden auf eine kombinierte Haftung, die auch Elemente einer Pflichtverletzung berücksichtigt. Es ist daher für die Störerhaftung zu diskutieren, ob der Zusatzhaftende zwar neben dem Verrichtungsgehilfen bzw. Kind oder unter seiner Betreuung stehenden Person haftbar bleibt, er aber nicht aus Gefährdungshaftung verantwortlich sein soll, sondern aus einem „großzügigerem" Haftungsregime. Das letztgenannte Ergebnis favorisieren *Arlen/Kraakman*, um den Prinzipal, der eine Haftungsdurchsetzung gegen seinen Agenten ermöglicht, von seiner Gefährdungshaftung zu entbinden. Dieser Analyse liegt allerdings zugrunde, dass der Agent absichtlich einen Schaden verursacht oder eine Straftat verübt

[510] Die hier zu untersuchende Ausgestaltung der Haftung ist daher von derjenigen zu unterscheiden, die dem Beitrag von *Chu/Qian* zugrunde liegt [Chu/Qian 1995]. *Chu/Qian* analysieren eine Haftungsregel, in der der Agent und der Prinzipal gemeinsam haften; der Agent haftet aus Fahrlässigkeit, der Prinzipal aus Gefährdungshaftung, aber nur dann, wenn die Fahrlässigkeit des Agenten nachgewiesen ist, wozu es regelmäßig der Mitwirkung des Prinzipals bedarf, was zu Ineffizienzen führt.

[511] Arlen/Kraakman 1997.

hat[512]. *Arlen/Kraakman* ergänzen jedoch – allerdings auch nur in einer Fußnote -, dass ihre Analyse auch auf die Sachverhalte Anwendung finden könne, in denen der Schaden auf einen Unfall des Agenten zurückzuführen sei, allerdings bedürfe es dann einiger Modifikationen. Diese bestehen vor allem darin, dass dann der Prinzipal den Lohn des Agenten, um die vom Agenten zu tragenden Schadensersatzkosten, zu erhöhen hat[513]. Zwar kann dieser Ansatz, der Erhöhung des Agentenlohns für die von ihm verursachten Unfallschäden, das Problem der Agenteninsolvenz mit den damit einhergehenden Ineffizienzen (z. B. überoptimale Sorgfalt) lösen, indem der Agent von seinem (um die Schadensersatzkosten) erhöhten Lohn eine Versicherung für seine Unfallschäden abschließt - aber dieser Vorschlag ist nicht als effizient zu beurteilen. Zu diesem Ergebnis kommen *Schäfer/Ott*[514], die diese Fragestellung aus der Perspektive eines perfekt funktionierenden Marktes in Abwesenheit von Transaktionskosten analysiert haben. *Schäfer/Ott* führen hinsichtlich des Verhältnisses Geschäftsherr und Verrichtungsgehilfe aus, dass eine Haftung des Geschäftsherrn für deliktische Schäden seines Verrichtungsgehilfen einer „Regelung" in einem perfekten Markt entsprechen würde. Dem liegt zugrunde, dass eine Hilfsperson, würde sie von einem geschädigten Dritten in Anspruch genommen werden, einem derartig hohen Schadensersatz ausgesetzt sein könnte, dass sie für den Rest ihres Lebens ihren die Vollstreckungsgrenze übersteigenden Arbeitslohn verliert. Dies hätte eine überoptimale Abschreckung auf Seiten der Hilfsperson zur Folge. Sie würde daher einen Teil ihres Arbeitslohns für die Prämie einer diesen Schaden deckenden Haftpflichtversicherung verwenden. Möglich und aufgrund niedriger Transaktionskosten billiger wäre es jedoch, wenn der Geschäftsherr eine solche Versicherung für alle Hilfspersonen abschließt. Selbstverständlich würde er die Prämie von dem Lohn der Hilfsperson abziehen, insofern bleiben die Kosten für den Geschäftsherrn gleich und auch der Lohn einer versicherten Hilfsperson hätte dasselbe Niveau. Problematisch wäre hier nur das sog. moralische Risiko[515] der Hilfsperson, auf das der Geschäftsherr jedoch durch Lohndifferenzierungen reagieren könnte. Dieses Ergebnis wird erreicht, durch eine Haftung des Geschäftsherrn für delikti-

---

[512] Arlen/Kraakman 1997, pp. 688 and 691; nach dem Common Law ist eine Firma aus Gefährdungshaftung für Schäden verantwortlich, die ein Angestellter in Ausübung seiner Tätigkeit verursacht hat – sei es, dass sie auf zivilrechtlichem oder strafrechtlichem Hintergrund basieren [Arlen/Kraakman 1997, p. 688].

[513] Arlen/Kraakman 1997, p. 691, fn. 13.

[514] Schäfer/Ott 2000, S. 352 ff.

[515] Der Begriff des „moralischen Risikos" (moral hazard) entstammt dem Versicherungswesen. Das moralische Risiko bezeichnet einen Verhaltenswechsel des Versicherten nach Abschluss eines Versicherungsvertrags (z. B. niedrigere Vorsorgemaßnahmen zur Verhinderung eines Schadens), wenn aufgrund der Unkenntnis der Versicherung (Unmöglichkeit der Überprüfung), dieses nunmehr veränderte Verhalten des Versicherten nicht in einer höheren Prämie berücksichtigt werden kann.

sches Handeln der Hilfsperson[516]. Durch die Normierung einer solchen Haftung kommt es daher im Ergebnis zu einer Marktlösung, die den Vorteil geringerer Transaktionskosten enschließt.

Demgemäß ist nicht nur grundsätzlich eine Haftung des Prinzipals für das Verhalten seines Agenten als effizient zu beurteilen, sondern der Prinzipal sollte auch aus Gefährdungshaftung verantwortlich sein. Der aus Zusatzhaftung verantwortliche Prinzipal ist in der Lage sowohl auf das Sorgfalts- als auch auf das Aktivitätsniveau des Verrichtungsgehilfen bzw. der aufsichtsbedürftigen oder unter Betreuung bestehenden Person einzuwirken. Der Zusatzhaftende „handelt" letztlich durch den Verrichtungsgehilfen, weshalb ihm auch die Haftung für diesen auferlegt wird. Nicht anders verhält es sich mit der aus der Aufsichts- oder Betreuungspflicht resultierenden Zusatzhaftung. Der Zusatzhaftende kann Sorgfalt und Aktivität seiner Kinder oder der unter seiner Betreuung stehenden Personen kontrollieren, inwieweit er das tut, ist an seinen Anstrengungen zur Schadensvermeidung zu messen. Im übrigen ist es ihm auch am besten möglich, das Verhalten seiner Verrichtungsgehilfen bzw. seiner Kinder oder unter seiner Betreuung stehenden Personen zu versichern[517].

#### 7.2.3.2 Ergebnis zur Zusatzhaftung

Eine Handlungshaftung gem. § 4 Abs. 1 MEPolG setzt effiziente Anreize zur Schadenssteuerung. Dementsprechend werden Störer der öffentlichen Sicherheit oder Ordnung grundsätzlich zu einem optimalen Schadensvermeidungsaufwand veranlasst. Allerdings kann das Haftungsrecht bei bestimmten Personengruppen, wie z. B. Kindern, Betreuten oder Verrichtungsgehilfen, seine Anreizwirkung nicht voll entfalten, da seine Effekte vor allem durch irrationales Verhalten oder erhöhtes Insolvenzrisiko dieser Schädiger reduziert ist. Dies macht eine zusätzliche Haftung Dritter ("third-party liability") erforderlich. Eine Zusatzhaftung für das Verhalten Dritter ist einer nur persönlichen Haftung in den genannten Fällen überlegen, da der

---

[516] Schäfer/Ott 2000, S. 352 ff. unterstellen, dass der Geschäftsherr von vornherein für schuldhaftes Verhalten seiner Hilfsperson ohne Rückgriffsmöglichkeit haften muss. Dies entspricht aber nicht den §§ 278, 831 BGB. Nach diesen Normen haftet die Hilfsperson neben dem Geschäftsherrn gegenüber dem Dritten. Wird der Geschäftsherr von dem Dritten in Anspruch genommen, sind Rückgriffsansprüche gegen die Hilfsperson möglich.

[517] *Schäfer/Ott* weisen darauf hin, dass auch der *BGH* im Zusammenhang mit der Haftung der Aufsichtspflichtigen gem. § 832 BGB auf die bessere Versicherbarkeit der Schäden durch diese abstellt; so wurden die Eltern eines verhaltensgestörten neunjährigen Kindes für den von ihm verursachten Schaden verantwortlich gemacht, obwohl es nur eine halbe bis eine Stunde unbeaufsichtigt war. Selbst wenn eine lückenlose Aufsichtspflicht lebensfremd ist, so ist es den Eltern – im Gegensatz zu den Geschädigten – besser möglich, potenzielle Schäden des Kindes zu versichern.[Schäfer/Ott 2000, S. 15O; BGH, Urteil v. 10. 10. 1996, NJW 1995, 3385 [3386].

zusätzlich Verantwortliche sowohl der bessere Risikoträger ist als auch in der Rolle des Unternehmers ein optimales Kosten-Nutzen-Kalkül seiner Tätigkeit verwirklichen kann. Des Weiteren ist die Ausgestaltung der Zusatzhaftung gem. § 4 Abs. 2, 3 MEPolG als Gefährdungshaftung effizient. Die Möglichkeit eines reduzierteren Haftungsregimes (z. B. Fahrlässigkeit oder ein kombiniertes Modell) für den Zusatzhaftenden würde eine Eigenversicherung des Agenten zur Folge haben. Eine solche Lösung wäre jedoch mit höheren Transaktionskosten verbunden als eine gesetzliche Regelung der Mit-Haftung des Prinzipals. Der Aufsichtspflichtige bzw. Betreuer sowie der Geschäftsherr ist am besten in der Lage, das Verhalten seiner Kinder bzw. der unter seiner Betreuung stehenden Personen und der Verrichtungsgehilfen zu kontrollieren, zu steuern und zu versichern. Es stellt sich auch nicht das Problem eines moralischen Risikos des eigentlich handelnden Kindes bzw. Betreuten oder Verrichtungsgehilfen. Diese Personen sind neben dem Zusatzhaftenden aus Handlungshaftung polizeirechtlich verantwortlich. Sie werden folglich keine suboptimale Sorgfalt aufwenden, weil ein „anderer" für sie haftet. Werden sie in Anspruch genommen, so wird hierdurch eine Haftung durch Verhaltensverantwortlichkeit verwirklicht. Doch selbst wenn der Zusatzhaftende von der Behörde in Anspruch genommen wird - was aufgrund seiner vermutlich größeren finanziellen Leistungsfähigkeit wahrscheinlich ist - so verbleiben ihm zivilrechtliche Rückgriffsmöglichkeiten gegen den „eigentlich" Handelnden (u. U. wäre de lege ferenda eine Rückgriffshaftung des Zusatzhaftenden gegen diesen aufgrund seiner öffentlich-rechtlichen Verantwortlichkeit zu diskutieren; ein derartiger Regressanspruch ist jetzt für den Geltungsbereich des BBodSchG (§ 24 Abs. 2 S. 2 Hs. 1) verwirklicht, allerdings normiert das BBodSchG keine Zusatzhaftung des Geschäftsherrn für den Verrichtungsgehilfen, diese soll jedoch durch Bezugnahme auf die entsprechenden Landespolizeigesetze ergänzt werden[518]).

Die in § 4 Abs. 2, 3 MEPolG normierte Zusatzhaftung statuiert eine Gefährdungshaftung für das Verhalten Dritter. Da der Zusatzhaftende dieses Verhalten der Dritten (z. B. der Kinder, Betreuten, Verrichtungsgehilfen) steuert, also auf das Sorgfalts- und Aktivitätsniveau dieser Personen einwirkt, ist es optimal, ihm eine Verhaltensverantwortlichkeit aufzubürden. Diese setzt - in ihrer Ausgestaltung als Gefährdungshaftung - effiziente Handlungsanreize zur Steuerung eines optimalen Schadensvermeidungsaufwands. Folglich ist auch die Zusatzhaftung als effizient zu bezeichnen.

[518] Bickel 2002, S. 211 (§ 21 Rn. 1).

### 7.2.4 Vergleich mit der Zustandsverantwortlichkeit

Im rechtlichen Teil dieser Arbeit wurde entwickelt, dass eine Haftung aus Zustandsverantwortlichkeit - unter der Prämisse der Inanspruchnahme des Halters - einer Gefährdungshaftung entspricht (5.3). Folglich können die Ergebnisse der ökonomischen Analyse zur Gefährdungshaftung, unilaterale Schäden betreffend, auch auf die Zustandsverantwortlichkeit gem. § 5 MEPolG übertragen werden. Dies bedeutet, dass ein aus § 5 MEPolG verantwortlicher Halter einen optimalen Anreiz erhält, sein Sorgfalts- und Aktivitätsniveau zu steuern. Der Halter wird sowohl einen effizienten Sorgfaltsmaßstab wählen als auch ein effizientes Aktivitätsniveau, da ihm die Kosten-Nutzen-Analyse über seine Sache obliegt. Diese Argumentation entspricht der ökonomischen Rechtfertigung zur Haftung des Halters (Betreibers, Inhabers) bei einer zivilrechtlichen Gefährdungshaftung.

Problematisch ist die Haftung für den gem. § 5 MEPolG verantwortlichen Eigentümer, der nicht die Sache für eigene Rechnung in Gebrauch hat und die Verfügungs- bzw. Bestimmungsmacht über die Sache ausübt, mithin aber nicht Halter ist. Dies gilt auch für den bloß tatsächlichen Sachherrschaftsinhaber, der die Voraussetzungen der Haltereigenschaft nicht erfüllt. Die ökonomische Theorie hebt grundsätzlich darauf ab, ob der Schädiger die den Schaden auslösende Handlung steuern konnte (vgl. 6. Kapitel). Die Zustandshaftung eines „Nur-Eigentümers" knüpft nun aber gerade nicht an ein Verhalten des Sachherrschaftsinhabers an, sondern stellt auf die Zuweisung der Sache zu seiner rechtlichen Sachherrschaft ab. Wird als Zustandsstörer der Eigentümer der störenden Sache herangezogen, nur weil er ihr Eigentümer ist, so kann diese Haftung nicht mit einer ökonomischen Anreizfunktion begründet werden. Dieser Eigentümer konnte kein Verhalten zur Vermeidung des Schadens entfalten. Er konnte weder eigene Vorsorgemaßnahmen ergreifen, noch konnte er auf das Sorgfalts- bzw. Aktivitätsniveau eines Dritten einwirken. Die rechtsökonomische Literatur hebt aber entscheidend auf die Präventions- bzw. Steuerungsfunktion des Haftungsrechts ab. Diese Funktion kann die öffentlich-rechtliche Störerhaftung bezüglich des „Nur-Eigentümers" nicht entfalten. Entsprechendes gilt auch für den Zustandsverantwortlichen, der gerade im Zeitpunkt des Unfalls die tatsächliche Sachherrschaft über die Sache ausübte, ohne die Haltereigenschaft zu erfüllen. Diese Fallgruppe scheint jedoch weniger praxisrelevant zu sein.

### 7.2.5 Haftungsausschluss für „höhere Gewalt"

Die öffentlich-rechtliche Verantwortlichkeit entspricht – soweit auf den Halter abgestellt wird – einer zivilrechtlichen Gefährdungshaftung. Letztere ist in ihrer zivilrechtlichen Ausgestaltung mit einem Annex verbunden, der regelmäßig einen Haftungsausschluss für Fälle der „höheren Gewalt" (§ 7 Abs. 2 StVG[519], §§ 1 Abs. 2 S. 1, 2 Abs. 3 Ziff. 3 HPflG, § 4 UmweltHG, § 22 Abs. 2 S. 2 WHG) normiert. Ein solcher Haftungsausschluss ist der öffentlich-rechtlichen Störerhaftung unbekannt.

Die ökonomische Theorie des Rechts liefert eine augenfällige Begründung für den Haftungsausschluss für Fälle der höheren Gewalt: Der Schädiger konnte kein Verhalten zur Abwendung des Schadens entfalten, das schädigende Ereignis war für ihn unabwendbar. Das Haftungsrecht kann mithin kein Verhalten steuern. Unter Zugrundelegung der Steuerungsfunktion des Haftungsrechts ist es daher zwecklos, einen Schädiger für Schäden haften zu lassen, die er nicht in sein Vermeidungskalkül einstellen kann. „Wenn selbst der sorgfältigste Verkehrsteilnehmer, etwa vom Schlage eines Sherlock Holmes, der alle Umweltdaten aufnimmt, verarbeitet und in sein Handlungskalkül einbezieht, [bspw.] die Schadenswahrscheinlichkeit zu niedrig einschätzt, so entfällt die Möglichkeit der Verhaltenssteuerung durch Schadensersatz vollständig. Der Ersatz verursacht dann lediglich Kosten der Umverteilung und ist wohlfahrtsökonomisch nicht zu rechtfertigen."[520] Demnach ist ein Haftungsausschluss für Fälle der höheren Gewalt aus ökonomischer Sicht erforderlich. Er sollte daher bei der Störerhaftung Berücksichtigung finden.

Einen juristischen Ansatz für die Notwendigkeit eines Haftungsausschlusses für Fälle der „höheren Gewalt" zeigt auch die Entscheidung des *BVerfGs*[521] zur Zustandsverantwortlichkeit (4.2). Eine Haftung des Eigentümers sei abzulehnen, wenn die Gefahr, die von dem Grundstück ausgehe, aus Naturereignissen, aus der Allgemeinheit zuzurechnenden Ursachen oder von nicht nutzungsberechtigten Dritten herrühre, sonst würden ihm im Übermaß Risiken aufgebürdet, die auf Umständen beruhen, die losgelöst von der Sachherrschaft über das Grundstück sind und jenseits seiner Verantwortungssphäre liegen. Diese Haftungsrestriktion des *BVerfGs* korrespondiert mit der zum Begriff der höheren Gewalt entwickelten Definition

---

[519] Durch das Zweite Schadensersatzrechtsänderungsgesetz (Zweites Gesetz zur Änderung schadensersatzrechtlicher Vorschriften) [BR-Drucksache 358/02 (v. 10. 5. 2002)] wurde der Haftungsausschluss des „unabwendbaren Ereignisses" in § 7 Abs. 2 StVG a. F. durch den der „höheren Gewalt" (§ 7 Abs. 2 StVG n. F.) ersetzt; hiermit soll für die straßenverkehrsrechtliche Gefährdungshaftung der Anschluss an die Dogmatik der übrigen Gefährdungshaftungstatbestände hergestellt und dem Fahrzeughalter in sachgerechter Weise das Risiko zugewiesen werden [Wagner 2002, S. 2060 f.].

[520] Schäfer/Ott 2000, S. 247.

[521] BVerfG, Beschluss v. 16. 2. 2000, BVerfGE 102, 1 [21] = NJW 2000, 2571 = DVBl. 2000, 1275 = BB 2000, 1369.

(5.1.4.2). Diese hebt nämlich ebenfalls auf einen Schaden ab, der auf einem betriebsfremden, von außen durch elementare Naturkräfte oder durch Handlungen dritter Personen herbeigeführten Ereignis beruht, unvorhersehbar war und mit wirtschaftlich erträglichen Mitteln auch durch äußerste Sorgfalt nicht hätte verhütetet werden können.

Der vom *BVerfG* „geforderte" Haftungsausschluss für Fälle höherer Gewalt - auch wenn er nicht so benannt wird - geht konform mit seiner ökonomischen Notwendigkeit. Dieser Haftungsausschluss sollte daher bei einem rechtspolitischen Vorschlag unbedingt Berücksichtigung finden.

Durch diesen Haftungsausschluss lassen sich *m. E.* die Fälle der sog. „Opfer-Position" des Eigentümers eines kontaminierten Grundstücks sachgerecht lösen. Ein Zustandsstörer, für den die Verseuchung seines Grundstücks nicht erkennbar und beherrschbar war, für den mithin die Kontamination „höhere Gewalt" darstellt, kann durch diesen Haftungsausschluss von seiner Störerhaftung vollständig befreit werden. Eine (ineffiziente) Haftungsrestriktion zugunsten des Zustandsstörers für derartige Fälle wäre dadurch auch entbehrlich.

### 7.2.6 Sonderfall: Entwicklungsgefahren

Im Zusammenhang mit der öffentlich-rechtlichen Störerhaftung tritt auch das Problem der Entwicklungsgefahren auf. Die Störerhaftung erfasst nämlich wegen ihrer Verschuldensunabhängigkeit gerade auch die Haftung für Entwicklungsgefahren. Der öffentlich-rechtliche Störer haftet mithin für Gefahren bzw. Schäden für die öffentliche Sicherheit und Ordnung, die weder ihm noch sonst jemandem zum Zeitpunkt ihrer Verursachung erkennbar waren.

#### 7.2.6.1 Begriff der „Entwicklungsgefahren"

Entwicklungsgefahren liegen – gemäß der zum Produkthaftungsgesetz entwickelten Definition – vor, wenn die potenzielle Gefährlichkeit des Produkts nach der Summe an Wissenschaft und Technik, die allgemein anerkannt ist und zur Verfügung steht, von niemandem erkannt werden konnte, weil diese Erkenntnismöglichkeit zu dem Zeitpunkt, in dem das Produkt in den Verkehr gebracht wurde, noch nicht vorhanden war[522].

---

[522] Palandt-Thomas 2002, S. 2671 (§ 1 ProdHaftG, Rn. 21).

#### 7.2.6.2 Haftung für Entwicklungsgefahren im deutschen Recht

Die spezialgesetzlichen Gefährdungshaftungstatbestände sind im deutschen Recht hinsichtlich einer Haftung für Entwicklungsgefahren unterschiedlich ausgestaltet. So ist im Produkthaftungsgesetz eine Haftung für Entwicklungsgefahren gem. § 1 Abs. 2 Nr. 5 ProdHaftG explizit ausgeschlossen. Eine differenzierte Regelung enthält das Arzneimittelgesetz (AMG)[523]. Hingegen haften sowohl der Betreiber einer gentechnischen Anlage bzw. gleichgestellter gentechnischer Aktivitäten (§ 32 GenTG)[524] als auch der Betreiber nach § 1 UmweltHG[525] für Entwicklungsgefahren.

#### 7.2.6.3 Ökonomische Wirkungen

Eine Haftung für Entwicklungsgefahren ist aus ökonomischer Perspektive problematisch. Eine solche Haftung statuiert eine Gefährdungshaftung für nicht vorhersehbare Schäden. Der Schädiger hat zwar objektiv die Ursache für die Schädigung gesetzt, aber die (potenzielle) Schädlichkeit seiner Handlungsweise muss ihm zum Zeitpunkt der Verursachung erkennbar gewesen sein. Anderenfalls ist es nicht möglich, das Verhalten des Schädigers zu steuern. Die Gefährdungshaftung erfüllt sonst keine allokative Funktion.[526] Eine Haftung für Entwicklungsgefahren hat keinen Einfluss auf das Sorgfaltsniveau eines (potenziellen) Schädigers, da es sich um Gefahren handelt, die zum maßgebenden Zeitpunkt, der den Schaden verursachenden Handlung, nach dem Stand von Wissenschaft und Technik auch bei Anwendung größter Sorgfalt von niemandem erkannt und deshalb auch nicht verhindert werden konnten. Verursacht der Schädiger einen Schaden, der nicht vorhersehbar war, so kann er die Schadenskosten nicht internalisieren. Es kommt daher, für die Konstituierung einer Gefährdungshaftung, nicht nur auf die ex post – Verursachung, sondern auch auf die ex ante – Erkennbarkeit des Schadens an.[527] Dementsprechend bestehen für einen (potenziellen) Schädiger auch keine Anhaltspunkte, an denen er sich orientieren kann, um sein Aktivitätsniveau zu optimieren.[528]

Hingegen kann die Haftung für Entwicklungsgefahren für potenzielle Schädiger einen Anreiz setzen, Forschungsaufwand zu betreiben, um die Erkenntnisse über Gefahren neuer

[523] Esser/Weyers 2000, S. 196 (§ 55a IV).
[524] Hirsch/Schmidt-Didczuhn 1991, S. 469 f. (Rn. 4 Vor § 32).
[525] Hager 1991, S. 136.
[526] Schäfer/Ott 2000, S. 199 f.
[527] Schäfer/Ott 2000, S. 200 und S. 335; vgl. auch Trimarchi 1972, S. 127; Trimarchis Ausführungen zur Vertragshaftung sollen auch für die deliktische Haftung gültig sein. Der Schuldner müsse demgemäß in die Lage versetzt werden, „den von ihm geschuldeten Aufwand zu kalkulieren".
[528] Schäfer/Ott 2000, S. 335.

Produkte bzw. Technologien voranzutreiben und Möglichkeiten der Gefahrenabwehr zu entwickeln. Mit dieser Argumentation wird bspw. explizit die Haftung für Entwicklungsgefahren nach dem GenTG begründet[529]. In diesem Zusammenhang wird auch darauf hingewiesen, dass eine derartige Haftung schwierige Beweisfragen hinsichtlich der Erkennbarkeit von Risiken - zu Lasten des Betreibers (potenziellen Schädigers) - vermeidet[530].

Nach *Schäfer/Ott*[531] sei die Vermittlung von Forschungsanreizen aber nur dort sinnvoll, wo die Risikoforschung im Zusammenhang mit der Entwicklung eines Produkts möglich und wirtschaftlich vertretbar erscheine. Anderenfalls könne eine Haftung für Entwicklungsgefahren dazu führen, dass gesellschaftlich wünschenswerte Innovationen unterbleiben oder verzögert werden. Demnach führe die Haftung für Entwicklungsgefahren allgemein zu effizienten Anreizen, wenn angenommen werden könne, dass der Hersteller auch Forschung betreibe oder betreiben könne (z. B. im Rahmen der Gentechnik und Arzneimittel); im übrigen führe diese Haftung nur zu unnützen tertiären Kosten.

#### 7.2.6.4 Schlussfolgerung für die Störerhaftung

Die öffentlich-rechtliche Störerhaftung bestimmt eine Gefährdungshaftung für jedes Verhalten einer natürlichen oder juristischen Person, ihre eigene Handlung betreffend, aber auch der Sachen, über die sie die tatsächliche oder rechtliche Sachherrschaft ausübt. Demnach unterscheidet sie nicht zwischen „normalen" Handlungen und Handlungen, die ein besonderes Entwicklungsrisiko in sich bergen. Es erscheint daher *m. E.* - aus einer ökonomischen Perspektive – nicht sachgerecht zu sein, dem Störer einschränkungslos die Haftung für Entwicklungsgefahren aufzuerlegen. Sollte es als notwendig erachtet werden, eine über das zivilrechtliche Deliktsrecht hinausgehende öffentlich-rechtliche Haftung für Entwicklungsgefahren zu statuieren, so sollte dies spezialgesetzlich geregelt werden. Doch scheint eine Anpassung der öffentlich-rechtlichen Verantwortlichkeit an eine dem Zivilrecht entsprechende differenzierte Regelung (vgl. ProdHaftG und GenTG) erforderlich zu sein.

---

529 Hirsch/Schmidt-Didczuhn 1991, S. 479 (§ 32 Rn. 13) m. w. N.; Hager 1991, S. 137.
530 Hirsch/Schmidt-Didczuhn 1991, S. 479 (§ 32 Rn. 13).
531 Schäfer/Ott 2000, S. 336.

### 7.2.7 Keine Haftungsbegrenzung

Wie unter 5.1.4 erläutert wurde, ist mit der zivilrechtlichen Gefährdungshaftung regelmäßig nicht nur eine Halterhaftung (5.1.4.1) verknüpft, sondern auch ein Haftungsausschluss für Fälle der sog. höheren Gewalt (5.1.4.2). Wie die bisherige ökonomische Analyse dieses Annexes der Gefährdungshaftung zeigte, gibt es hierfür gute Gründe. Etwas anderes ist allerdings für die ebenfalls zu diesem Annex zählenden Haftungshöchstgrenzen zu konstatieren, die unter 5.1.4.3 erläutert wurden. Gegen diese bestehen bereits aus juristischer Sicht erhebliche Bedenken. Die rechtsökonomische Literatur[532] lehnt Haftungshöchstgrenzen klar ab. Haftungsobergrenzen stellen sich aus ökonomischer Perspektive als kaum begründbare Subventionierung gefährlicher Tätigkeit dar. Haftungsobergrenzen führen dazu, dass die vom Schädiger erwarteten Ersatzzahlungen unter die von ihm verursachten Schäden – nämlich auf die Haftungshöchstgrenze - absinken. Folglich wird der Schädiger auf diese verringerte Schadensersatzverpflichtung mit einer Reduktion seines Sorgfaltsaufwands und einer Erhöhung seines Aktivitätsniveaus reagieren. Es wird jetzt lohnend für ihn, weniger als die gebotenen Sorgfaltsanstrengungen (Vermeidungsaufwand) zu tätigen und sein gewinnmaximales Aktivitätsniveau wird das optimale Niveau übersteigen. Lediglich in einer bestimmten Konstellation sollen Haftungsobergrenzen zu effizienten Ergebnissen führen: Der Schaden darf nicht versicherbar sein und die Schädiger müssen risikoavers sein, während die Geschädigten risikoneutral sein müssen; allerdings wird dies als eine lediglich theoretische Möglichkeit erachtet[533]

Ganz im Gegensatz zu dieser ökonomischen Analyse von Haftungshöchstgrenzen steht nun die Entscheidung des *BVerfGs*, die zu einer faktischen Begrenzung der Sanierungsverantwortlichkeit für kontaminierte Grundstücke auf deren Verkehrswert führt (4. Kapitel). Diese Rechtsprechung ist daher wegen ihrer nachteiligen Steuerungswirkung abzulehnen. Fraglich ist natürlich, ob diese Haftungsbegrenzung aus verfassungsrechtlichen Gründen notwendig ist, so dass ihre volkswirtschaftlichen Fehlanreize dahinter zurückzustehen haben. *M. E.* ist dies nicht der Fall. Diese Arbeit hebt entscheidend darauf ab, dass der Zustandsverantwortliche wie ein Verhaltensverantwortlicher zu haften hat und zwar deshalb, weil er die potenzielle Gefahr bzw. Störung der öffentlichen Sicherheit oder Ordnung erkennen und beherrschen kann. Daher ist bspw. eine Haftung aus Naturereignissen abzulehnen. Wird maßgebend auf die Steuerungsfunktion der Haftungsregeln abgestellt, dann ist aber eine Differenzierung zwischen Verhaltens- und Zustandsverantwortlichkeit abzulehnen. Beide Haftungstatbestände entfalten eine vergleichbare Steuerungswirkung, daher sind sowohl der Handlungs- als auch

---

532 Schäfer/Ott 2000, S. 198 f. mit Zahlenbeispiel.
533 Schäfer/Ott 2000, S. 199.

der Zustandsstörer gleich zu behandeln. Auch das Argument, dass es einer Eigentumsaushöhlung gleichkomme, wenn der Zustandsverantwortliche mit seinem „ganzen“ Eigentum hafte, ist nicht stichhaltig. Ein Verhaltensverursacher muss u. U. ebenfalls Eigentum „aushöhlen“, um seiner unbegrenzten und verschuldensunabhängigen Haftung zu genügen.

Eine Haftungsbegrenzung auf den Verkehrswert eines Grundstücks ist aus ökonomischer Sicht eindeutig abzulehnen. *M. E.* gebietet der verfassungsrechtliche Eigentumsschutz auch keine abweichende Beurteilung. War der Störungs-Schaden für den Grundstückseigentümer nicht erkennbar und beherrschbar („höhere Gewalt“), so soll er – nach den hier gemachten Ausführungen - ohnehin nicht haften.

## 7.3 Ergebnis

Die ökonomische Theorie des Rechts hebt auf die Steuerungsfunktion des Haftungsrechts ab. Diese Steuerungsfunktion wird durch die Gefährdungshaftung bei unilateralen Schäden effizient erfüllt. Daher ermöglicht die Handlungshaftung, aber auch die Zustandshaftung - unter der Voraussetzung der Heranziehung des Halters - eine optimale Prävention. Eine aus Gefährdungshaftung verantwortliche Person kann durch Regulierung ihres Sorgfalts- und Aktivitätslevels den Schaden beeinflussen. Auch wird durch sie berücksichtigt, ob die Vornahme dieser Handlung gesamtgesellschaftlich wünschenswert ist. Die Störerhaftung ist daher effizient, weil sie in der Lage ist, optimale Anreize zu setzen, um diese Bedingungen zu erfüllen. Dies gilt auch für den Sonderfall der Zusatzhaftung. Allerdings muss die Haftung einer aus Zustandsverantwortlichkeit haftenden Person abgelehnt werden, die nicht Halterin der „störenden“ Sache ist. Handelt es sich hier bspw. um die Eigentümerin, die keine Verfügungs- bzw. Bestimmungsmacht über ihre Sache ausübt, so ist sie auch nicht in der Lage, eine Steuerungsfunktion auszuüben. Aus ökonomischer Perspektive ist daher kein Grund ersichtlich, sie mit den Schadenskosten zu belasten. Diese Argumentation gilt entsprechend für die Haftung für Fälle der höheren Gewalt. Diese sollten mithin der Störerhaftung entzogen werden, d. h. eine Anpassung an die geltende Gefährdungshaftung ist erforderlich. Ebenfalls ist eine undifferenzierte Haftung für Entwicklungsgefahren nicht begrüßenswert; diese sollte nur beibehalten werden, wenn durch sie ein entsprechender Forschungs- und Technologieanreiz gefördert wird. Hingegen ist jegliche Haftungsbegrenzung eines Störers abzulehnen, dessen Haftung einer zivilrechtlichen Gefährdungshaftung entspricht.

## 7.4 Folgerung

Soweit die Störerhaftung mit einer Gefährdungshaftung vergleichbar ist, setzt sie effiziente Anreize zur Steuerung des Schadensvermeidungsaufwands. Hierdurch werden auch die primären Unfallkosten (vernichtete Nutzwerte) auf ein optimales Niveau gesenkt. Die Handlungs- und Zustandshaftung geht aber über diese Haftung hinaus, d. h. sie macht Störer für darüber hinausgehende Schäden haftbar. Die folgenden Fallgruppen werden hiermit angesprochen:

1. Der Handlungsstörer hat durch eine Handlung (z. B. einen neuartigen Produktionsprozess) einen Störungs-Schaden verursacht, zum Zeitpunkt ihrer Vornahme war dies aber für niemanden erkennbar. Es handelt sich um das Vorliegen einer Entwicklungsgefahr (vgl. 7.2.6).
2. Der auf den Handlungs- bzw. Zustandsstörer zurückfallende Störungs-Schaden wurde durch höhere Gewalt (z. B. verunfallte der Tanklastwagen wegen eines Erdrutschs oder ein giftiger Meteorit fällt auf das Grundstück des Eigentümers) verursacht.
3. Der Zustandsstörer ist in einer „Opfer-Position". Hiermit sind die Fälle angesprochen, in denen ein Handlungsstörer einen Unfall verursachte (z. B. der Tanklastwagenunfall war höhere Gewalt), dieser jedoch unermittelbar bzw. insolvent ist und daher nicht herangezogen werden kann. Es handelt sich hierbei um einen Fall der „höheren Gewalt" für den Zustandsstörer.
4. Ein Zustandsstörer ist Neu-Eigentümer eines bereits bei Eigentumserwerb kontaminierten Grundstücks. Handlungsstörer existieren nicht mehr, sind unermittelbar oder insolvent, dies gilt auch für den früheren Eigentümer, der allerdings nur nach dem BBodSchG und nicht nach dem MEPolG haftbar wäre. Hierbei handelt es sich zwar nicht um eine Entwicklungsgefahr, aber das Problem einer Haftungsanknüpfung liegt wie bei der Entwicklungsgefahr in der „Erkennbarkeit" des Schadens.
5. Eine Person ist zwar Eigentümerin einer Sache (z. B. Leasinggeberin eines Pkws), sie ist aber nicht auch Halterin (dies wäre der Leasingnehmer des Pkws). Folglich wäre sie zwar Zustandsstörerin gem. § 5 MEPolG, sie würde aber nicht die - in dieser Abhandlung geforderte - Restriktion der Zustandshaftung auf den Begriff des Halters erfüllen. Für diese „Nur-Eigentümerin" der Sache ist der Störungs-Schaden nicht beherrschbar; er ist es nur durch die Halterin. Dies gilt auch, wenn eine Person im Zeitpunkt des Störungs-Schadens (zufälligerweise) die tatsächliche Sachherrschaft über diese ausübt (z. B. die Fahrerin des geliehenen Pkws). Diese ist aus Handlungshaftung

verantwortlich, allerdings ist eine Zustandshaftung abzulehnen. Mit dieser Fallgruppe sind die Fälle angesprochen, die zwar eine Zustandshaftung nach § 5 MEPolG auslösen, aber nicht mit einer zivilrechtlichen Gefährdungshaftung vergleichbar sind. Hinsichtlich dieser Fälle schlägt daher die Abhandlung vor, sie aufgrund fehlender Beherrschbarkeit aus dem Haftungsumfang der Zustandsverantwortlichkeit heraus zu nehmen. Dies soll mithilfe der Reduktion der Zustandshaftung auf den Begriff des Halters erfolgen.

Diesen Fallgruppen ist gemein, dass der Störer für einen Schaden haftbar gemacht wird, der für ihn nicht steuerbar war. Diese Störungs-Schäden waren für den gem. §§ 4, 5 MEPolG Verantwortlichen weder erkennbar noch beherrschbar (vgl. 1.2.4).

Das Ziel des Haftungsrechts liegt jedoch nicht allein in einer Steuerung der primären Unfallkosten (in Kombination mit einem optimalen Schadensvermeidungsaufwand), sondern die Summe aus primären, sekundären und tertiären Kosten ist zu minimieren (7.1). Im Weiteren ist daher zu analysieren, ob eine Haftung dieser Störer aus rechtsökonomischer Perspektive wünschenswert ist, um die sekundären und tertiären Kosten zu optimieren, oder ob ihre Haftung für diese Fälle abgeschafft werden sollte.

Hierbei ist im Blick zu behalten, ob es überhaupt zulässig ist, auf eine Haftung des Störers zu verzichten. Wird auf die öffentlich-rechtliche Haftung des Störers verzichtet, so verbleibt der Schaden beim Geschädigten und damit bei der öffentlichen Hand. Fraglich ist daher, ob es aus finanzwissenschaftlichen Gründen überhaupt rechtfertigbar ist, statt des Störers die Gesamtheit der Steuerzahler heranzuziehen. Bei der zivilrechtlichen Haftung, die bislang einer ökonomischen Untersuchung unterzogen wurde, war nur der Frage nachzugehen, ob eine Haftung dès Schädigers optimale Anreize setzt oder ob der Schaden nicht besser beim Geschädigten verbleiben soll, dem damit ein höheres Lebensrisiko zugemutet wird. Die Umstände bei der Polizeipflicht sind jedoch andere. Denn bei der Störerhaftung ist zu entscheiden, ob einer der genannten Störer (z. B. der „Nur-Eigentümer“) mit den Kosten der Gefahrbeseitigung zu belasten ist, oder ob die Behörde - also die Allgemeinheit der Steuerzahler -, diese Kosten zu tragen hat. Es geht also um die Entscheidung: Verursacherprinzip vs. Gemeinlastprinzip (1.2.1). Die Auferlegung der Haftung auf die Gesamtheit der Steuerzahler erfordert aber ein „Mehr“ an Rechtfertigung als es beim zivilrechtlich Geschädigten bedarf, wenn der Schaden bei diesem verbleibt. Durch die Steuern sind primär öffentliche Güter zu finanzieren, doch wohnt den Steuern auch eine distributive Funktion inne. Aufgrund letzteren Moments kann *m. E.* daher eine Gemeinlasthaftung zumindest angedacht werden. Zum einen fängt die öffentlich-rechtliche Störerhaftung häufig Entwicklungsrisiken auf, wie sich bspw. jetzt bei der Haftung für Altlasten zeigt. Diese Entwicklungsgefahren stehen hingegen regelmäßig nicht in einer Beziehung zur Herrschaft über eine Sache, sondern sind der Allgemeinheit zuzurechnen. Außerdem kann eine Haftung der Steuerzahler auch als „Zwangsversicherung der Allgemeinheit" verstanden werden. Aus diesen Gründen ist es daher *m. E.* möglich, eine Kostentragung durch den Staat zu rechtfertigen.

Die oben genannten Fallgruppen stehen zur Diskussion. Diese lassen sich im Prinzip auf ein gemeinsames Moment zurückführen: Die Erkennbarkeit und Beherrschbarkeit - oder besser *Nicht*-Erkennbarkeit bzw. *Nicht*-Beherrschbarkeit - des Schadens.

Im Falle der Entwicklungsgefahr (1. Fallgruppe) sind potenzielle Schädigungen der öffentlichen Sicherheit oder Ordnung objektiv nicht erkennbar. Führt z. B. eine neue Technologie zu einer Schädigung des Grundwassers, so ist die Frage, ob der Verursacher diesen Schaden zu tragen hat, oder ob er beim Geschädigten, der öffentlichen Sicherheit und damit bei der Allgemeinheit der Steuerzahler verbleibt. Diese Frage ist im Hinblick auf die tertiären Kosten leicht zu beantworten. Der Begriff der „tertiären Kosten" beschreibt die Kosten der Umverteilung eines Schadens. Tertiäre Kosten werden daher eingespart, wenn der Schaden beim Geschädigten verbleibt. Eine Haftung der öffentlichen Hand ist daher für diese Schäden zu favorisieren. Des Weiteren sind die sekundären Kosten zu beleuchten. Wie ausgeführt wurde, wird ein Schaden am optimalsten gestreut durch eine allgemeine Volksversicherung. Hierdurch hat jede Person nur einen kleinen Anteil des Schadens über einen breiten Zeitraum zu tragen. Der Nutzenentgang ist daher für jede Person am geringsten. Eine weitere Streuung erfolgt auch über die unterschiedliche Höhe der Steuersätze, die auch eine „soziale Gerechtigkeit" dieser Lastentragung gewährleisten (sollten). Folglich werden sowohl die sekundären als auch die tertiären Kosten minimiert, wenn der Schaden beim Geschädigten verbleibt. Die öffentliche Hand sollte daher die Schäden für die Entwicklungsgefahren tragen.

Der Argumentationsgang für die Fälle der „höheren Gewalt" (2. und 3. Fallgruppe) verläuft ähnlich. Verbleiben die Schäden bei der geschädigten öffentlichen Hand, so werden hierdurch die tertiären Kosten minimiert. Die Behörde muss keinen Störer ermitteln, sie muss keine Bescheide erlassen, die gegebenenfalls gerichtlich angefochten werden. Folglich werden sowohl Verwaltungs- als auch Gerichtskosten deutlich reduziert. Der Verwaltung würde nur noch die Untersuchung obliegen, ob der Unfall eine Folge „höherer Gewalt" war. Im Falle der „Opfer-Position" des Eigentümers müsste die Behörde natürlich zunächst Verhaltensverantwortliche ermitteln. Nur wenn diese zur Schadenstragung nicht in der Lage wären, müsste sie den Schaden selbst tragen, statt ihn dem aus Zustandsverantwortlichkeit haftenden Eigentümer aufzuerlegen. Hierdurch werden auch Anreize gesetzt, die Behörde anzuhalten, intensiv Verhaltensverantwortliche zu ermitteln, da die „bequemere" Lösung, die Heranziehung des Zustandsstörers, ausscheidet.

Die Haftung eines Neu-Eigentümers für ein bereits bei Eigentumserwerb kontaminiertes Grundstück (4. Fallgruppe) sollte von der Erkennbarkeit dieser Schädigung bei Eigentumserwerb abhängig sein. Ist es dem Erwerber möglich zu erkennen, dass das Grundstück belastet ist, so wird sich dies im Preis des Grundstücks niederschlagen. In diesem Fall beherrscht der Eigentümer das Risiko und es ist kein Grund ersichtlich, weshalb die öffentliche Hand für den Neu-Eigentümer das Grundstück sanieren soll. Anders gestaltet sich aber die Sachlage, wenn die Verseuchung objektiv nicht erkennbar war. In diesem Fall ist der Erwerber einer Haftung ausgesetzt, die einer Entwicklungsgefahr entspricht. Eine Haftung sollte daher hier der öffentlichen Hand obliegen. Um dem Missbrauch einer solchen Haftungsfreistellung vorzubeugen, ist eine Umkehr der Beweislast im Blick zu behalten.

Die 5. Fallgruppe, die Reduktion der Zustandshaftung auf den Halter einer Sache, die einen Störungs-Schaden verursacht, ist durch die Nicht-Beherrschbarkeit dieses Schadens gekennzeichnet. Ist es nicht möglich, einen Handlungsstörer heranzuziehen, so sollten die Störungs-Schäden, die von einer Sache verursacht werden, nur denjenigen Personen zugerechnet werden, die die Haltereigenschaft erfüllen. Ansonsten löst eine Haftung einer Person, die zwar Eigentümerin oder tatsächliche Sachherrschaftsinhaberin ist, aber nicht die Halter-Eigenschaft erfüllt, damit die Sache nicht für eigene Rechnung in Gebrauch hat und die Verfügungs- bzw. Bestimmungsmacht über diese ausübt nur sekundäre und tertiäre Kosten aus, da die Störungs-Schäden für sie nicht beherrschbar, gegebenenfalls auch nicht erkennbar, sind. In der Regel ist es natürlich so, dass der Eigentümer einer Sache auch ihr Halter ist, was sich in einer gesetzlichen Vermutung niederschlagen sollte.

# 8 Haftungsanteile mehrerer Störer

Die ökonomische Analyse der öffentlich-rechtlichen Verantwortlichkeiten hat gezeigt, dass sowohl die Haftung des Handlungsstörers als auch die des Zustandsstörers - unter der Bedingung, dass nur der Halter einer störenden Sache herangezogen wird - effizient ist. Darüber hinaus ist eine Störerhaftung für Fälle der höheren Gewalt abzulehnen. Allerdings gestalten sich die Lebenssachverhalte, die eine öffentlich-rechtliche Störerhaftung aufwerfen, häufig so, dass nicht nur eine Person die Voraussetzungen der Störerhaftung erfüllt. Wie der, dieser Arbeit als Paradebeispiel zugrunde liegende, Öltankwagenunfall zeigt, kommen regelmäßig mehrere Personen als Störer in Betracht. Gleiches gilt im Rahmen der sog. Altlastenfälle, bei denen nicht selten nur eine Person an der Kontamination mitgewirkt hat. Erfüllen mehrere Personen die Voraussetzungen der Störerhaftung, so liegt es im Ermessen der zuständigen Behörde zu entscheiden, welcher der Störer am „effektivsten" bzw. „effizientesten" in der Lage ist, die Gefahr bzw. Störung für die öffentliche Sicherheit oder Ordnung zu beseitigen. Im Mittelpunkt der weiteren Untersuchung steht daher die Frage, welche Haftung optimale Anreize setzt, wenn mehrere Personen die Voraussetzungen der – durch diese Analyse modifizierten - Störerhaftung erfüllen. Es handelt sich hierbei um die Frage nach der optimalen Haftung bei sog. multilateralen Schäden (7.2.1).

Zunächst ist die Haftung der Störer untereinander nach den hier untersuchten Regelungen kurz zu repetieren. Nach dem MEPolG ist die Behörde berechtigt, einen von mehreren Störer heranzuziehen und zwar denjenigen, der die Gefahr bzw. Störung für die öffentliche Sicherheit oder Ordnung am „effektivsten" bzw. „effizientesten" beseitigen kann. Diese Entscheidung obliegt dem pflichtgemäßen Ermessen (2.3) der zuständigen Behörde, beinhaltet mithin sowohl Rechts- als auch Zweckmäßigkeitsüberlegungen. Bescheidet die Behörde einen Störer, so ist dieser zur Schadensbeseitigung bzw. zur Tragung der Kosten der Schadensbeseitigungsmaßnahme verpflichtet, ohne dass er – nach herrschender Rechtsprechung - einen Regressanspruch gegen weitere materiell-rechtliche Störer hat; der Begriff des materiell-rechtlichen Störers bezeichnet eine Person, die die Voraussetzungen der Störerhaftung erfüllt, jedoch nicht formell von der Behörde beschieden wurde (2.2.1.1.3). Diese Rechtslage hat sich für die vom BBodSchG (3) erfassten Fälle wesentlich verändert. Nach § 24 Abs. 2 BBodSchG hat ein von der Behörde beschiedener Störer einen Ausgleichsanspruch gegen die weiteren materiell-rechtlichen Störer. Diese neue Rechtslage entspricht im Wesentlichen den Forderungen der juristischen Literatur, indem ein der Gesamtschuld vergleichbarer Ausgleich zwischen sämtlichen Störern statuiert wird. Zu den *m. E.* hiermit verbundenen rechtlichen Fragestellungen, insbesondere im Rahmen der Ermessensausübung, wurde unter 3.5 ausführlich Stellung bezogen.

In diesem Kapitel soll nun - unter Zugrundelegung ökonomischer Aspekte - beleuchtet werden, wie eine optimale Haftung mehrerer Störer auszusehen hat. Dies soll hinsichtlich des MEPolG die juristische Problematik erhellen, ob sämtliche Störer sofort heranzuziehen sind, oder ob die Behörde zunächst auf einen oder mehrere Störer zugreifen soll. Ist letzteres der Fall: Sollen die Störer in der Lage sein, auf sämtliche Störer zurückzugreifen oder nur auf die beschiedenen Störer? Sollen die Störer als Teil- oder als Gesamtschuldner haftbar sein?

In Bezug auf die Neuregelung gem. § 24 Abs. 2 BBodSchG ist zu untersuchen, ob diese Lösung sozial optimal ist. Ferner ist fraglich, zu welchen Haftungsanteilen die Störer herangezogen werden sollten und welches die hierfür maßgebenden Kriterien sind. Darstellungen hinsichtlich der aus juristischer Sicht entscheidenden Kriterien zur Bestimmung des für den Haftungsumfang des einzelnen Störers entscheidenden sog. „Verursachungsanteils" sind rar. So ist zu beachten, dass das Kriterium des Verursachungsanteils nicht mit dem Tatbestandsmerkmal der Verursachung, die eine Handlungs- oder Zustandshaftung überhaupt erst auslöst, verwechselt werden darf. Die Abhandlung stellt daher auf den Verursachungs-(Quantifizierbarkeits-)Anteil ab (3.5.1). Fraglich bleibt aber, welche Kriterien zur Bestimmung dieses Anteils maßgebend sein sollen.

## 8.1 Ökonomische Analyse multikausaler Schäden

Im Folgenden wird die Literatur zur ökonomischen Analyse multikausaler Schäden vorgestellt, um zu überprüfen, ob sie für die öffentlich-rechtliche Verantwortlichkeit fruchtbar gemacht werden kann.

Die rechtsökonomische Literatur zur Haftung mehrerer Schädiger wird vor allem durch die Beiträge von *Lewis A. Kornhauser* und *Richard L. Revesz* beherrscht[534]. Zunächst fragten *Kornhauser/Revesz*[535] nach der optimalen Haftungsregel bei mehreren Schädigern, indem sie zum einen zwischen fahrlässiger Haftung und Gefährdungshaftung unterschieden und zum anderen innerhalb dieser Haftungsregime zwischen vollständiger und begrenzter Haftung, gesamtschuldnerischer Haftung und Teilhaftung sowie einer Haftung nach Kopfteilen bzw. einer Haftung entsprechend des Verursachungsanteils differenzierten. In einem wei-

[534] Vgl. Kornhauser/Revesz 1998 m. w. N.
[535] Kornhauser/Revesz 1989.

teren Beitrag[536] untersuchten sie den Einfluss von begrenzter Solvenz auf die Haftung bei multikausalen Schäden.

*Kornhauser/Revesz* legen ihrer Analyse das folgende Modell zugrunde[537]: Mehrere Produzenten laden ihren giftigen Abfall auf einem Landstrich ab. Den Produzenten ist diese Abfallbeseitigung dienlich, da der Müll ein Nebenprodukt ihrer profitablen ökonomischen Aktivität ist. Zu einem ungewissen Zeitpunkt in der Zukunft werden diese abgeladenen Abfälle erhebliche Umweltschäden verursachen, z. B. die Verseuchung des Grundwassers. Jede Müllablagerung ist geeignet, das Grundstück zu kontaminieren. Durch das vermehrte Abladen von Müll, erhöht sich das Verseuchungsrisiko überproportional. Letzteres folgt aus der Annahme, dass die Schadensfunktion konvex sein soll[538]. Diese Annahme basiert auf der Überlegung, dass die Natur eine gewisse – geringe – Menge Abfall verkraftet, mit steigender Ablagerung sich das Verseuchungsrisiko jedoch überdurchschnittlich steigert. Die aus der Müllablagerung resultierenden Umweltschäden können berechnet werden, indem die zur Reinigung des verseuchten Landstrichs erforderlichen Aufwendungen zugrunde gelegt werden. Die soziale Wohlfahrt entspricht dem Nutzen aus der Produktion abzüglich der (Umwelt-)Schäden. Die Schäden stellen solange einen externen (sozialen) Schaden dar, bis sie den Produzenten, also den Schädigern – durch Haftungsrecht – zugewiesen werden. Die Problematik dreht sich folglich um die Internalisierung von externen Effekten (vgl. 6. Kapitel). Die Summe der Nutzen aus der Unternehmertätigkeit entspricht – abzüglich des sozialen Schadens – dem Maximum der sozialen Wohlfahrt. Allerdings macht ein rationaler gewinnmaximierender Unternehmer nicht die soziale Wohlfahrt zur Grundlage seiner Entscheidung, sondern er wird danach streben, seine Gewinnfunktion zu maximieren. Diese entspricht dem Unternehmernutzen, also dem Gewinn aus der schädlichen Aktivität, abzüglich des Haftungsanteils, der ihm (gesetzlich) zugewiesen wird.[539] Sein Haftungsanteil muss demgemäß so festgelegt werden, dass er dem auf ihn entfallenden Anteil am sozialen Schaden entspricht. In der Summe werden sonach die Haftungsanteile sämtlicher Unternehmer dem sozialen Schaden entsprechen. Folglich besteht das Ziel des Haftungsrechts – aus Sicht der ökonomischen Theorie des Rechts - darin, den Unternehmer zu veranlassen, die sozial effiziente Menge giftigen Abfalls zu produzieren, indem ihm ein optimaler Haftungsanteil auferlegt wird. “From an efficiency perspective, the objective of the liability and apportionment rules is to induce rational actors to produce the socially efficient amount of waste. Efficient apportionment rules

536 Kornhauser/Revesz 1990.
537 Kornhauser/Revesz 1989, pp. 835 – 836.
538 Würde diese Schadensfunktion graphisch dargestellt, so könnte sie in einer Graphik (Abszisse: a = amount of waste und Ordinate: d = damage) aussehen wie der rechte Ast einer Normalparabel [d (a) = $a^2$].
539 Kornhauser/Revesz 1989, pp. 836 - 837.

give each private actor incentives to match those of the social objective function."[540] Im Weiteren wird daher analysiert, durch welche Haftungsregime das Ziel einer sozial optimalen Verhaltenssteuerung erreicht werden kann.

### 8.1.1 Fahrlässige Haftung

*Kornhauser/Revesz*[541] weisen nach, dass das Ziel einer sozial effizienten Schadensmenge, die die soziale Wohlfahrt maximiert, durch eine fahrlässige Haftung realisierbar ist. Die sozial optimale Fahrlässigkeitshaftung setzt voraus, dass mehrere solvente Schädiger einer gesamtschuldnerischen Haftung für den anteilig von ihnen herbeigeführten Schaden unterliegen. Die Schädiger werden bspw. von der Behörde im gleichen Verfahren herangezogen, allerdings ist die Möglichkeit eines Vergleichs ausgeschlossen. Darüber hinaus ist die Behörde in der Lage, den sozial effizienten Fahrlässigkeitsmaßstab zu bestimmen, also zu ermitteln, welche Müllmenge die soziale Wohlfahrt maximiert. Die Schädiger sind nur haftbar für die Schäden, die durch das Beachten von erforderlicher Sorgfalt vermeidbar gewesen wären.[542] Für eine derartige Fallgestaltung führt eine fahrlässige Haftung von Gesamtschuldnern zu einem optimalen Ergebnis. Dieses Ergebnis stellt ein einmaliges effizientes *Nash*[543]-Gleichgewicht dar. Ein *Nash*-Gleichgewicht (*Nash* equilibrium)[544] ist ein Begriff aus der Spieltheorie, der eine optimale Strategiekombination für einen Spieler beschreibt, vorausgesetzt, dass die Strategiekombination des anderen Spielers für diesen ebenfalls ein Optimum darstellt und daher für keinen Spieler zu einer Strategieänderung Anlass besteht. Ein *Nash*-Gleichgewicht kann auch beschrieben werden als „wechselseitig beste Antworten". Handelt z. B. ein Schädiger (S1) nicht fahrlässig, d. h. er lädt die von der Behörde ermittelte sozial effiziente Menge Müll ab, so ist es nicht rational, für einen weiteren Schädiger (S2) fahrlässig zu handeln, also die optimale Müllmenge zu überschreiten. Die Behörde weiß, dass die sozial optimale Müllmenge z. B. zehn Einheiten beträgt; S1 und S2 laden jeweils fünf Einheiten ab. Diese zehn Mülleinheiten verursachen einen Schaden von € 100[545]. Kommt nun S2 auf die Idee, statt der ihm zustehenden fünf Mülleinheiten zehn Mülleinheiten abzuladen, so würde insgesamt ein Schaden

---

540 Kornhauser/Revesz 1989, p. 837.

541 Kornhauser/Revesz 1989, pp. 844 – 850 [rule 2]; Kornhauser/Revesz 1998, p. 372.

542 Kornhauser/Revesz 1998, pp. 371 – 372 m. w. N. zu alternativen Fallgestaltungen.

543 Lesenswert ist Sylvia Nasars Biographie des Mathematikers und Nobelpreisträgers John Nash "A Beautiful Mind", die unter gleichnamigen Titel auch verfilmt wurde.

544 Vgl. Cooter/Ulen 2000, p. 35 fn. 13 m. w. N. zu Einführungen in spieltheoretische Darstellungen.

545 Diese Zahlenbeispiel legt die – mögliche - Schadensfunktion $d(a) = a^2$ zugrunde, folglich verursachen zehn Mülleinheiten ($10^2$ =) 100 Schäden.

von € 225[546] entstehen. S2 wird von der Behörde für diejenigen Schäden haftbar gemacht, die durch das Beachten der erforderlichen Sorgfalt vermeidbar gewesen wären, S2 wird folglich nur für den durch sein fahrlässiges Verhalten ausgelösten zusätzlichen Schaden haftbar gemacht. Da bei sorgfaltsgemäßen Verhalten ein Schaden von € 100 entstanden wäre, muss er demgemäß einen Schaden von € 125 (€ 225 - € 100) tragen, für das zusätzliche Abladen der das soziale Maß übersteigenden Mülleinheiten. Da der Sorgfaltsstandard von zehn Mülleinheiten annahmegemäß dem sozialen Optimum entspricht, ist der aus der gesteigerten Produktion resultierende Gewinn von S2 (die steigende Müllmenge ist Ausdruck der gewachsenen Produktion) geringer als bei effizienter Produktion. Denn die soziale Wohlfahrt entspricht dem Nutzen aus der Produktion abzüglich der sozialen Kosten. Die Behörde ist annahmegemäß in der Lage, die sozialen Kosten zu bestimmen und legt daher die effiziente Müllmenge fest. Unter dieser Bedingung entspricht das Maximum der sozialen Wohlfahrt dem Gewinnstreben des Unternehmers, d. h. der Gewinn von S2 ist dann maximiert, wenn seine Produktion der auf ihn entfallenden optimalen fünf Mülleinheiten entspricht. Folglich hat der Unternehmer, der für seine, die sozial optimale Höhe überschreitende Müllmenge, haftbar gemacht wird, keinen Anreiz, seine Produktion über das effiziente Maß hinaus auszudehnen. Wenn mithin ein Schädiger die erforderliche Sorgfalt einhält, so wird auch ein weiterer Schädiger nicht fahrlässig handeln. Daraus folgt, dass es für die Schädiger ein *Nash*-Gleichgewicht darstellt, die gebotene Sorgfalt zu beachten. Dieses *Nash*-Gleichgewicht ist auch einmalig bzw. stabil. Würde unterstellt, dass es für beide Schädiger rational wäre, fahrlässig zu handeln, dann würden sie – gesamtschuldnerisch – diesen hinzutretenden Schaden tragen müssen[547]. Wenn jedoch dieses fahrlässige Verhalten für die Schädiger gegenüber nicht fahrlässigem Verhalten vorzugswürdig wäre, dann müsste die soziale Wohlfahrt das Maß überschreiten, das sie hat, wenn alle Schädiger den Sorgfaltsmaßstab einhalten. Allerdings ist dies nicht möglich, da die Behörde annahmegemäß das Maximum der sozialen Wohlfahrt bzw. den dieses auslösenden effizienten Sorgfaltsmaßstab (insgesamt zehn Mülleinheiten) kennt.

Hingegen vermag eine nicht gesamtschuldnerische anteilige Haftung dieses Ergebnis nicht (immer) zu vollbringen[548]. Im Falle einer nicht-gesamtschuldnerischen Haftung ist ein fahrlässiger Schädiger nicht haftbar für einen Schadensanteil, der dem nicht fahrlässig handelnden Schädiger zuzuweisen ist. Stattdessen ist der fahrlässige Schädiger nur haftbar für eine seiner Verseuchung entsprechenden Schädigung. Wie im obigen Zahlenbeispiel ange-

---

546 15 Mülleinheiten verursachen $15^2 = 225$ Schäden.

547 Z. B. würde S1 nun auch seine fünf Mülleinheiten um fünf Einheiten auf zehn Einheiten erhöhen. In diesem Fall entstünde ein Schaden von € 400 ($20^2$) ,von denen S1 und S2 € 300 (€ 400 - € 100) gesamtschuldnerisch tragen müssten.

548 Kornhauser/Revesz 1989, pp. 844 – 850 [rule 4]; Kornhauser/Revesz 1998, p. 372.

nommen, entsprechen zehn Mülleinheiten dem sozial effizienten Schaden (€ 100). Auf die Schädiger S1 und S2 entfallen jeweils fünf Mülleinheiten. Erhöht nun S2 seine Müllablagerung um fünf Einheiten auf insgesamt zehn Einheiten, so werden insgesamt 15 Einheiten Müll abgeladen. Diese verursachen einen Schaden von € 225. Nun müsste S2 2/3 (zehn von 15 Mülleinheiten) dieses Schadens, sonach € 150 tragen; hiervon dürfte S2 jedoch € 50 abziehen, da dieser Schaden auch bei sorgfaltsgemäßen Verhalten entstanden wäre. S2 müsste daher nach dieser Haftungsregel nur € 100 an Schaden für seine Mehr-Verschmutzung zahlen, während er bei einer gesamtschuldnerischen Haftung zu € 125 heranzuziehen wäre. S2 kann daher einen Teil seines Schadens auf die Allgemeinheit abwälzen. Der Grund hierfür liegt darin, dass S1 eigentlich für 1/3 des Schadens verantwortlich ist (€ 75). Da S1 allerdings nicht fahrlässig handelt, verbleibt dieser - durch die Konvexität der Kurve bedingte - Schadensanstieg bei der geschädigten Allgemeinheit. Daraus folgt, dass diese Haftung keine hinreichende Abschreckung auslöst. Der die Fahrlässigkeitsschwelle überschreitende Schädiger wird nicht den durch sein Fehlverhalten ausgelösten Schadensanstieg berücksichtigen, sondern nur den auf seine Person entfallenden Schadensersatz. Da sich dieser nur als Bruchteil bei ihm niederschlägt, weil ein Teil auf die Allgemeinheit abgewälzt werden kann, wird er nur diesen zu geringen Schaden in seiner Kosten-Nutzen-Rechnung über das optimale Maß seiner Sorgfalt berücksichtigen. Im Ergebnis wird er daher zu geringe Sorgfaltsanstrengungen unternehmen. Folglich wird die Produktion des fahrlässig handelnden aber nicht gesamtschuldnerisch haftenden Schädigers das soziale Maß übersteigen. Diese Haftungsregel ist mithin sozial ineffizient.

Eine nicht-gesamtschuldnerische Haftung nach Kopfteilen vermag gleichfalls kein effiziente Haftung auszulösen[549]. Die Argumentation entspricht im Wesentlichen der eben erläuterten nicht-gesamtschuldnerischen anteiligen Haftung. Im Falle einer Regel, die einen Schadensersatz pro Schädiger vorsieht, zeigt sich die Ineffizienz dieser Regel sogar noch plastischer. Wie im obigen Beispiel, erhöht der Schädiger S2 seine eigentlich sozial optimale Müllmenge von fünf Einheiten auf zehn Einheiten, wodurch sich ein Gesamtschaden von € 225 ergibt. Von diesem müsste er, im Falle einer fahrlässigen nicht-gesamtschuldnerischen Haftung nach Kopfteilen, allerdings nur die Hälfte tragen, abzüglich des Schadens, der auch bei sorgfaltsgemäßem Verhalten aufgetreten wäre. Der Schadensersatz würde sich folglich auf € 62,5 (€ 225 / 2 - € 50) belaufen. Da S1 nicht fahrlässig gehandelt hat, muss er keinen Ersatz leisten, so dass der eigentlich auf ihn entfallende Anteil von der Allgemeinheit zu tragen ist. Der von der Allgemeinheit zu tragende sozial optimale Schaden beträgt nur € 100; insgesamt

549 Kornhauser/Revesz 1989, pp. 844 – 850 [rule 3].

entsteht durch das Fehlverhalten des Schädigers S2 aber ein Gesamtschaden von € 225, von dem er aber nur € 62,5 zu tragen hat, so dass sich ein zusätzlicher sozialer Schaden von € 62,5 (€ 225 – € 62,5 - € 100) ergibt. Der fahrlässig handelnde Schädiger wird zur Optimierung seiner Gewinnfunktion folglich nur den von ihm zu tragenden Schadensersatz und nicht den durch sein Fehlverhalten ausgelösten sozialen Schaden zur Grundlage seiner Produktion machen. Demgemäß wird er zu wenig Schadensvermeidungsaufwand ausüben bzw. seine Unternehmung auf einem das effiziente Maß übersteigendem Niveau betreiben.

Zusammenfassend kann daher festgehalten werden, dass nur eine Fahrlässigkeitshaftung in Verbindung mit einer gesamtschuldnerischen anteiligen Haftung die Verursacher eines multikausalen Schadens zu einem sozial optimalen Präventions- bzw. Schädigungsniveau veranlasst. Eine derartige Haftung führt zu einem effizienten und stabilen *Nash*-Gleichgewicht. Dieses schöne Ergebnis hat allerdings restriktive Voraussetzungen: Die Behörde muss das sozial optimale Maß der schädigenden Aktivität kennen und daraus auch auf den effizienten Vermeidungsaufwand schließen können.

### 8.1.2 Gefährdungshaftung

Für die Gefährdungshaftung haben *Kornhauser/Revesz*[550] nachgewiesen, dass weder eine gesamtschuldnerische Haftung noch eine Teilschuld ein sozial optimales Verhalten der Schädiger im beschriebenen Modell auslöst.

Das der fahrlässigen Haftung zugrunde liegende Zahlenbeispiel soll auch dieses Ergebnis illustrieren. Die Schädiger S1 und S2 unterliegen einer gesamtschuldnerischen Haftung; sie haben den vollständigen Schaden zu tragen, da Fahrlässigkeit keine Rolle spielt.

Der Schädiger S2 verdoppelt auch hier seine eigentlich fünf Einheiten betragende optimale Müllablagerungsmenge auf zehn Einheiten. Hieraus resultiert, anstatt eines sozial optimalen Schaden von € 100, ein Schaden von € 225, der hier allerdings – wegen der Statuierung einer Gefährdungshaftung - nicht von der Allgemeinheit, sondern von den Schädigern zu tragen wäre. Daraus folgt ein Ergebnis, das den Ausführungen zur fahrlässigen Teilschuld vergleichbar ist. Haften S1 und S2 gesamtschuldnerisch nach dem Anteil ihrer Ablagerungsmenge, so muss S1 1/3 des Schadens und S2 2/3 des Schadens tragen. Folglich ergibt sich für S1 ein Schadensersatz von € 75 (2/3 * € 225), während auf S2 € 150 (2/3 * € 225) entfallen.

---

[550] Kornhauser/Revesz 1989, pp. 856 – 860; Kornhauser/Revesz 1998, p. 372.

Um eine optimale Prävention auszulösen, müsste das Fehlverhalten von S2 ihn aber zu einem Schadensersatz von € 175 (€ 100 / 2 + € 125) verpflichten, da diese Differenz durch seine erhöhte Müllablagerung verursacht wird. Zwar wird der Allgemeinheit der vollständige Schaden ersetzt, doch ist zu beachten, dass der ineffizient agierende Schädiger seinen Betrieb auf einem Niveau ausüben wird, welches das soziale Optimum überschreitet, da er in der Lage ist, einen Teil seiner Haftung auf den sorgfältigen Schädiger zu externalisieren.

Sieht die Haftungsregel einen Schadensersatz pro Schädiger vor, so sind € 112,5 pro Schädiger zu tragen. Die Haftung des Schädigers S2 erhöht sich folglich nur um € 62,5 (€ 112,5 - € 50), obwohl er durch seine erhöhte Müllablagerung – wegen der Konvexität der Schadensfunktion – Mehr-Schaden von € 125 (€ 225 - € 100) verursacht hat. Demgemäß ist der Schädiger, der nicht die optimale Sorgfalt beachtet, auch hier in der Lage, einen Teil seiner Haftung auf den effizient agierenden Schädiger abzuwälzen.

Dieses Ergebnis lässt sich auch unter einem anderen Blickwinkel präsentieren. *Schäfer/Ott*[551] legen ihrer Darstellung das folgende Modell zugrunde: Für einen multikausalen Schaden sind zehn Schädiger verantwortlich. Zwar sinken die Schäden mit zunehmenden Schadensvermeidungsaufwand, aber nur unterproportional. Dieses Modell entspricht daher der Darstellung, die auch dem 7. Kapitel zugrunde liegt; auf der Abszisse ist der Schadensvermeidungsaufwand eingetragen, die Schäden (soziale Kosten) werden auf der Ordinate abgebildet. Der von jedem Schädiger zu beobachtende Schadensvermeidungsaufwand soll fünf Einheiten sein, so dass der optimale Gesamtvermeidungsaufwand genau 50 Einheiten entspricht. Wird diese Schadensvermeidung beachtet, so ist die Optimalitätsbedingung erreicht; eine Einheit zusätzlichen Schadensvermeidungsaufwands löst eine Schadensreduktion von ebenfalls einer Einheit aus. Nun wird einer der Schädiger seine Sorgfaltsanstrengungen von fünf auf drei Einheiten reduzieren, um Kosten einzusparen. Folglich wird der optimale Gesamtvermeidungsaufwand nicht mehr erreicht, wodurch bspw. zusätzliche Schäden von zehn Einheiten entstehen. Allerdings müssen diese Schäden – im Falle einer sich nach Kopfteilen berechnenden Gefährdungshaftung - von allen Schädigern getragen werden. Sonach erhöht sich der zu leistenden Schadensersatz für jeden Schädiger um eine Einheit. Hiervon profitiert derjenige Schädiger, der durch die Reduktion seiner Sorgfalt diesen zusätzlichen Schaden verursacht hat. Dieser hat nämlich zwei Einheiten Schadensvermeidung eingespart, allerdings steigen seine Ersatzleistungen nur um eine Einheit an. Demgemäß zeigt auch dieses Beispiel, dass eine derartige Haftungsregel ineffizient ist, da die Schädiger nur unter-optimale Sorgfalt

551 Schäfer/Ott 2000, S. 262.

ausüben werden. Denn diese, anhand eines Schädigers illustrierten, Überlegungen stellen natürlich alle Schädiger an, so dass ein ineffizientes *Nash*-Gleichgewicht entsteht.

Ein (effizientes) *Nash*-Gleichgewicht lässt sich im Rahmen einer Gefährdungshaftung nur mit einer Haftungsregel erzielen, die *Feess*[552] entwickelt hat. Diese Regel setzt voraus, dass die Gerichte den tatsächlich aufgewendeten Sorgfaltsaufwand der einzelnen Schädiger genau feststellen können. Üben alle Schädiger optimale Sorgfalt, so haben sie den Schaden nach gleichen Teilen zu tragen. Übt allerdings ein Schädiger weniger als die optimale Sorgfalt aus, so muss er den gesamten Schaden alleine tragen. Anhand eines Zahlenbeispiels zeigt sich, dass bei einer optimalen Sorgfaltsanstrengung von z. B. fünf Einheiten (€ 5) ein Schaden von € 100 entsteht. Beachtet jeder der zehn Schädiger die optimale Sorgfalt, so ist von jedem eine Last von € 15 zu tragen (€ 5 + € 100 / 10). Verringert nun ein Schädiger sein Sorgfaltsmaß – und damit seine Kosten – auf z. B. € 3, so hat er nach dieser Regel nun € 103 zu tragen (€ 3 + € 100). Dementsprechend hat jeder Schädiger einen starken Anreiz, diese „Haftungskeule" zu vermeiden, wodurch sich ein effizientes *Nash*-Gleichgewicht bilden wird.

Sämtliche - der Gefährdungshaftung bekannten - Haftungsregeln zur Aufteilung eines multikausalen Schadens lösen einen ineffizienten Sorgfaltsanreiz bei den Schädigern aus. Nur die von *Feess* vorgeschlagene Haftungsregel vermag die Schädiger zu einem optimalen Verhalten anzuhalten. Diese Lösung erfordert jedoch einen erheblichen Informationsbedarf der Gerichte, denn diese müssen genau feststellen können, welche Unternehmung optimale Sorgfalt betreibt – dies impliziert, dass das Maß der effizienten Sorgfalt bekannt ist.

### 8.1.3 Zwischenergebnis

Die rechtsökonomische Theorie hat für multikausale Schäden nachgewiesen, dass eine effiziente Haftungsregel zwar möglich ist, aber sehr restriktiven Bedingungen unterliegt. Eine optimale Lösung im Rahmen einer fahrlässigen Haftung erfordert, dass die Behörde das sozial optimale Maß einer schädigenden Aktivität kennen muss und hieraus auch ein optimales Sorgfaltsniveau ableiten kann. Von der Kenntnis einer optimalen Sorgfaltsanstrengung hängt auch eine effiziente Gefährdungshaftung für multikausale Schäden ab. Diese Informationen

[552] Feess 1998, S. 170 f.

sind jedoch unmöglich zu erlangen. Ferner unterliegen diese modelltheoretischen Betrachtungen weiteren Restriktionen. So liegt der Untersuchung ein bestimmter Fall zugrunde: Mehrere Schädiger verursachen nebeneinander einen Umweltschaden, wobei sich ihr Verursachungsanteil anhand ihrer Verseuchungseinheit bestimmen lässt. Dieses Modell greift aber zu kurz, um z. B. Altlasten-Fälle zu erfassen. Wie sollen bspw. die Verursachungsanteile im Falle einer Bodenkontamination bestimmt werden, bei denen Pächter hintereinander das Erdreich durch Mineralöl und CKW verunreinigt haben und eine getrennte Sanierung nicht möglich ist; hat der Eigentümer des Grundstücks (Verpächter) ihnen sein Grundstück eventuell sehr teuer verpachtet, weil er eine potenzielle Grundwasserverseuchung für möglich hielt (vgl. 3.5.1)?

## 8.2 Quantifizierbarkeit und Gefährdungshaftung

*M. E.* bietet die Affinität der öffentlich-rechtlichen Störerhaftung mit der Gefährdungshaftung eine Möglichkeit, die maßgebenden Kriterien zur Bestimmung des maßgebenden Verursachungs-(Quantifizierbarkeits-)Anteils zu ermitteln.

### 8.2.1 Gesamtschuld

Zunächst ist zu konstatieren, dass eine der Gesamtschuld vergleichbare Haftung der Störer – wie durch § 24 Abs. 2 BBodSchG verwirklicht -, aus ökonomischer Sicht zu begrüßen ist[553]. Eine Gesamtschuld entbindet die Verwaltungsbehörde von der Aufgabe, den sog. Verursachungs-(Quantifizierbarkeits-)Anteil für jeden Störer zu bestimmen. Für eine öffentlich-rechtliche Inanspruchnahme soll es genügen, dass die Behörde zumindest eine Person ermittelt, die eine Gefahr bzw. Störung für die öffentliche Sicherheit oder Ordnung verursacht hat (Handlungshaftung) oder Halterin einer Sache ist, die eine solche Gefahr bzw. Störung auslöst (Zustandshaftung). Der Behörde würden sehr hohe Informationskosten aufgebürdet, wenn sie genötigt würde, sämtliche Störer zu ermitteln. Hiervon wird sie befreit, indem der Behörde zugestanden wird, eine polizeipflichtige Person heranzuziehen. Diese Person hat schließlich auch den Schaden (voll) verursacht, sonst wäre sie nicht für den Störungs-Schaden verantwortlich. Sie wird daher dazu veranlasst, den verursachten Schaden vollumfänglich in die

---

553 Vgl. Cooter/Ulen 2000, pp. 340 – 341.

ihrer Aktivität zugrunde liegenden Kosten-Nutzen-Überlegungen mit einzubeziehen - dies ist eine Voraussetzung optimaler Haftung. Es ist gerechtfertigt, dem beschiedenen Störer die Kosten der Ermittlung und des Nachweises potenzieller weiterer materiell-rechtlicher Störer zuzumuten. Schließlich hat er nicht für „mehr" gehaftet, als es seiner Verantwortlichkeit entsprach (sonst wäre er kein Störer). Der beschiedene Störer erhält aber die Möglichkeit, bei weiteren Personen Regress zu nehmen, die gleichfalls diesen Störungs-Schaden zu verantworten haben. Dies setzt bei ihm einen starken Anreiz, diese Personen mit-haftbar zu machen. Folglich können im Ergebnis sämtliche Personen, die für den Störungs-Schaden verantwortlich sind, auch tatsächlich herangezogen werden. Keiner der Störer weiß jedoch, wer von der Behörde in Anspruch genommen wird. Daher werden alle Störer ein optimales Kosten-Nutzen-Kalkül anstellen.

*Shavell*[554] hat einen dieser Argumentation vergleichbaren Anreiz für das zivilrechtliche Deliktsrecht hervorgehoben. So ging er der Frage nach, warum der Schädiger dem Geschädigten den Schaden ersetzen muss, anstatt die von ihm verursachte Schadensumme z. B. an einen Dritten (den Staat, die Allgemeinheit der Steuerzahler) zu zahlen, denn hierdurch würde der Präventionsfunktion des Deliktsrechts eigentlich genüge getan. Jedoch würde durch Zahlung des verursachten Schadens an einen Dritten die Durchsetzungsfunktion des Haftungsrechts vernachlässigt. *Shavell*[555] hebt im Zusammenhang mit der Durchsetzung des Rechts bei den entscheidenden Faktoren darauf ab, dass im Rahmen des zivilrechtlichen Deliktsrechts die Parteien am besten ihren Schaden und die potenziellen Schädiger kennen. Daher sollen diese den Staat mit den notwendigen Informationen versorgen. Welcher Anreiz wird sie hierzu veranlassen? "One factor of relevance is financial gains from reporting. Such gains obviously increase incentives to report and are under the control of the state: the state can pay a reward itself for reporting or it can require sanctioned parties to pay sums to those making reports." Die letztere Lösung darf dann *m. E.* auch noch für sich in Anspruch nehmen, dass sie „gerecht" ist.

Wird dieser Gedanke auf die öffentlich-rechtliche Störerhaftung übertragen, so bedeutet dies, dass der als „Gesamtschuldner" haftende beschiedene Störer einen starken Anreiz haben wird, einen Teil seines Schadens von weiteren Schädigern erstattet zu erhalten. Der beschiedene Störer vermag nicht nur den Schaden am besten zu kennen, er wird regelmäßig auch über die besten Informationen weitere materiell-rechtliche Störer betreffend verfügen.

---

[554] Shavell 1993.
[555] Shavell 1993, p. 267.

Indem er einen finanziellen Gewinn daraus ziehen kann, diese zu ermitteln und zu benennen, wird er diese Informationen auch dem Staat zur Verfügung stellen. Ein Innenausgleich des beschiedenen Störers gegenüber den weiteren Störern ist daher zu begrüßen.

Darüber hinaus ist das Zulassen einer gesamtschuldnerischen Haftung noch aus einem weiteren Grunde für die Verwaltungsbehörde vorteilhaft. Die Schadensersatzleistung für eine Gefahr bzw. Störung der öffentlichen Sicherheit oder Ordnung wird durch eine Gesamtschuld abgesichert, da sich die Behörde den "deep pocket approach"[556] zunutze machen kann. Daher ist auch eine – vorstellbare – Teilschuld in Höhe des Verursachungs-(Quantifizierbarkeits-)Anteils eines Störers am Störungs-Schaden abzulehnen. Hierdurch würde der Behörde die Last aufgebürdet, sämtliche Störer zu ermitteln, was hohe Informationskosten verursacht, und darüber hinaus auch den jeweils auf sie entfallenden Anteil geltend zu machen, mit der Folge erheblicher Durchsetzungskosten und eines zu tragenden Insolvenzrisikos. Eine Teilschuld ist jedoch auch unter präventiven Gesichtspunkten nicht wertvoll, da hierdurch die Störer nicht den durch sie verursachten gesamten Störungs-Schaden in ihrer Kosten-Nutzen-Analyse berücksichtigen, sondern davon ausgehen würden, dass sie nur auf einen Anteil am Störungs-Schaden herangezogen werden und dementsprechend ineffiziente Sorgfalt unternehmen.

Aus ökonomischer Perspektive ist es daher wünschenswert, dass die öffentlich-rechtlichen Störer einer der Gesamtschuld vergleichbaren Haftung – wie durch § 24 Abs. 2 BBodSchG verwirklicht - unterliegen. Die Rechtslage nach dem MEPolG, die es dem beschiedenen Störer unmöglich machte, von weiteren materiell-rechtlichen Störern einen Ausgleich zu verlangen, ist daher auch aus ökonomischer Perspektive abzulehnen. Die Statuierung eines störerinternen Ausgleichs ermöglicht der Behörde eine „effektive" Gefahrenabwehr in dem Sinne, dass sie mit geringen Informationskosten einen Störer heranzieht und sie darüber hinaus auch einen Störer heranziehen kann, von dem eine volle Schadenstragung zu erwarten ist (geringe Durchsetzungskosten, kein Insolvenzrisiko). Da – nach den Modifikationen der Störerhaftung, wie sie durch diese Arbeit eingeführt werden-, auch nur eine Person herangezogen wird, die in der Lage war, den Schaden zu vermeiden, ist es auch effizient, diese Person zur Haftung heranzuziehen. Da jeder Störer damit rechnen muss, von der Behörde beschieden zu werden, wird eine optimale Steuerungsfunktion ausgelöst. Ex post wird dann auch jeder Störer in Anspruch genommen, da der beschiedene Störer einen starken Anreiz erhält, seinen Regressanspruch zu verfolgen.

---

[556] So auch *Wagner*, der ausführt, dass das BBodSchG eine Art "deep pocket liability" für die Altlastensanierung statuiere [Wagner 2000b, S. 419].

Der Ausgleichsanspruch des § 24 Abs. 2 BBodSchG wird mit gleichklingenden Argumenten auch von der rechtswissenschaftlichen Literatur befürwortet. So weist *Schlette*[557] darauf hin, dass der Hauptzweck des störerinternen Ausgleichs in der gerechten Lastenverteilung unter mehreren Störern liege, daneben aber auch die Behörde entlaste, da sie davon entbunden werde, im Rahmen des Auswahlermessens auf gegebenenfalls bestehende zivilrechtliche Ausgleichsansprüche Rücksicht zu nehmen. Folglich bedarf es – ökonomisch ausgedrückt – weniger Informationskosten für die Verwaltungsbehörde. Darüber hinaus bewirke schließlich auch die Existenz eines gesetzlich normierten Regressanspruchs, dass nunmehr alle Störer davon ausgehen müssen, an den Sanierungskosten in jedem Falle beteiligt zu werden, nämlich entweder aufgrund behördlicher Inanspruchnahme oder aber spätestens auf dem Regresswege. Zwar wird hieraus dann nur der Schluss gezogen, dass dieser Verlust der bisher bestehenden Chance auf Kosten eines anderen Störers unbehelligt davon zu kommen, nur die Bereitschaft erhöhe, sich im Vorfeld einseitig-hoheitlichen Handelns an einer konsensual-kooperativen Lösung zu beteiligen, etwa am Abschluss eines Sanierungsvertrags, dem zahlreiche Vollzugsvorteile zugesprochen werden – und nicht auch die mit dieser potenziellen Haftung verbundenen Steuerungswirkungen ausgelöst werden – aber ein durch diesen Ausgleichsanspruch ausgelöster Handlungsanreiz wird immerhin erörtert.

### 8.2.2 Kriterium zur Quantifizierbarkeit

Nachdem nun analysiert wurde, dass die Störer als Gesamtschuldner haften sollen, wird im Weiteren untersucht, nach welchem Kriterium sich ihre Haftung im Innenverhältnis berechnen - also „quantifizieren" - soll. In diesem Zusammenhang sollte *m. E.* die Affinität der öffentlich-rechtlichen Störerhaftung mit der Gefährdungshaftung zum Tragen kommen.

Die – durch diese Abhandlung modifizierte - Störerhaftung ist im Außenverhältnis gegenüber der öffentlichen Hand einer Gefährdungshaftung, wie sie bspw. im Straßenverkehr durch § 7 StVG für den Fahrzeughalter gegenüber Geschädigten normiert ist, vergleichbar. Sind nun mehrere Fahrzeughalter an einem Unfall beteiligt, so haften sie gegenüber Dritten als Gesamtschuldner. Eine derartige Gesamtschuld – wie durch § 24 Abs. 2 BBodSchG verwirklicht - wird auch für die Haftung der Störer befürwortet. In beiden Fällen haften sonach die Schädiger bzw. Störer im Außenverhältnis gegenüber dem Geschädigten als Gesamtschuldner. Die Haftung im Innenverhältnis mehrerer Fahrzeughalter bestimmt sich nach § 17

[557] Schlette 2000, S. 48 f. m. w. N.

StVG, die Innenhaftung der Störer ist in § 24 Abs. 2 S. 2, 1. Hs BBodSchG normiert. Schon der Wortlaut beider Vorschriften verdeutlicht nochmals die Parallele dieser Haftungen. § 17 Abs. 1 S. 1 StVG lautet: „Wird ein Schaden durch mehrere Kraftfahrzeuge verursacht und sind die beteiligten Kraftfahrzeuge einem Dritten kraft Gesetzes zum Ersatz des Schadens verpflichtet, so hängt im Verhältnis der Fahrzeughalter zueinander die Verpflichtung zum Ersatz sowie der Umfang des zu leistenden Ersatzes von den Umständen, insbesondere davon ab, *inwieweit der Schaden vorwiegend von dem einen oder dem anderen Teil verursacht worden ist.*" Auch § 24 Abs. 2 S. 2 BBodSchG führt aus, dass die Verpflichtung zum Ausgleich (mehrerer Verpflichteter) sowie der Umfang des zu leistenden Ausgleichs davon abhängt, *„inwieweit die Gefahr oder der Schaden vorwiegend von dem einen oder dem anderen Teil verursacht worden ist"*.[558] Für den Innenausgleich mehrerer Ausgleichspflichtiger im Straßenverkehr konkretisiert das Kriterium „Betriebsgefahr" die Verursachungsanteile der Schädiger. Dieses Kriterium sollte auch für die öffentlich-rechtliche Störerhaftung übernommen werden.

Bei einem Straßenverkehrsunfall steht hinter § 17 Abs. 1 S. 2 StVG die Überlegung, dass im Zweifel von beiden am Unfall beteiligten Fahrzeugen dieselbe Betriebsgefahr ausgeht; daraus folgt, dass bei völliger Unaufgeklärtheit des Unfallhergangs jeder Halter (Fahrer) dem anderen die Hälfte von dessen Schaden zu ersetzen hat[559]. Diese Ausgangsüberlegung erfährt jedoch Modifikationen. Führt einer der Unfallbeteiligten den Unabwendbarkeitsbeweis gem. § 17 Abs. 3 StVG n. F.[560], so haftet der andere Unfallbeteiligte allein. Auch kann jeder Unfallbeteiligte den Nachweis führen, dass von dem Fahrzeug des Gegners eine erhöhte Betriebsgefahr ausging. Die Betriebsgefahr eines Kfz ist insbesondere dann erhöht, wenn den Fahrer ein Verschulden trifft, das sich gefahrerhöhend ausgewirkt hat.[561]

Werden diese Überlegungen zur straßenverkehrsrechtlichen Betriebsgefahr auf die Innenhaftung nach der öffentlich-rechtlichen Störerhaftung übertragen, so ergibt sich Folgendes: § 24 Abs. 2 S. 2 Hs. 1 BBodSchG bestimmt, dass sich die Binnenhaftung der Störer nach ihrem Verursachungs-(Quantifizierbarkeits-)Anteil richten soll und verweist in § 24 Abs. 2 S. 2 Hs. 2 BBodSchG auf § 426 Abs. 1 S. 2 BGB. Folglich vermeidet die Regelung über den Binnenregress der Störer eine Haftung nach Kopfteilen (§ 426 Abs. 1 S. 1 BGB)[562]. Lassen

---

558 Auf die Parallele zwischen § 17 StVG zu § 24 Abs. 2 BBodSchG ist auch unter 3.5.1 hingewiesen worden.
559 Pantle 1992, S. 37 (Rn. 81).
560 Während durch das Zweite Schadensersatzrechtsänderungsgesetz [Zweites Gesetz zur Änderung schadensersatzrechtlicher Vorschriften, BR-Drucksache 358/02 (v. 10. 5. 2002)] der Begriff des „unabwendbaren Ereignisses" durch „höhere Gewalt" ersetzt wurde, so wurde dennoch der Unabwendbarkeitsbeweis für das Binnenverhältnis der Fahrzeughalter beibehalten; vgl. hierzu: Wagner 2002, S. 2061.
561 Pantle 1992, S. 37 (Rn. 82).
562 Wagner 2000b, S. 422 f.

sich daher die Verursachungs-(Quantifizierbarkeits-)Anteile der Störer untereinander nicht klären, so haften sie nicht (automatisch) zu gleichen Teilen, sondern es kann gegebenenfalls für eine vollständige Erstattung genügen, dass der in Anspruch genommene (beschiedene) Zustands-Störer den Nachweis erbringt, dass der Schuldner des Regressanspruchs die schädliche Bodenveränderung bzw. Altlast (mit-)verursacht (Handlungsstörer) hat. Gelingt jedoch einem Störer der Nachweis, dass die Gefahr bzw. Störung der öffentlichen Sicherheit oder Ordnung für ihn einen Fall der höheren Gewalt darstellte, so soll er nicht haften. In diesem Falle ist bereits die Störereigenschaft zu verneinen. Möglich ist auch, dass bspw. der klagende Störer den Nachweis führen kann, dass der beklagte Störer schuldhaft gehandelt hat, weshalb sich sein Verursachungsanteil überproportional zu bemessen hat.

## 8.3 Ergebnis

Eine modelltheoretische Betrachtung von multikausalen Schäden ist leider für eine rechtspolitische Umsetzung im Rahmen der Störerhaftung (aufgrund von Informationsproblemen) nicht umsetzbar. Doch bietet die ökonomische Interpretation der Gesamtschuld gute Argumente, diese auch auf die Haftung des Störers anzuwenden. Daher ist die Neuregelung durch § 24 Abs. 2 BBodSchG gegenüber der bisherigen Rechtsprechung zum MEPolG, der einen Innenausgleich der Störer verneinte, zu befürworten. Darüber hinaus bietet die im 5. Kapitel nachgewiesene Affinität der Störerhaftung zur zivilrechtlichen Gefährdungshaftung einen praktikablen Anknüpfungspunkt, um das maßgebende Kriterium zur Bestimmung des Verursachungs-(Quantifizierbarkeits-)Anteils zu bestimmen: die Betriebsgefahr.

# 9 Ex ante-Ansatz des Polizeirechts

Der Ansatzpunkt dieser Arbeit ist der Vergleich der öffentlich-rechtlichen Störerhaftung mit der zivilrechtlichen Gefährdungshaftung. Hierbei stellte sich bereits unter 5.1.5 die Frage, ob der öffentlich-rechtliche Begriff der Gefahr mit einem Schaden gleichgesetzt werden kann.

Dies wurde bejaht, da für den die Gefahr verursachenden Störer mit dem Erlass eines Bescheids gegen ihn eine Vermögenseinbuße verbunden ist. Er hat den, eine Gefahr für die öffentliche Sicherheit oder Ordnung verursachenden, Zustand zu beseitigen. Für den Begriff der Störung war diese Frage bedeutungslos, da sie bereits aufgrund ihrer Definition als verwirklichte Gefahr einen Schaden darstellt. Ferner wurde ausgeführt, dass die Störerhaftung letztlich eine Gefährdungshaftung für die polizeilichen Schutzgüter enthält. So wie Rechte und Rechtsgüter einer Person durch die zivilrechtliche Gefährdungshaftung geschützt sind, so postuliert die Störerhaftung eine Gefährdungshaftung für die polizeilichen Schutzgüter. Die Geltendmachung einer Verletzung obliegt der Verwaltungsbehörde. Die „verletzte" öffentliche Sicherheit oder Ordnung kann demnach wie ein zivilrechtlich Geschädigter betrachtet werden. Allerdings weist die Störerhaftung gegenüber der zivilrechtlichen Gefährdungshaftung einen interessanten Unterschied auf: Die Behörde kann gegen einen Störer bereits dann vorgehen, wenn erst eine hinreichende Wahrscheinlichkeit für einen Schadenseintritts besteht. Der Schaden muss noch nicht eingetreten sein. Maßstab für die Prognose sind die ex ante bestehenden Erkenntnismöglichkeiten eines idealtypischen Durchschnittsbeamten (2.1.5). Ex post sind mithin drei Szenarien möglich: Die Prognose war richtig, die Gefahr wäre zu einer Störung geworden, die Prognose war falsch, ein Schaden hätte sich nicht verwirklicht, oder es kann nicht mehr festgestellt werden, ob die Gefahr in einen Schaden umgeschlagen wäre, da sie beseitigt wurde. Diesen Fallgruppen wird im Folgenden nachgegangen.

Wenn die Prognose richtig war und bei ungehindertem Geschehensablauf eine Schädigung eingetreten wäre, so bedeutet dies, dass Ressourcen geschont wurden. Denn es erscheint plausibel, dass die Beseitigung einer Gefahr weniger aufwendig ist als die Wiedergutmachung der Verletzung eines polizeilichen Schutzgutes. Am Beispielfall des verunfallten Tanklastwagens illustriert, bedeutet dies, dass es besser ist, nur das verseuchte Grundstück dekontaminieren zu müssen als auch das Grundwasser zu entseuchen.

Stellt sich die Prognose ex post als unrichtig heraus, so hat der beschiedene Störer einen Rückerstattungsanspruch seiner Aufwendungen gegen die Behörde. Denn der beschiedene Störer war nur Anscheinsstörer. Er durfte zwar, im Gegensatz zu einem Putativ- oder Scheinstörer, rechtmäßig in Anspruch genommen werden, jedoch sind ihm seine Kosten zu ersetzen. Bei ihm ist daher eine Differenzierung zwischen einer Inanspruchnahme ex ante und einer Kostentragung (ex post) möglich (2.2.1.1.4.1.1).

Die Variante, dass eine Feststellung im Nachhinein nicht mehr möglich ist, wird in der Literatur nicht diskutiert. Der Störer wurde rechtmäßig in Anspruch genommen, wenn eine Gefahr vorlag. Das Risiko der Unaufklärbarkeit geht daher zu seinen Lasten.

Da der „fälschlich“ beschiedene Störer einen Regress erhält, kann er so gestellt werden, als ob er nicht in Anspruch genommen wurde. Zumal er auch kein Insolvenzrisiko zu tragen hat, da der Staat sein Schuldner ist. Ihm ist – außer der „Lästigkeit“ einer Inanspruchnahme - daher kein Schaden entstanden. Folglich verbleiben die Fallgruppe der zutreffenden Inanspruchnahme und der Unaufklärbarkeit. Fraglich ist, ob es – aus einer ökonomischen Perspektive – einen Grund gibt, warum das Polizeirecht eine Prognose genügen lässt, anstatt den Eintritt eines Schadens abzuwarten, so wie dies im zivilrechtlichen Haftungsrecht üblich ist. Das Deliktsrecht hat zur Voraussetzung, dass der Geschädigte einen Schaden erlitten hat. Der Geschädigte kann nicht schon dann einen deliktischen Anspruch gegen den Schädiger geltend machen, wenn die Verletzung eines seiner geschützten Rechte bzw. Rechtsgüter hinreichend wahrscheinlich war.

Die ökonomischen Theorie des Rechts diskutiert, wann es sinnvoll ist ex ante zu regulieren und wann ein Abstellen auf den Eintritt eines Schadens (ex post) sachgerecht ist: “Regulation is *ex ante* enforcement by administrators, and liability is *ex post* enforcement by victims”[563]. Dieser Problemkreis wird im Folgenden dargestellt. Im Anschluss wird der Frage nachgegangen, ob auch im Öffentlichen Recht die Verletzung eines polizeilichen Schutzgutes abgewartet werden sollte oder ob die geltende Regelung sachgerecht ist.

## 9.1 Ex post-Ansatz des Deliktsrechts

Der Ex post - Ansatz des Deliktsrechts im Gegensatz zum Ex ante - Ansatz des Regulierungsrechts wurde vor allem durch *Steven Shavell* untersucht. *Shavell* ist zum einen der Frage nachgegangen, warum das Risiko von Aktivitäten teilweise durch Haftungsrecht gesteuert wird (z. B. die Unfälle des „täglichen Lebens“) und teilweise einer Regulierung unterliegt (z. B. Sicherheitsvorschriften).[564] Darüber hinaus hat er untersucht, wann welche Durchsetzung von Regeln angebracht ist.[565] So wird unterschieden zwischen einer „reinen“ Prävention (z. B. wird ein Trinkwasserreservoir vollständig eingezäunt, damit es niemand verschmutzen kann, oder ein Unternehmen darf nur betrieben werden, wenn eine behördliche Genehmigung hierfür vorliegt) und einer Intervention, wenn eine Rechtsnorm verletzt wurde, ohne dass ein Schaden eingetreten sein muss (“act-based sanctions”), z. B. muss ein Betrieb ein Bußgeld

---

[563] Cooter/Ulen 2000, p. 332 *(Hervorhebung von Cooter/Ulen)*.
[564] Shavell 1984.
[565] Shavell 1993.

bzw. eine Geldstrafe wegen Missachtung von Feuerschutzvorschriften zahlen, auch wenn es noch nicht zu einem Brand kam. Zuletzt ist der „klassische" Haftungsfall zu betrachten, der auf die Verletzung eines Rechtsguts bzw. Rechts abstellt ("harm-based sanctions"). Voraussetzung eines Schadensersatzanspruchs aus z. B. § 823 BGB, § 7 StVG ist, dass der Geschädigte einen Schaden erlitten hat.

*Shavell* differenziert zwischen vier Faktoren, um die Vor- und Nachteile des Haftungsrechts gegenüber einer Regulierung zu erörtern. Ein wesentlicher Gesichtspunkt ist hiernach, ob natürliche und/oder juristische Personen oder der Staat über bessere Informationen, das potenzielle Risiko betreffend, verfügen. Ersteren ist regelmäßig ein Informationsvorsprung einzuräumen, da sie den Nutzen aus ihrer Aktivität ziehen, aber auch deren Lasten tragen. Allerdings ist ihre „Haftungsfähigkeit" beschränkt. Wenn ein Schaden sehr hoch ist, so wird eine Person nicht diesen hohen erwarteten Schaden in ihre Kosten-Nutzen-Analyse einfließen lassen, sondern ihre Vermögensgrenze. Bei einer Regulierung stellt sich dieses Problem nicht, da eine Person mit einer bezahlbaren Geldbuße oder –strafe bereits dann belegt wird, wenn sie gegen die Vorschrift verstößt. Eine mangelhafte Schadensberechnung kann auch darauf begründet sein, dass der Schädiger sich nicht einer vollständigen Haftung ausgesetzt sieht, sei es durch einen schwierigen Kausalitätsnachweis oder durch eine breite Verteilung der Schäden (sog. Streuschäden). Des Weiteren sind die Kosten, die durch Haftungsrecht (z. B. Verhandlungs-, Anwalts- und Gerichtskosten) entstehen, gegen die auf Regulierung basierenden Verwaltungskosten abzuwägen. Hier spricht für das Deliktsrecht, dass dieses nur Kosten verursacht, wenn ein Schaden eintritt. Hingegen sind die Regulierungskosten von einem Schadenseintritt unabhängig. Demnach sprechen die Faktoren hälftig für Haftung (Informationsvorsprung, niedrige Verwaltungskosten) bzw. für Regulierung (Insolvenzrisiko, Streuschäden). Demnach kommt es entscheidend darauf an, bei welchen Lebenssachverhalten die diskutierten Faktoren eine größere oder kleinere Rolle spielen. So stellt sich bspw. bei einem „typischen" Unfall, bei dem z. B. der Schädiger die Vase des Geschädigten umstößt, weder das Problem einer Haftung über die Vermögensgrenze hinaus noch handelt es sich um einen Streuschaden. Das Deliktsrecht ist hier eindeutig zu präferieren, wie es auch in der gesetzlichen Regelung zum Ausdruck kommt. Hingegen mangelt es Privatpersonen regelmäßig am Wissen über die Umweltrelevanz von bestimmten Schadstoffen, so dass hier ein klarer Informationsvorsprung auf Seiten des Staates zu verzeichnen ist. Hinzu kommt, dass im Falle eines Umweltunfalls schnell die Vermögensgrenze des Betriebs erreicht sein dürfte.[566] Wird weiter die Durchsetzung von Haftungsrecht und Regulierung gegenübergestellt, so zeigt sich die im

[566] Shavell 1984.

geltenden Recht weitgehend verwirklichte Unterscheidung noch deutlicher. So wäre eine Prävention bei den vielfältigen Haftungsunfällen des täglichen Lebens schlicht undenkbar. Aber selbst ein Abstellen auf eine "act-based" Regulierung erscheint unpraktikabel, sonst müsste z. B. jedes Antippen einer Vase, ohne dass ein Schaden entstünde, geregelt sein und eine Geldbuße oder –strafe zur Folge haben. In diesen Fällen ist es sachgerecht, den Eintritt eines Schadens abzuwarten, statt präventive Maßnahmen zu ergreifen. Hingegen verfügen in den typischen Fällen der Regulierung die Personen nicht über hinreichende Informationen (z. B. über die Bedeutung von gewissen Schadstoffen für die Luftverschmutzung) noch wären sie in der Lage potenzielle Schäden zu tragen. Eine Kontrolle durch Prävention bzw. "act-based sanctions" ist hier unumgänglich.[567]

## 9.2 Bedeutung für die Störerhaftung

Die Störerhaftung beinhaltet mit ihrem Tatbestandsmerkmal der Gefahr *auch* einen Ex ante - Ansatz, der für das Deliktsrecht gemeinhin untypisch ist. Dies wirft die Frage auf, ob eine Haftung des Störers bereits bei Vorliegen einer Gefahr aus einer ökonomischen Perspektive wünschenswert ist. Hierzu werden die dargestellten Faktoren näher analysiert.

Für die Haftungsfälle des täglichen Lebens gilt gemeinhin, dass der Schädiger einen Informationsvorsprung besitzt (z. B. kann er am besten beurteilen, wie weit er sich der Vase nähert). Ebenso kann der potenzielle Schädiger einer Gefahr für die öffentliche Sicherheit oder Ordnung regelmäßig am besten beurteilen, was der optimale Sorgfaltsmaßstab für ihn ist. Passiert jedoch ein Unfall (z. B. der Tanklastwagen kippt um und das Öl läuft aus), so verfügt dann die Behörde über das bessere Wissen, „ihre" Schutzgüter betreffend. Die (Wasser-)Behörde wird in einem solchen Fall zweifelsfrei besser als der Fahrer beurteilen können, ob dieser Ölunfall eine Bedrohung für z. B. die öffentliche Wasserversorgung darstellt. Besteht aus behördlicher Sicht eine solche Gefahr, so wird sie den Störer bescheiden. Anderenfalls wird sie nicht intervenieren und es verbleibt dem geschädigten Grundstückseigentümer der zivilrechtliche Schadensersatzanspruch wegen Verletzung seines Eigentums. Die Prognose, ob bei ungehindertem Geschehensablauf mit hinreichender Wahrscheinlichkeit ein Schaden für ein polizeiliches Schutzgut eintreten wird, obliegt sonach dem Staat. Dies ist auch gerechtfertigt, weil er über einen Informationsvorsprung, seine Schutzgüter betreffend, verfügt. Da-

[567] Shavell 1993.

mit einher geht auch die Antwort auf die Frage, welche Anforderungen an die „hinreichende Wahrscheinlichkeit" eines Schadenseintritts zu stellen sind. In diese Feststellung fließt eine wertende Betrachtung ein. So stellen Rechtspraxis und -lehre darauf ab, welche Bedeutung dem geschützten Gut zukommt: Je größer und folgenschwerer der möglicherweise eintretende Schaden ist, desto geringer sind die Anforderungen, die an die hinreichende Wahrscheinlichkeit des Schadens zu stellen sind. Hierbei handelt es sich um die sog. „Je-desto-Formel", die besagt, dass je größer und folgenschwerer der möglicherweise eintretende Schaden ist, um so geringer sind die Anforderungen, die an die Wahrscheinlichkeit eines Schadenseintritts gestellt werden können (2.1.5). Welche Bedeutung einem öffentlich-rechtlichen Schutzgut zukommt, kann der Inhaber desselben selbstverständlich am besten beurteilen. Daher ist es aus ökonomischer Perspektive wünschenswert, der Behörde die Beurteilung zu überlassen, ob für ein Schutzgut, für das sie die Verantwortung trägt, eine Gefahr besteht.

Der Faktor der „Haftungsfähigkeit" spricht gleichfalls gegen das Zuwarten auf den Eintritt einer Störung. Ein präventiver Ansatz ist zu befürworten, wenn der mögliche Schaden die Vermögensgrenze des Schädigers wahrscheinlich übersteigen wird. Die polizeilichen Schutzgüter können von erheblicher Bedeutung sein und insbesondere erscheint eine Naturalrestitution bei den Umweltgütern häufig nicht möglich (z. B. öffentliche Wasserversorgung). Ferner zeigt auch das Praxisbeispiel der Altlasten, dass mit erheblichen Schadenssummen zu rechnen ist. Sonach sieht sich der Störer häufig mit erheblichen Haftungssummen konfrontiert, was eine Prävention wünschenswert macht. Wie ausgeführt wurde, erleidet er durch eine falsche Prognose ohnehin keinen Schaden. Demnach ist nur zwischen den „eingesparten" Ressourcen und dem Risiko einer unaufklärbaren Situation abzuwägen. Letztere erscheint vernachlässigbar gering, vor allem da angenommen wurde, dass die Behörde über das bessere Wissen verfügt. Dieser Informationsvorsprung spricht auch für eine möglichst vollständige Inanspruchnahme der potenziellen Störer, ohne die eine Steuerung ihrer Sorgfalts- und Aktivitätsniveaus nicht möglich ist.

Zuletzt fallen die erhöhten Verwaltungskosten nicht wirklich ins Gewicht. Es entstehen zwar erhöhte Kosten, wenn die Behörde Sachverhaltsermittlungen etc. anstellt, nur um dann festzustellen, dass keine Gefahr für die öffentliche Sicherheit oder Ordnung vorliegt. Doch kann angenommen werden, dass diese zu vernachlässigen sind, wenn berücksichtigt wird, welche Ressourcen hierdurch verschont bleiben.

Folglich sind für das Polizeirecht die Faktoren, die grundsätzlich für eine Ex post - Regelung sprechen (Informationsvorsprung des Schädigers und Kostenvorteil des Haftungsrechts gegenüber dem Regulierungsrecht) nicht relevant. Bei der Störerhaftung spricht ein starkes Argument für eine bessere Prognosefähigkeit des Staates. Dieses bessere Wissen, zur Beurteilung einer Gefährdung für die polizeilichen Schutzgüter, kompensiert sowohl die (gering) erhöhten Verwaltungskosten als auch das Risiko eines unaufklärbaren Sachverhalts.

## 9.3 Ergebnis

Der in der öffentlich-rechtlichen Störerhaftung durch den Begriff der Gefahr enthaltene Ex ante - Ansatz stellt eine Besonderheit dieser Haftung gegenüber der zivilrechtlichen Gefährdungshaftung dar. Während für letztere *Shavell* analysiert hat, dass das Zuwarten auf den Eintritt eines Schadens aus ökonomischer Perspektive wünschenswert ist, sprechen im Hinblick auf die Störerhaftung gute Argumente für diesen „Regulierungs"-Ansatz. Die zuständige Verwaltungsbehörde ist regelmäßig am besten in der Lage zu beurteilen, ob eine Gefahr für „ihre" Schutzgüter besteht. Sie kann auch am ehesten einschätzen, welche Bedeutung ihnen zukommt. Dies macht es für sie möglich, eine wertende Prognose zu treffen. Dies zeigt eine klare Parallele zur juristischen „Je-desto-Formel". Demgegenüber können die erhöhten Verwaltungskosten oder die nachträgliche Unaufklärbarkeit vernachlässigt werden. Aus einer ökonomischen Perspektive ist daher die Haftung des Störers, auch wenn erst die Gefahr eines Schadenseintritts besteht, begrüßenswert.

# 3. Teil: Rechtliche Umsetzbarkeit

## 10 Fazit

Zur Vorbereitung eines rechtspolitischen Vorschlags werden die Ergebnisse dieser Abhandlung zunächst kurz zusammengefasst.

Die öffentlich-rechtliche Störerhaftung bestimmt sich nach den Voraussetzungen der §§ 4, 5 MEPolG (Verhaltens- und Zustandshaftung). Die Heranziehung einer natürlichen oder juristischen Person als Störer bedeutet zugleich, dass sie die Kosten der Gefahrenbeseitigung zu tragen hat, ohne dass ihr aus ihrer Rechtsstellung als Störer haftungsrechtliche Rückgriffsansprüche zustehen (2. Kapitel). Dieses Ergebnis gilt grundsätzlich für die Haftung des Störers im Gefahrenabwehrrecht, mit Ausnahme der Neuregelung in § 24 Abs. 2 BBodSchG, der erstmalig auf bundesgesetzlicher Ebene einen Rückgriffsanspruch normiert (3. Kapitel).

Bis zum Beschluss des *BVerfGs* über die Verfassungsmäßigkeit der Zustandshaftung war gemeinhin anerkannt, dass ein Zustandsstörer verschuldensunabhängig mit seinem gesamten Vermögen verantwortlich ist. Eine verfassungsgemäße Auslegung der Zustandsverantwortlichkeit erfordert jedoch, dass der Zustandsstörer regelmäßig nur mit dem Verkehrswert seines störenden Grundstücks haftet, wobei Gesichtspunkte des Einzelfalls sich haftungserhöhend und –mindernd (z. B. Verschulden, Kenntnis, Naturereignis, Eigenheim) auswirken können (4. Kapitel).

Die öffentlich-rechtliche Störerhaftung weist eine Affinität zur zivilrechtlichen Gefährdungshaftung auf. Die Handlungshaftung entspricht einer verschuldensunabhängigen Verhaltensverantwortlichkeit einer Person für die Schutzgüter der öffentlichen Sicherheit oder Ordnung. Die Zustandshaftung kann – unter einer Einschränkung - gleichfalls mit einer Gefährdungshaftung gleichgesetzt werden: Sowohl bei der öffentlich-rechtlichen Zustandshaftung als auch bei der zivilrechtlichen Gefährdungshaftung wird einer Person die Gefahr einer (besonders gefährlichen) Sache „zugerechnet". Diese Person ist aus Störungshaftung verantwortlich, weil sie Eigentümerin der Sache ist bzw. die tatsächliche Sachherrschaft über sie ausübt. Im Rahmen der Gefährdungshaftung wird die Halterin, Betreiberin oder Inhaberin herangezogen. Die Gefährdungshaftung stellt durch diese Begriffe daher nicht darauf ab, wem die rechtliche oder tatsächliche Sachherrschaft obliegt, sondern es ist maßgebend, welche Person Halterin der Sache ist. Halterin ist, wer die Sache für eigene Rechnung in Gebrauch hat und die Verfügungs- bzw. Bestimmungsgewalt besitzt, die ein solcher Gebrauch voraussetzt. Wird auch der Zustandsverantwortlichkeit der Begriff des Halters zugrunde gelegt, also die Person als Zustandsstörerin in Anspruch genommen, die die Sache für eigene Rechnung in Gebrauch hat und die Verfügungs- bzw. Bestimmungsmacht über diese ausübt, so entspricht die Zustandshaftung einer Gefährdungshaftung. Für eine Person, die entsprechend den Maßgaben der Gefährdungshaftung verantwortlich ist, führt diese Arbeit die Zustandshaftung des Halters ein. Ferner ist die zivilrechtliche Gefährdungshaftung regelmäßig nicht nur mit einer Halterhaftung verknüpft, sondern auch mit einem Haftungsausschluss für Fälle der „höheren Gewalt" und einer Haftungshöchstgrenze (5. Kapitel).

Die mikroökonomische Theorie untersucht die optimale Allokation der knappen Ressourcen. Eine effiziente Allokation wird durch einen perfekten Markt erzielt. Allerdings setzt ein perfekter Marktmechanismus u. a. voraus, dass die Transaktionskosten „null" sind. Nur (auch) unter dieser Voraussetzung ist der Marktmechanismus bzw. eine Verhandlungslösung (*Coase*) in der Lage, eine *Pareto*-effiziente Allokation zu bewirken. Die dem Haftungsrecht zugrunde liegenden Lebenssachverhalte zeichnen sich jedoch durch prohibitiv hohe Transaktionskosten aus. Diese Transaktionskosten führen zu einem Marktversagen. Mithin muss das Haftungsrecht dieses Marktversagen kompensieren, indem es die Akteure zu einer möglichst optimalen Verhaltenssteuerung veranlasst. Eine Person sollte folglich nur für einen Schaden verantwortlich gemacht werden, der für sie sowohl erkennbar als auch beherrschbar und damit steuerbar (verhinderbar) ist (6. Kapitel).

Eine Gefahr bzw. Störung der öffentlichen Sicherheit oder Ordnung (Störungs-Schaden) stellt einen sog. unilateralen Schaden dar, denn nur der Störer braucht zu optimalen Sorgfaltsanstrengungen angehalten zu werden. Zwar ist auch die Geschädigte (öffentliche Sicherheit oder Ordnung) – „vertreten" durch die Behörde – in der Lage, Sorgfaltsmaßnahmen zu ergreifen, aber diese werden sich annahmegemäß am Gemeinwohlinteresse orientieren, so dass nur nach einer Haftungsregel zu forschen ist, die effiziente Handlungsanreize beim Schädiger (Störer) auslöst. Die rechtsökonomische Analyse hat nachgewiesen, dass die Gefährdungshaftung optimale Steuerungsanreize beim (potenziellen) Schädiger setzt. Demgemäß löst sowohl die Handlungshaftung als auch die Zustandshaftung – unter der Bedingung der Heranziehung des Halters - eine optimale Verhaltenssteuerung aus. Dies gilt auch für die Zusatzhaftung, da bei den „eigentlichen" Verursachern des Störungs-Schadens eine optimale Prävention aufgrund irrationalen Verhaltens bzw. begrenzter Solvenz nicht erzielt werden kann; da die zusätzlich haftenden Personen letztlich das Aktivitäts- und Sorgfaltsverhalten dieser Personen steuern, ist es effizient, diese für das Verhalten Dritter (z. B. Kinder, Verrichtungsgehilfen) heranzuziehen. Wird mit der ökonomischen Theorie allein auf die Präventionsfunktion des Haftungsrechts abgestellt, so zeigt sich weiter, dass die Störerhaftung – wie die Gefährdungshaftung – mit einem Haftungsausschluss für Fälle der „höheren Gewalt“ zu verknüpfen ist. Hingegen stellen Haftungshöchstgrenzen eine Subventionierung gefährlicher Tätigkeit dar und sind deshalb abzulehnen. Sämtliche Schäden, die nun nicht (mehr) von der in diesem Sinne modifizierten Störerhaftung erfasst werden, sind bei der geschädigten öffentlichen Hand zu belassen (Gemeinlastprinzip). Deren Ersatz (z. B. Entwicklungsschäden, Naturereignisse) würde nur Kosten der Umverteilung (tertiäre Kosten) auslösen; darüber hinaus senkt die Belassung dieser Schäden bei der öffentlichen Hand die sekundären Kosten, da sie im Ergebnis von einer allgemeinen Volksversicherung (Steuermittel) getragen werden (7. Kapitel).

Die rechtsökonomische Literatur zur Haftung mehrerer Schädiger kann aufgrund ihrer restriktiven Voraussetzungen nicht auf die Störerhaftung übertragen werden. Doch zeigt sich, dass die Parallele der öffentlich-rechtlichen Störerhaftung zur zivilrechtlichen Gefährdungshaftung hier einen praktikablen Lösungsansatz bietet, der durch das Bundes-Bodenschutzgesetz im Prinzip verwirklicht wurde. Von mehreren Personen, die die Voraussetzungen der Störerhaftung erfüllen, soll die zuständige Verwaltungsbehörde einen Verantwortlichen heranziehen dürfen. Denn jeder Verantwortliche ist schließlich für die gesamte Gefahr bzw. Störung für die öffentliche Sicherheit bzw. Ordnung verantwortlich, sonst würde er die Haftungsvoraussetzungen nicht erfüllen. Wird nun eine der Personen beschieden, so sollte diese Person bei den weiteren Verantwortlichen Rückgriff nehmen dürfen. Hierdurch spart die Behörde erhebliche Informations- und Durchsetzungskosten ein, da sie nur einen Störer ermitteln muss. Dies ist auch gerechtfertigt, da diese Person schließlich „voll“ verantwortlich ist. Aufgrund des Regressanspruchs hat der beschiedene Störer seinerseits einen nicht unerheblichen Anreiz, weitere Störer zu ermitteln. Hierdurch kann eine weitestgehend optimale Haftung sämtlicher Störer erzielt werden. Die Verursachungsanteile der Störer untereinander sollten sich nach demselben Kriterium richten, das auch der Gefährdungshaftung (im Straßenverkehr) zugrunde liegt: der Betriebsgefahr (8. Kapitel).

Der öffentlich-rechtliche Störer kann bereits dann zur Verantwortung gezogen werden, wenn nur eine Gefahr für die öffentliche Sicherheit oder Ordnung vorliegt. Hingegen erfordert das zivilrechtliche Deliktsrecht den Eintritt eines Schadens. Aufgrund der Besonderheit der gefahrenabwehrrechtlichen Haftung ist sein Ex ante - Ansatz aus ökonomischer Perspektive jedoch begrüßenswert. Der zuständigen Verwaltungsbehörde ist ein Informationsvorsprung, ihre Schutzgüter betreffend, einzuräumen. Sie kann am besten einschätzen, welche Bedeutung ihnen zukommt. Insofern besteht ein Begründungsgleichklang mit der „Je-desto-Formel" (9. Kapitel).

# 11 Rechtspolitischer Vorschlag

Die öffentlich-rechtliche Störerhaftung sollte aus ökonomischer Sicht wie folgt modifiziert werden:

1. Die Handlungshaftung, einschließlich der Zusatzhaftung des Aufsichtspflichtigen über Kinder bzw. des Betreuers für den ihm übertragenen Aufgabenkreis sowie des Geschäftsherrn für seine Verrichtungsgehilfen, bleibt bestehen (§ 4 MEPolG).
2. Die Zustandshaftung wird dahingehend geändert, dass statt des bisherigen Zurechnungskriteriums, der tatsächlichen oder rechtlichen Sachherrschaft über eine Sache, auf den „Halter" abgestellt wird. Eine Person ist Halterin einer Sache, wenn sie – entsprechend dem zivilrechtlichen Begriff des Halters – die Sache für eigene Rechnung in Gebrauch hat und die Verfügungs- und Bestimmungsmacht ausübt, die ein solcher Gebrauch voraussetzt. Damit wird gewährleistet, dass nur die Person als Zustandsverantwortliche herangezogen wird, die ihre Sache „beherrscht". Hierbei könnte die Norm so ausgestaltet werden, dass eine Eigentümerstellung eine derartige Halter-Eigenschaft vermutet, die der Störer gegebenenfalls zu widerlegen hat.
3. Fälle der „höheren Gewalt" sind von der Verantwortlichkeit des Störers auszuschließen. Eine Haftung für solche Fälle ergibt aus ökonomischer Perspektive keinen Sinn, da der Störer diese Störungs-Schäden weder beherrschen noch erkennen kann. Daher ist auch ein Haftungsausschluss für Entwicklungsgefahren geboten. Sollte eine Haftung für Entwicklungsgefahren aus besonderen Gründen geboten sein, so ist diese im besonderen Gefahrenabwehrrecht entsprechend auszugestalten.

   Ein Haftungsausschluss für die Fälle der höheren Gewalt würde auch die Maßgaben des *BVerfGs* erfüllen. Das Gericht hat in seinem Beschluss darauf hingewiesen, dass eine Haftung des Zustandsverantwortlichen wegen von seinem Grundstück ausgehenden Gefahren nicht dem, alle Sicherungspflichten einhaltenden, Eigentümer zur

Last fallen dürfe, wenn diese Gefahren auf Naturereignissen beruhen, der Allgemeinheit zurechenbar sind oder von nicht nutzungsberechtigten Dritten herrühren. Sonst würden ihm im Übermaß Risiken aufgebürdet, die auf Umständen beruhen, die losgelöst von der Sachherrschaft über das Grundstück sind und jenseits seiner Verantwortungssphäre liegen. Aus ökonomischer Sicht sollte nichts anderes für den Verhaltensverantwortlichen gelten. Grundsätzlich ist ein Haftungsausschluss für die Fälle der höheren Gewalt im Rahmen der Gefährdungshaftung anerkannt.

4. Hingegen stellt eine Haftungshöchstgrenze, wie sie vom *BVerfG* für den Grundstückseigentümer gefordert wird, eine Subventionierung der Aktivität des Störers dar. Eine solche Haftungshöchstgrenze, wie sie regelmäßig der Gefährdungshaftung zugrunde liegt, ist daher für die öffentlich-rechtliche Störerhaftung abzulehnen.
5. Sind mehrere Störer für eine Gefahr bzw. Störung für die öffentliche Sicherheit oder Ordnung verantwortlich, so sollte die zuständige Verwaltungsbehörde in der Lage sein, auf einen Störer zuzugreifen. Hierdurch werden die Schutzgüter effektiv geschützt. Jeder potenzielle Störer muss damit rechnen, von der Behörde für den gesamten Schaden zur Verantwortung gezogen zu werden. Dementsprechend wird jeder Störer veranlasst, die tatsächlichen Kosten seiner schädigenden Handlung zu internalisieren; das führt zu einem effizienten Sorgfalts- und Aktivitätslevel. Dennoch sollte der behördlich herangezogene Störer Rückgriffsansprüche gegen weitere potenzielle Störer haben. Hierdurch kann der Schaden auf sämtliche Störer verteilt werden, ohne die Verwaltung mit diesen Kosten zu belasten, da der herangezogene Störer einen starken Anreiz erhält, gegen weitere öffentlich-rechtlich Verantwortliche vorzugehen.

Eine Regressregel, wie sie durch § 24 Abs. 2 BBodSchG statuiert wurde, setzt daher optimale Anreize. Diese Regel sollte für die gesamte öffentlich-rechtliche Störerhaftung übernommen werden. Allerdings geht ihre Auslegung in eine falsche Richtung. *M. E.* sollte jeder herangezogene Störer gegen jeden anderen potenziellen Störer vorgehen können. Der Haftungsanteil der Störer untereinander sollte sich nach den Kriterien richten, die der „Betriebsgefahr" zugrunde liegen. Hierdurch kann den Besonderheiten des jeweiligen Einzelfalls genüge getan werden.

Hieraus resultiert der folgende rechtspolitische Vorschlag:

Handlungshaftung

(1) Verursacht eine Person eine Gefahr, so sind die Maßnahmen gegen sie zu richten.

(2) Ist die Person noch nicht deliktsfähig oder unter Betreuung gestellt, so können Maßnahmen auch gegen die Person gerichtet werden, die zur Aufsicht oder Betreuung über sie verpflichtet ist. Verursacht eine Person, die zu einer Verrichtung bestellt ist, die Gefahr in Ausführung der Verrichtung, so können die Maßnahmen auch gegen die Person gerichtet werden, die die andere zu der Verrichtung bestellt hat.

(3) Maßnahmen gegen eine Person sind ausgeschlossen, wenn die Gefahr durch höhere Gewalt verursacht wurde oder nach dem Stand der Wissenschaft und Technik im Zeitpunkt ihrer Entstehung nicht erkannt werden konnte.

Zustandshaftung

(1) Geht von einer Sache eine Gefahr aus, so sind die Maßnahmen gegen den Halter der Sache zu richten. Es wird vermutet, dass der Eigentümer einer Sache auch ihr Halter ist.

(2) Maßnahmen gegen den Halter sind ausgeschlossen, wenn die Gefahr, die von der Sache ausgeht, durch höhere Gewalt verursacht wurde oder nach dem Stand der Wissenschaft und Technik im Zeitpunkt ihrer Entstehung nicht erkannt werden konnte.

# 12 Ausblick

Aus rechtsökonomischer Sicht liegt das Kernproblem der Umweltschäden darin, dass sie nicht in persönliche Rechtspositionen eingreifen. So konstatierte bereits *Coase*, dass bei Umweltressourcen aufgrund ihrer fehlenden "property rights" eine Verhandlungslösung nicht zu einem effizienten Ergebnis gelangen kann[568]. Die Umweltgüter weisen wesentliche Elemente von öffentlichen Gütern auf. Bei öffentlichen Gütern ist eine effiziente Allokation über den Marktmechanismus jedoch ausgeschlossen. Durch die Zerstörung eines Biotops, die Ausrot-

[568] Coase 1960 ^ 1993.

tung einer Tierart, der Zersiedelung der Landschaft oder der optischen Beeinträchtigung eines Stadtbildes werden keine persönlichen Rechte verletzt, an die die Haftung anknüpfen könnte. Es ist auch schwierig, derartigen Schäden individuelle Rechte zuzuordnen. *Schäfer/Ott*[569] folgern daher, dass eine Eindämmung solcher Schäden mithin eine geradezu natürliche Domäne des Staatsschutzes und des Öffentlichen Rechts zu sein scheine. Zum Abschluss dieser Arbeit möchte ich den Anstoß geben, folgende These zu diskutieren: Die – modifizierte - öffentlich-rechtliche Störerhaftung ist eine effiziente Haftungsnorm bei Gefahren bzw. Störungen für die öffentliche Sicherheit oder Ordnung. Der Staat sollte daher als „Vertreter der öffentlichen Sicherheit oder Ordnung" die Umweltressourcen als „seine" "property rights" betrachten, so wie er bisher bspw. schon die öffentliche Trinkwasserversorgung schützt. Dieser Schutz sollte ausgedehnt werden auf sämtliche Umweltressourcen. Hierdurch könnte eine optimale Umwelthaftung erzielt werden.

[569] Schäfer/Ott 2000, S. 339 f. ; vgl. auch Rehbinder 1988, S. 108: „Die öffentliche Hand als Treuhänder der Natur".

# Literaturverzeichnis

Adams, Michael: Ökonomische Analyse der Gefährdungs- und Verschuldenshaftung, 1985.

Adams, Michael: Zur Aufgabe des Haftungsrechts im Umweltschutz, 99 Zeitschrift für Zivilprozess 1986, S. 129 – 165.

Adams, Michael: Das „Verursacherprinzip" als Leerformel, Juristenzeitung 1989, S. 787 – 789.

Arlen, Jennifer: Tort Damages (3500), in: Bouckaert, Boudewijn/De Geest, Gerrit (Eds.): Encyclopedia of Law and Economics (Vol. II: Civil Law and Economics) 2000, pp. 682 – 734.

Arlen, Jennifer/Kraakman, Reinier: Controlling Corporate Misconduct: An Analysis of Corporate Liability Regimes, 72 New York University Law Review 1997, pp. 687 – 779.

Bälz, Ulrich: Ersatz oder Ausgleich?, Juristenzeitung 1992, S. 57 – 72.

Becker, Bernd: Die neue öffentlich-rechtliche Haftung für die Sanierung schädlicher Bodenveränderungen und Altlasten nach § 4 Abs. 3 BBodSchG, Deutsches Verwaltungsblatt 1999, S. 134 – 142.

Bender, Bernd/Sparwasser, Reinhard/Engel, Rüdiger: Umweltrecht. Grundzüge des öffentlichen Umweltschutzrechts, 4. Aufl. 2000.

Bickel, Christian: Bundes-Bodenschutzgesetz, Kommentar, 3. Aufl. 2002.

Binder, Markus: Die polizeiliche Zustandshaftung als Gefährdungshaftungstatbestand, Diss. Konstanz 1991.

Blaschczok, Andreas: Gefährdungshaftung und Risikozuweisung, 1993.

Blaschczok, Andreas: Kommentar zu Claus Ott/Hans-Bernd Schäfer: Anreiz- und Abschreckungsfunktion im Zivilrecht, in: Ott, Claus/Schäfer, Hans-Bernd (Hrsg.): Die Präventivwirkung zivil- und strafrechtlicher Sanktionen. Beiträge zum VI. Travemünder Symposium zur Ökonomischen Analyse des Rechts vom 25. – 28. März 1998, 1999, S. 156 - 168.

Bonus, Holger: Vergleich von Abgaben und Zertifikaten, in: Mackscheidt, Klaus/Ewringmann, Dieter/Gawel, Erik (Hrsg.): Umweltpolitik mit hoheitlichen Zwangsabgaben? Karl-Heinrich Hansmeyer zur Vollendung seines 65. Lebensjahres, 1994, S. 287 – 300.

Brandner, Thilo: Gefahrenerkennbarkeit und polizeirechtliche Verhaltensverantwortlichkeit: zur Störerverantwortlichkeit insbesondere bei Altlasten, 1990.

Brandt, Edmund: Altlastenrecht, ein Handbuch, 1993.

Breuer, Rüdiger: Empfehlen sich ergänzende gesetzliche oder untergesetzliche Regelungen der Altlasten, und welchen Inhalt sollten sie haben?, Deutsches Verwaltungsblatt 1994, S. 890 – 901.

Breuer, Rüdiger: Umweltschutzrecht (5. Abschnitt), in: Schmidt-Aßmann, Eberhard (Hrsg.): Besonderes Verwaltungsrecht, 11. Aufl. 1999, S. 461 – 625.

Brown, John P.: Toward an Economic Theory of Liability, 2 Journal of Legal Studies 1973, pp. 323 – 350.

Brown, John P.: Economic Theory of Liability Rules, in: Newman, Peter (Ed.): The New Palgrave Dictionary of Economics and the Law, Vol. 2, 1998, pp. 15 - 19.

Bundesministerium für Umwelt, Naturschutz und Reaktorsicherheit (Hrsg.): Umweltgesetzbuch, Entwurf der Unabhängigen Sachverständigenkommission zum Umweltgesetzbuch beim Bundesministerium für Umwelt, Naturschutz und Reaktorsicherheit, 1998.

Calabresi, Guido: The Costs of Accidents. A Legal and Economic Analysis, 1970.

Chu, C. Y. Cyrus/Qian, Yingyi: Vicarious Liability under a Negligence Rule, 15 International Review of Law and Economics 1995, pp. 305 – 322.

Coase, Ronald H.: The Problem of Social Cost, Journal of Law and Economics 1960, S. 1 – 44 – deutsche Übersetzung: Das Problem der sozialen Kosten, in: Assmann, Heinz-Dieter/Kirchner, Christian/Schanze, Erich: Ökonomische Analyse des Rechts, 1993, S. 129 – 183.

Cooter, Robert/Ulen, Thomas: Law and Economics, 3rd ed. 2000.

Deutsch, Erwin: Das neue System der Gefährdungshaftungen: Gefährdungshaftung, erweiterte Gefährdungshaftung und Kausal-Vermutungshaftung, Neue Juristische Wochenschrift 1992, S. 73 – 77.

Deutsch, Erwin: Allgemeines Haftungsrecht, 2. Aufl. 1996.

Deutsches Rechts-Lexikon, 2. Aufl. 1992

Dewees, Don/Duff, David/Trebilcock, Michael: Exploring the Domain of Accident Law, 1996.

Dienelt, Klaus: Das Verhältnis der Kostentragungs- zur Gefahrbeseitigungspflicht bei der Ersatzvornahme, Neue Zeitschrift für Verwaltungsrecht 1994, S. 355 – 356.

Dürr, Hansjochen: Baurecht. Besonderes Verwaltungsrecht für Baden-Württemberg, 9. Aufl. 1998.

Drews, Bill/Wacke, Gerhard/Vogel, Klaus/Martens, Wolfgang: Gefahrenabwehr, Allgemeines Polizeirecht (Ordnungsrecht) des Bundes und der Länder, 9. Aufl. 1986

Eidenmüller, Horst: Effizienz als Rechtsprinzip, 2. Aufl. 1998.

Eisenbarth, Siegfried: Die Beteiligung des Bundes an der Sanierung und Finanzierung der ökologischen Altlasten in den neuen Ländern, in: Franzius, Volker/Wolf, Klaus/Brandt, Edmund, Handbuch der Altlastensanierung, Ordner 4, 11413, Stand: Oktober 1995, S. 1 – 78.

Endres, Alfred: Umwelt- und Ressourcenökonomie, 1985.

Endres, Alfred: Ökonomische Grundlagen des Haftungsrechts, 1991.

Endres, Alfred: Umweltökonomie, 2. Aufl. 2000.

Erichsen, Hans-Uwe: Der Schutz der Allgemeinheit und der individuellen Rechte durch die polizei- und ordnungsrechtlichen Handlungsvollmachten der Exekutive, 35 Veröffentlichungen der Vereinigung der Deutschen Staatsrechtslehrer 1977, S. 171 - 220.

Esser, Josef/Weyers, Hans-Leo: Schuldrecht, Band II, Besonderer Teil, 8. Aufl. 2000.

Feess, Eberhard: Haftungsregeln für multikausale Umweltschäden: eine ökonomische Analyse des Umwelthaftungsgesetzes unter besonderer Berücksichtigung multikausaler Schadensverursachung, 1995.

Feess, Eberhard: Umweltökonomie und Umweltpolitik, 2. Aufl. 1998.

Fezer, Karl-Heinz: Aspekte einer Rechtskritik an der economic analysis of law und am property rights approach, Juristenzeitung 1986, S. 817 – 824.

Fezer, Karl-Heinz: Nochmals: Kritik an der ökonomischen Analyse des Rechts, Juristenzeitung 1988, S. 222 – 228.

Fischer, Thomas : Strafgesetzbuch und Nebengesetze, 50. Aufl. 2001.

Fluck, Jürgen: Die „Legalisierungswirkung" von Genehmigungen als ein Zentralproblem öffentlich-rechtlicher Haftung für Altlasten, 79 Verwaltungsarchiv 1981, S. 406 – 444.

Fluck, Jürgen/Kirsch, Andrea: § 24 Abs. 2 BBodSchG: Ist stets allein der Handlungsstörer ausgleichspflichtig? Umwelt- und Planungsrecht 2001, S. 253 – 257.

Frenz, Walter: Das Verursacherprinzip im Öffentlichen Recht, 1997.

Frenz, Walter: Die antizipierte Mitwirkung im Rahmen des Ausgleichsanspruchs nach § 24 Abs. 2 BBodSchG, Neue Zeitschrift für Verwaltungsrecht 2000a, S. 647 – 648.

Frenz, Walter: Der Störerausgleichsanspruch nach § 24 Abs. 2 BBodSchG, Der Betrieb 2000b, S. 2461 – 2464.

Friauf, Karl Heinrich: „Latente Störung", Rechtswirkungen der Bauerlaubnis und vorbeugende Nachbarklage, Deutsches Verwaltungsblatt 1971, S. 713 – 722.

Friauf, Karl Heinrich: Zur Problematik des Rechtsgrundes und der Grenzen der polizeilichen Zustandshaftung, in: Vogel, Klaus/Tipke, Klaus (Hrsg.): Festschrift für Gerhard Wacke zum 70. Geburtstag, 1972, S. 293 – 304.

Friauf, Karl Heinrich: Polizei- und Ordnungsrecht, in: Schmidt-Aßmann, Eberhard (Hrsg.): Besonderes Verwaltungsrecht, 11. Aufl. 1999, S. 105 – 217.

Gabler - Wirtschafts – Lexikon,14. Aufl. 1997.

Gantner, Volker: Verursachung und Zurechnung im Recht der Gefahrenabwehr, Diss. Tübingen 1983.

Garbe, Thorsten: Die Störerauswahl und das Gebot der gerechten Lastenverteilung, Die Öffentliche Verwaltung 1998, S. 632 - 636.

Gawel, Erik: Staatliche Steuerung durch Umweltverwaltungsrecht: Eine ökonomische Analyse, 28 Die Verwaltung 1995, S. 201 – 224.

Giesberts, Ludger: Die gerechte Lastenverteilung unter mehreren Störern, Auswahl und Ausgleich insbesondere in Umweltschadensfällen, 1990.

Gornig, Gilbert/Jahn, Ralf: Fälle zum Sicherheits- und Polizeirecht, 2. Aufl. 1999.

Gornig, Gilbert/Pagels, Carsten: Verunreinigung mit Chlorkohlenwasserstoff (Examensklausur Öffentliches Recht), Jura 1998, S. 591 – 597.

Götz, Volkmar: Allgemeines Polizei- und Ordnungsrecht, 11. Aufl. 1993 und 12. Aufl. 1995.

Griesbeck, Michael: Die materielle Polizeipflicht des Zustandsstörers und die Kostentragungspflicht nach unmittelbarere Ausführung und Ersatzvornahme: dargestellt am Beispiel der Altlasten-Problematik, 1991.

Gusy, Christoph: Polizeirecht, 2. Aufl. 1994.

Häberle, Peter: Effizienz und Verfassung, 98 Archiv des öffentlichen Rechts 1973, S. 625 – 635.

Hager, Günter: Das neue Umwelthaftungsgesetz, Neue Juristische Wochenschrift 1991, S. 134 – 143.

Hartwig, Karl-Hans: Umweltökonomie, in: Bender, Dieter/Berg, Hartmut/Cassel, Dieter/Gabisch, Günter/Grossekettler, Heinz/Hartwig, Karl-Hans/Hübl, Lothar/Kath, Dietmar/Siebke, Jürgen/Thieme, Jörg/Willms, Manfred: Vahlens Kompendium der Wirtschaftstheorie und Wirtschaftspolitik, Band 2, 6. Aufl. 1995, S. 123 - 162.

Heise, Gerd/Riegel, Reinhard: Musterentwurf eines einheitlichen Polizeigesetzes mit Begründung und Anmerkungen, 2. Aufl. 1978.

Hennes, German: Der Verursachungsbegriff im Polizeirecht, Diss. Heidelberg 1973.

Herrmann, Elke: Die Haftungsvoraussetzungen nach § 1004 BGB – Neuere Entwicklungen und Lösungsvorschlag, Juristische Schulung 1994, S. 273 – 282.

Herrmann, Elke: Natureinflüsse und Nachbarrecht (§§ 1004, 906 BGB) – drei Entscheidungen, Neue Juristische Wochenschrift 1997, S. 153 – 158.

Herrmann, Nikolaus: Flächensanierung als Rechtsproblem, 1989.

Hilger, Bernd: Die Legalisierungswirkung von Genehmigungen, 1996.

Hirsch, Günter/Schmidt-Didczuhn, Andrea: Gentechnikgesetz, 1991.

Hoeft, Martin: Die Entschädigungsansprüche des Störers im allgemeinen Polizei- und Ordnungsrecht, 1994.

Hoppe, Werner/Beckmann, Martin/Kauch, Petra: Umweltrecht, 2. Aufl. 2000.

Kahl, Wolfgang: Umwelteuroparecht, in: Kahl, Wolfgang/Vosskuhle, Andreas (Hrsg.): Grundkurs Umweltrecht, Einführung für Naturwissenschaftler und Ökonomen, 2. Aufl. 1998, S. 68 – 91.

Kirchgässner, Gebhard: Das Verursacherprinzip: Leerformel oder regulative Idee?, Juristenzeitung 1990, S. 1042 – 1046.

Kloepfer, Michael: Die Verantwortlichkeit für Altlasten im öffentlichen Recht, Natur und Recht 1987, S. 7 – 21.

Kloepfer, Michael: Umweltrecht, 2. Aufl. 1998.

Kloepfer, Michael/Rehbinder, Eckard/Schmidt-Aßmann, Eberhard/Kunig, Philip: Umweltgesetzbuch, Allgemeiner Teil, 1990.

Kloepfer, Michael/Thull, Rüdiger: Der Lastenausgleich unter mehreren polizei- und ordnungsrechtlich Verantwortlichen, Deutsches Verwaltungsblatt 1989, S. 1121 – 1128.

Klüppel, Vera: Zustandsstörerhaftung bei der Altlastensanierung, Jura 2001, S. 26 – 29.

Knoche, Joachim: Ausgleichsansprüche nach § 24 Abs. 2 BBodSchG ohne behördliche Verpflichtung eines Sanierungsverantwortlichen?, Neue Zeitschrift für Verwaltungsrecht 1999, S. 1198 – 1200.

Knoche, Joachim: Der Anfang vom Ende der privaten Sanierungsverantwortlichkeit für Altlasten, Gewerbearchiv 2000, S. 448 – 457.

Koch, Hans-Joachim: Bodensanierung nach dem Verursacherprinzip, 1985.

Kopp, Ferdinand O./Ramsauer, Ulrich: Verwaltungsverfahrensgesetz, 7. Aufl. 2000.

Kormann, Joachim: Lastenverteilung bei Mehrheit von Umweltstörern, Umwelt- und Planungsrecht 1983, S. 281 – 288.

Kornhauser, Lewis A./Revesz, Richard L.: Sharing Damages Among Multiple Tortfeasors, 98 The Yale Law Journal 1989, pp. 831 – 884.

Kornhauser, Lewis A./Revesz, Richard L.: Apportioning damages among potentially insolvent actors, 19 Journal of Legal Studies 1990, pp. 617 – 651.

Kornhauser, Lewis A./Revesz, Richard L.: Joint and Several Liability, in: Newman, Peter (Ed.): The New Palgrave Dictionary of Economics and the Law, Vol. 2, 1998, pp. 371 – 376.

Kötz, Hein: Haftung für besondere Gefahr, 170 Archiv für die civilistische Praxis 1970, S. 1 – 41.

Kötz, Hein: Ziele des Haftungsrechts, in: Baur, Jürgen F./Hopt, Klaus J./Mailänder, K. Peter (Hrsg.): Festschrift für Ernst Steindorff zum 70. Geburtstag am 13. März 1990, 1990, S. 643 – 666.

Kötz, Hein/Wagner, Gerhard: Deliktsrecht, 9. Aufl. 2001.

Kraakman, Reinier: Third-party Liability, in: Newman, Peter (Ed.): The New Palgrave Dictionary of Economics and the Law, Vol. 3, 1998, pp. 583 – 588.

Kränz, Joachim: Zustandsverantwortlichkeit im Recht der Gefahrenabwehr, 1990.

Kügel, Wilfried J.: Die Entwicklung des Altlastenrechts, Neue Juristische Wochenschrift 1996, S. 2477 – 2485.

Kügel, Wilfried J.: Die Entwicklung des Altlasten- und Bodenschutzrechts, Neue Juristische Wochenschrift 2000, S. 107 – 118.

Kutzschbach, Gregor/Pohl, Felix: Das Bundes-Bodenschutzgesetz, Jura 2000, S. 225 – 231.

Landel, Christoph/Vogg, Reiner/Wüterich, Christoph: Bundes-Bodenschutzgesetz, 2000.

Landes, William M./Posner, Richard A.: The Economic Structure of Tort Law, 1987.

Lange, Hermann: Schadensersatz, 2. Aufl. 1990.

Larenz, Karl: Lehrbuch des Schuldrechts, Band I, Allgemeiner Teil, 14. Aufl. 1987.

Larenz, Karl/Canaris, Claus-Wilhelm: Lehrbuch des Schuldrechts, Band II, Besonderer Teil, 2. Halbband, 13. Aufl. 1994.

Larenz, Karl/Canaris, Claus-Wilhelm: Methodenlehre der Rechtswissenschaft, 3. Aufl. 1995.

Lehmann, Michael: Umwelthaftungsrecht: Ein Beitrag zur Internalisierung von negativen externen Effekten, in: Schulz, Lorenz (Hrsg.): Ökologie und Recht, 1991, S. 81 – 89.

Leisner, Walter: Effizienz als Rechtsprinzip, 1971.

Lübbe-Wolff, Gertrude: Instrumente des Umweltrechts – Leistungsfähigkeit und Leistungsgrenzen, Neue Zeitschrift für Verwaltungsrecht 2001, S. 481 – 493.

Majer, Diemut: Die Kostenerstattungspflicht für Polizeieinsätze aus Anlass von privaten Veranstaltungen. Ein Beitrag zur Inanspruchnahme öffentlicher Einrichtungen für privatnützige Zwecke, 73 Verwaltungsarchiv 1982, S. 167 – 195.

Mas-Colell, Andreu/Whinston, Michael D./Green, Jerry R.: Microeconomic Theory, 1995.

Maurer, Hartmut: Allgemeines Verwaltungsrecht, 13. Aufl. 2000.

Müggenborg, Hans-Jürgen: Rechtliche Aspekte der Altlastenproblematik und der Freistellungsklausel, Neue Zeitschrift für Verwaltungsrecht 1992, S. 845 – 852.

Müggenborg, Hans-Jürgen: Zur Begrenzung der Zustandshaftung bei Altlasten, Neue Zeitschrift für Verwaltungsrecht 2001, S. 39 – 41.

Newman, Harry A./Wright, David W.: Strict Liability in a Principal-Agent Model, 10 International Review of Law and Economics 1990, pp. 219 – 233.

Niewerth, Johannes: Kostenumlegung bei der Altlastensanierung: Zu § 24 Abs. 2 des neuen Bundes-Bodenschutzgesetzes, Natur und Recht 1999, S. 558 – 562.

Ott, Claus/Schäfer, Hans-Bernd: Die ökonomische Analyse des Rechts – Irrweg oder Chance wissenschaftlicher Rechtserkenntnis?, Juristenzeitung 1988, S. 213 – 222.

Ott, Claus/Schäfer, Hans-Bernd: Die Anreiz- und Abschreckungsfunktion im Zivilrecht, in: Ott, Claus/Schäfer, Hans-Bernd (Hrsg.): Die Präventivwirkung zivil- und strafrechtlicher Sanktionen. Beiträge zum VI. Travemünder Symposium zur Ökonomischen Analyse des Rechts vom 25. – 28. März 1998, 1999, S. 131 – 155.

Ossenbühl, Fritz: Der polizeiliche Ermessens– und Beurteilungsspielraum, Die Öffentliche Verwaltung 1976, S. 463 – 471.

Ossenbühl, Fritz: Rechtsquellen und Rechtsbindungen der Verwaltung, in: Erichsen, Hans-Uwe (Hrsg.): Allgemeines Verwaltungsrecht, 11. Aufl. 1998, S. 127 – 222.

Palandt*(-Bearbeiter)*: Bürgerliches Gesetzbuch, 61. Aufl. 2002.

Pantle, Norbert: Die Praxis des Zivilprozesses, 2. Aufl. 1992.

Papier, Hans-Jürgen: Altlasten und polizeirechtliche Störerhaftung, 1985a.

Papier, Hans-Jürgen: Altlasten und polizeiliche Störerhaftung, Deutsches Verwaltungsblatt 1985b, S. 873 – 879.

Papier, Hans-Jürgen: Die Verantwortlichkeit für Altlasten im öffentlichen Recht, Neue Zeitschrift für Verwaltungsrecht 1986, S. 256 – 263.

Peine, Franz- Joseph: Bodenschutzrecht und Wasserrecht, Umwelt- und Planungsrecht 1999, S. 361 – 367.

Petersen, Jan: Der gesamtschuldnerische Ausgleich bei einer Mehrheit polizeirechtlich verantwortlicher Personen, 1991.

Pietzcker, Jost: Polizeirechtliche Störerbestimmung nach Pflichtwidrigkeit und Risikosphäre, Deutsches Verwaltungsblatt 1984, S. 457 – 464.

Pigou, Arthur Cecil: The Economics of Welfare, 2nd ed. 1924.

Pindyck, Robert S./Rubinfeld, David S.: Mikroökonomie, 4. Aufl. 1998

Posner, Richard A.: Economic Analysis of Law, 4th ed., 1992.

Pützenbacher, Stefan: Der Ausgleichsanspruch nach § 24 Abs. 2 BBodSchG, Neue Juristische Wochenschrift 1999, S. 1137 – 1142.

Queitsch, Peter: Bundes-Bodenschutzgesetz, 2. Aufl. 1999.

Rasch, Ernst: Der Realakt insbesondere im Polizeirecht, Deutsches Verwaltungsblatt 1992, S. 207 – 212.

Rehbinder, Eckard: Politische und rechtliche Probleme des Verursacherprinzips, 1973.

Rehbinder, Eckard: Ersatz ökologischer Schäden – Begriff, Anspruchsberechtigung und Umfang des Ersatzes unter Berücksichtigung rechtsvergleichender Erfahrungen, Natur und Recht 1988, S. 105 – 115.

Rehbinder, Eckard: Die Freistellung von Anlagenerwerbern von der Verantwortlichkeit für die Sanierung von Altlasten in den neuen Bundesländern, Deutsches Verwaltungsblatt 1991, S. 421 – 427.

Samper, Rudolf: Die Haftung des Kfz-Halters für polizeiliche Abschleppkosten, Bayerische Verwaltungsblätter 1983, S. 333 – 335.

Sanden, Joachim/Schoeneck, Stefan: Bundes-Bodenschutzgesetz, Kurzkommentar, 1998.

Sandner, Wolfram: Wer sind die Beteiligten des Anspruchs auf Ausgleich der Sanierungskosten nach § 24 Abs. 2 BBodSchG?, Neue Juristische Wochenschrift 2001, S. 2045 - 2051.

Schäfer, Hans-Bernd/Ott, Claus: Lehrbuch der ökonomischen Analyse des Zivilrechts, 3. Aufl. 2000.

Schäfer, Hans-Bernd/Schönenberger, Andreas: Strict Liability versus Negligence (3100), in: Bouckaert, Boudewijn/De Geest, Gerrit (Eds.): Encyclopedia of Law and Economics (Vol. II: Civil Law and Economics), 2000, pp. 597 – 624.

Schenke, Wolf-Rüdiger: Polizei- und Ordnungsrecht, in: Steiner, Udo (Hrsg.): Besonderes Verwaltungsrecht, 6. Aufl. 1999, S. 173 – 380.

Schink, Alexander: Grenzen der Störerhaftung bei der Sanierung von Altlasten, 82 Verwaltungsarchiv 1991, S. 357 – 387.

Schink, Alexander: Verantwortlichkeit für die Gefahrenabwehr und die Sanierung schädlicher Bodenveränderungen nach dem Bundesbodenschutzgesetz, Die Öffentliche Verwaltung 1999, S. 797 – 807.

Schlemminger, Horst/Friedrich, Guido: Die bodenschutzrechtliche Verantwortlichkeit des Alteigentümers – „der dünne Draht“ zwischen Ent- und Ewigkeitshaftung, Neue Juristische Wochenschrift 2002, S. 2133 – 2138.

Schlette, Volker: Ausgleichsansprüche zwischen mehreren Umweltstörern gemäß § 24 Abs. 2 Bundes-Bodenschutzgesetz, 91 Verwaltungsarchiv 2000, S. 41 – 73.

Schmidt-Salzer, Joachim: Zur Technik der topischen Rechtsbildung. Angemessene Lizenzgebühr und Verletzergewinn als Grundlagen der Schadensberechnung, Juristische Rundschau 1969, S. 81 – 90.

Schneider, Siegbert: Altlastensanierung zwischen Verursacher- und Gemeinlastprinzip, Diss. Köln 1989.

Schoch, Friedrich: Grundfälle zum Polizei- und Ordnungsrecht (7. Beitrag), Juristische Schulung 1994a, S. 932 – 937.

Schoch, Friedrich: Grundfälle zum Polizei- und Ordnungsrecht (8. Beitrag), Juristische Schulung 1994b, S. 1026 – 1031.

Schoch, Friedrich: Grundfälle zum Polizei- und Ordnungsrecht (11. Beitrag), Juristische Schulung 1995a, S. 307 – 313.

Schoch, Friedrich: Grundfälle zum Polizei- und Ordnungsrecht (12. Beitrag), Juristische Schulung 1995b, S. 504 – 511.

Schönfeld, Thomas: Nochmals: Ausgleichsansprüche nach § 24 Abs. 2 BBodSchG ohne behördliche Verpflichtung eines Sanierungsverpflichteten, Neue Zeitschrift für Verwaltungsrecht 2000, S. 648 – 650.

Schulz, Andreas: Überlegungen zur ökonomischen Analyse des Haftungsrechts, Versicherungsrecht 1984, S. 608 – 618.

Schwabe, Jürgen: Lastenverteilung bei einer Mehrheit von Umweltstörern, Umwelt- und Planungsrecht 1984, S. 7 – 10.

Schwachheim, Jürgen F.: Zum Gesamtschuldnerausgleich unter mehreren Störern, Neue Zeitschrift für Verwaltungsrecht 1988, S. 225 – 227.

Seibert, Max-Jürgen: Gesamtschuld und Gesamtschuldnerausgleich im Polizei- und Ordnungsrecht, Die Öffentliche Verwaltung 1983, S. 964 – 974.

Seiler, Hans-Hermann: Kommentierung zu §§ 657 – 687 BGB, in: Rebmann, Kurt/Sacker, Franz Jürgen/Rixecker, Roland (Hrsg.): Münchener Kommentar zum Bürgerlichen Gesetzbuch, Band 4: Schuldrecht, Besonderer Teil II (§§ 607 – 704), 3. Aufl. 1997, S. 1743 – 1957.

Selmer, Peter: Gedanken zur polizeirechtlichen Verantwortlichkeit, in: Selmer, Peter/von Münch, Ingo (Hrsg.): Gedächtnisschrift für Wolfgang Martens, 1987, S. 483 – 504.

Selmer, Peter: Privates Umwelthaftungsrecht und öffentliches Gefahrenabwehrrecht, 1991.

Shavell, Steven: Strict Liability Versus Negligence, 9 Journal of Legal Studies 1980, pp. 453 – 516.

Shavell, Steven: Liability for Harm versus Regulation of Safety, 13 Journal of Legal Studies 1984, pp. 357 – 374.

Shavell, Steven: Economic Analysis of Accident Law, 1987.

Shavell, Steven: The Optimal Structure of Law Enforcement, 36 Journal of Law and Economics 1993, pp. 255 - 287.

Shavell, Steven: Causation and Tort Liability, in: Newman, Peter (Ed.): The New Palgrave Dictionary of Economics and the Law, Vol. 1, 1998, pp. 211 – 213.

Sloan, Frank A.: Automobile Accidents, Insurance, and Tort Liability, in: Newman, Peter (Ed.): The New Palgrave Dictionary of Economics and the Law, Vol. 1, 1998, pp. 140 – 144.

Spannowsky, Willy: Das Prinzip gerechter Lastenverteilung und die Kostentragungslast des Zustandsstörers, Deutsches Verwaltungsblatt 1994, S. 560 – 567.

Sparwasser, Reinhard/Geißler, Birgit: Grenzen der Zustandsstörerhaftung am Beispiel des Altlastenrechts, Deutsches Verwaltungsblatt 1995, S. 1317 – 1327.

Spieth, Wolf/Wolfers, Benedikt: Die neuen Störer. Zur Ausdehnung der Altlastenhaftung in § 4 BBodSchG, Neue Zeitschrift für Verwaltungsrecht 1999, S. 355 – 360.

Rat von Sachverständigen für Umweltfragen (Sachverständigenrat für Umweltfragen = *SRU*): Umweltgutachten 2000, Schritte ins nächste Jahrtausend 2000 (http://www.umweltrat.de/gutach00.htm).

Staab, Martin: Polizeirechtliches Störerauswahlermessen in der Verwaltungspraxis, Baden-Württembergische Verwaltungspraxis 1994, S. 59 – 64.

Storm, Peter-Christoph: Umweltrecht, Einführung, 5. Aufl. 1992.

Stürner, Rolf: Persönlichkeitsschutz und Geldersatz, Archiv für Presserecht 1998, S. 1 – 10.

Stürner, Rolf: Der Strafschaden im deutschen Medienpersönlichkeitsrecht, in: Hübner, Ulrich (Hrsg.): Festschrift für Bernhard Großfeld zum 65. Geburtstag, 1999, S. 1201 – 1217.

Sykes, Alan O.: The Economics of Vicarious Liability, 93 Yale Law Journal 1984, pp. 1231 – 1280.

Taupitz, Jochen: Ökonomische Analyse und Haftungsrecht – Eine Zwischenbilanz, 196 Archiv civilistischer Praxis 1996, S. 114 – 167.

Teichmann, Arndt: in Jauernig, Othmar (Hrsg.): Bürgerliches Gesetzbuch, 9. Aufl. 1999, 189 – 213 (BGB §§ 249 – 255).

Trimarchi, Pietro: Die Regelung der Vertragshaftung aus ökonomischer Sicht, 136 Zeitschrift für das gesamte Handelsrecht und Wirtschaftsrecht 1972, S. 118 – 138.

Varian, Hal R.: Grundzüge der Mikroökonomik, 4. Aufl. 1999.

Versteyl, Ludger-Anselm: Altlastensanierung – vom Ende der unbegrenzten Pflicht, Betriebs-Berater 2000, Die erste Seite.

Vierhaus, Hans-Peter: Das Bundes-Bodenschutzgesetz, Neue Juristische Wochenschrift 1998, S. 1262 – 1266.

Wagner, Gerhard: Geldersatz für Persönlichkeitsverletzungen, Zeitschrift für europäisches Privatrecht 2000a, S. 200 – 228.

Wagner, Gerhard: Ausgleichsansprüche unter mehreren Verantwortlichen nach dem Bundes-Bodenschutzgesetz, Betriebs-Berater 2000b, S. 417 – 428.

Wagner, Gerhard: Das Zweite Schadensersatzrechtsänderungsgesetz, Neue Juristische Wochenschrift 2002, S. 2049 – 2064.

Weimann, Joachim: Umweltökonomie. Eine theorieorientierte Einführung, 3. Aufl. 1995.

Wolff, Hans J./Bachof, Otto/Stober, Rolf: Verwaltungsrecht, Band 1, 11. Aufl. 1999.

Würtenberger, Thomas/Heckmann, Dirk/Riggert, Rainer: Polizeirecht in Baden-Württemberg, 4. Aufl. 1999.

GPSR Compliance

*The European Union's (EU) General Product Safety Regulation (GPSR) is a set of rules that requires consumer products to be safe and our obligations to ensure this.*

*If you have any concerns about our products, you can contact us on ProductSafety@springernature.com*

In case Publisher is established outside the EU, the EU authorized representative is:

Springer Nature Customer Service Center GmbH
Europaplatz 3
69115 Heidelberg, Germany

**Batch number: 10815964**

Printed by Printforce, the Netherlands